LA VÉNERIE

AU XIXᵉ SIÈCLE

CHASSE DES MAMMIFÈRES
DE FRANCE

PAR LE COMMANDANT P. GARNIER
Ancien Élève de l'École Polytechnique
Membre du Conseil Général de la Côte-d'Or, etc.

PLANCHES DANS LE TEXTE

DEUXIÈME ÉDITION, REVUE, CORRIGÉE ET AUGMENTÉE

PARIS
JULES MARTIN, LIBRAIRE-ÉDITEUR
SUCCESSEUR D'AUGUSTE AUBRY
18, rue Séguier-Saint-André-des-Arts
1882

LA VÉNERIE

AU XIXe SIÈCLE

AUXONNE, IMPPIMERIE VICTOR CHARREAU

LA VÉNERIE
AU XIXᵉ SIÈCLE

CHASSE DES MAMMIFÈRES
DE FRANCE

PAR LE COMMANDANT P. GARNIER
Ancien Élève de l'École Polytechnique
Membre du Conseil Général de la Côte-d'Or, etc.

PLANCHES DANS LE TEXTE

DEUXIÈME ÉDITION, REVUE, CORRIGÉE ET AUGMENTÉE

PARIS
JULES MARTIN, LIBRAIRE-ÉDITEUR
SUCCESSEUR D'AUGUSTE AUBRY
18, rue Séguier-Saint-André-des-Arts
1882

AVERTISSEMENT DE L'AUTEUR

Nous avons pillé sans vergogne aucune tous les auteurs cynégétiques, anciens et modernes, prenant notre bien où nous le trouvions, c'est-à-dire que nous nous sommes approprié, même textuellement, tout ce qui chez eux nous a paru bon, et c'est avec le produit de ces larcins multipliés que nous avons bâti l'*Essai de Vénerie moderne* que nous offrons à cette heure au public.

Il ne faudrait cependant pas croire que nous nous soyons, dans ce travail de longue haleine, borné à mettre au jour une simple et dès lors insipide compilation. On y trouvera au contraire des aperçus, des appréciations, des idées et des faits qui sortent entièrement de la routine consacrée et qui, pour sûr, soulèveront des controverses. Nous les avons tous puisés dans notre longue expérience de la chasse, et, à ce propos, nous demanderons la permission de dire en passant que les vieux veneurs, quand ils ne sont plus aptes au service actif, ne feraient que leur strict devoir en initiant par leurs écrits les jeunes hommes à la science qu'ils ont acquise dans une pratique de plusieurs lustres.

Enfin, sans pitié aucune, nous avons mis au panier bien des vieilles rengaînes trop complaisamment répétées jusqu'à ce jour, et nous avons en outre redressé toutes les erreurs ou fables qui nous sont tombées sous la main.

Au public maintenant à juger en dernier ressort si notre œuvre vaut la peine d'être lue !

CHASSE DU LIÈVRE

« C'est la chasse la plus fine et partant la clé
« de toutes les autres. »

(LE VERRIER DE LA CONTERIE.)

Il préuoit tous les iours par instinct de nature,
Quand le tèps doibt chagèr et quel vent doibt souffler,
Sur tout il craint le Nord, quand époinct la froidure,
D'ont les forts buissons il s'en va receler :
Il dort les yeux ouuerts, ou soit quand le Zephire
L'incite à se gister sur vn mont verdissant,
Ou quand le Syrien de chaleur nous martire,
R'embusquer il s'en va dans le bled iaunissant :
Il doubte, et craind tousiours qu'on le vienne surprèdre,
Tousiours il faict le guet, affin qu'il ne soit pris ;
Il a tant seulement les pieds pour se déffendre,
D'ont prouient que son cœur de tristesse est épris :
Ce qu'en soy remarquant, dessous la chicorée
Se forme, à celle fin qu'il deuienne ioyeux,
Pourtant les anciens ont icelle tiltrée,
Le palais, et chasteau du Lieure soucieux :
Ce nonobstant Caton hardiment nous asseure,
Que sa chair nous prouoque à songer, et resuer,
A raison que peureux il pourpense à tout'heure
Comment il se pourra de malheur preseruer.

(*Le Lièvre*, de Simon de Bvllandre, Prieur de Milly en Beavvoisis, 1585 ;
Paris, de l'imprimerie de Pierre Cheuillot).

I

DU LIÈVRE ET DE SA NATURE

Le lièvre, *lepus timidus*, est un petit animal si connu en France qu'il nous semble inutile d'en faire la description.

Ces animaux multiplient beaucoup; ils sont en état d'engendrer en tout temps, et dès la première année de leur vie.

Comme le lapin, la femelle du lièvre reçoit le mâle dès qu'elle a mis bas; sans compter de plus que, même étant pleine, grâce à la conformation de ses parties génitales, elle peut néanmoins s'accoupler, ce qui produit parfois des cas de superfétation.

Contrairement à l'opinion de la pluralité des chasseurs, il est certain que la hase fait bien plus de levrauts et plus souvent qu'on ne le croit. Au lieu d'en engendrer un ou deux seulement, c'est presque toujours trois ou quatre, très rarement cinq (1). Aussi, comme sa gestation dure trente et un jours et qu'elle fait quatre portées par an, comme de plus les premiers levrauts engendrent à dix

---

(1) Cette fécondité ne se maintient pas dans les parcs où elle décroît avec leur superficie. Le docteur Simonin, à Meulan, a trouvé dix levrauts dans le ventre d'une hase qu'il avait tuée; ils étaient près de naître; il les conserve dans de l'esprit de vin. (M. A. de la Rue).

mois, on n'exagère pas en fixant la reproduction annuelle d'un couple à douze ou quinze individus. Et en cela dame Nature n'a pas manqué d'une sage prévoyance, car il est à peine une créature animée, sauvage ou domestique, qui ne soit un ennemi pour le pauvre levraut. Notez en outre que la hase dépose ses petits, sans défense, au milieu d'un champ ou d'une cépée, sans abri, exposés à toutes les intempéries. D'où il résulte fatalement que nombre de ces innocentes bêtes deviennent la proie de tous les braconniers à poil et à plume de la création.

Et, comme si ce n'était pas déjà assez de bourreaux, voici que Toussenel accuse le père et la mère de tuer leurs enfants; nous ne croyons point à ces actes contre nature, et nous pensons fermement que les levrauts qu'on trouve avec la tête marquée de coups de dents sont plutôt des victimes des belettes, putois, fouines ou martes. Car enfin les mâchoires du lièvre ne nous semblent pas pouvoir s'ouvrir assez pour broyer une tête de levraut, tant petit soit-il.

Décembre, janvier, février et mars sont les mois réguliers des amours; mais des accouplements ont lieu à d'autres époques, puisqu'on rencontre des levrauts dans toutes les saisons.

Ils naissent les yeux ouverts, tout couverts de poil. La mère ne les nourrit que trois semaines, ayant bien soin de les changer souvent de place et de les tenir séparés. Elle les appelle pour les allaiter en agitant ses longues oreilles, qui, frappant l'une contre l'autre, produisent un bruit à peine perceptible pour nous.

Une fois sevrés, ils paissent pendant la nuit plutôt que pendant le jour, se nourrissant d'herbes, de racines, de feuilles, de fruits, de graines, et donnant la préférence aux plantes dont la séve est laiteuse. Ils ne s'écartent pas beaucoup les uns des autres, ni du lieu où ils sont nés; cependant ils vivent solitairement, et se forment chacun un gîte à une faible distance, comme de soixante à quatre-vingt pas; ainsi (1), lorsqu'on trouve un jeune levraut dans un endroit, on est presque sûr d'en trouver encore deux ou trois autres aux environs. Car ils ne quittent le canton qui les a vus naître que lorsque l'amour vient les agiter, vers le dixième mois de leur existence.

Le lièvre ne manque pas d'instinct pour sa propre conservation; il se choisit chaque jour en effet un gîte selon le temps qu'il prévoit et devine à l'avance (ce qui a fait dire de lui qu'il est un excellent astrologue) et se cantonne selon les temps et saisons. L'hiver, il choisit les lieux exposés au midi, les buissons les plus épais, et en été il se loge au nord; au printemps, il se relaisse dans les blés verts et les jeunes taillis. Quand il se gîte dans les terres labourées, il se cache d'ordinaire, pour n'être pas vu, entre des mottes qui sont de la couleur de son poil. Par la pluie, il gagne les coteaux pierreux, dénudés, où poussent les chardons, les abords des carrières, les chaumes secs, les vieux labours, les bruyères et les bois élevés; partout enfin où son gîte ne peut pas être inondé. Lorsque les grands froids s'accentuent, on constate que ces animaux s'enfoncent de plus en plus dans les bois, quittant les lisières, et, presque tous, les plaines exposées au vent du nord (2).

---

(1) Blaze dit, dans son *Chasseur au chien d'arrêt :* « Si vous « tuez un levraut marqué sur le front d'une étoile blanche, cher- « chez encore, son frère n'est pas loin : un levraut venu seul « au monde n'a pas de marque. »

Nous ignorons si d'autres écrivains ont mentionné cette singulière légende, mais en revanche nous savons parfaitement que jamais aucun chasseur n'a vu et même ne verra de levrauts ayant une étoile blanche au front, et qu'il convient dès lors de mettre cette petite histoire au rang des fables.

« Je mets, dit M. A. de la Rue, l'étoile fraternelle à côté du « *petit os de la jointure des jambes*, lequel est souverainement « bon pour la colique, » passion dont parle J. du Fouilloux.

(2) Très robuste, quoique de petite taille, le lièvre résiste aux plus grandes chaleurs, aux froids excessifs. Toutefois, il s'arrête au 69e degré, tandis que le renard arrive jusqu'aux glaces polai-

Quant à leur sagacité pour dérober leur gîte et se soustraire à la poursuite de leurs ennemis en la déjouant, nous n'en dirons mot ici, devant en traiter tout au long à propos de la chasse à courre.

Le gîte du lièvre est légèrement enfoncé en terre; moulé sur le corps de l'animal; on lui donne à cause de cela le nom de *forme*. Mais ce n'est qu'une habitation de passage; car, revenant rarement au gîte de la veille, il s'en creuse chaque jour un nouveau, sauf le cas où la terre durcie par le froid l'en empêche. On doit donc dire, si on veut être correct, que cet animal revient mourir, non à son gîte, mais bien à son lancer.

Les lièvres dorment, songent ou se reposent au gîte pendant le jour, et ne vivent, pour ainsi dire, que la nuit; c'est pendant la nuit qu'ils se promènent, qu'ils mangent et qu'ils s'accouplent; on les voit au clair de la lune jouer ensemble, sauter et courir les uns après les autres; mais le moindre mouvement, le bruit d'une feuille qui tombe suffit pour les troubler : ils fuient, et fuient chacun d'un côté différent (1).

Gaston Phœbus, dans son chapitre cinquantième, dit :
« qu'en été on chasse le lièvre jusques à prime; puis on
« se repose avec ses chiens jusqu'à ce que la chaleur se
« soit abaissée; vers l'heure de nonne, on reprend, parce
« qu'alors les lièvres se sont relevés, et on les peut chasser

---

res. Il ne faut pas, dit de la Rue, confondre cet animal avec le lièvre blanc (*Lepus variabilis*) qui est roux l'été, et qui est commun en Russie, en Norwège et sur les Alpes, dans la région des neiges; sa chair a un goût exécrable de résine.

(1) Il serait fort à supposer que c'est la crainte de l'homme, des chiens, etc., qui empêche le lièvre de circuler de jour et qui l'oblige à ne vaquer à ses affaires que la nuit. M. A. de la Rue dit formellement que, « si au lieu de vivre isolés, ils se trouvent
« nombreux sur un terrain (*bien gardé*, cela va de soi), on les
« voit toute la sainte journée en bandes courant, allant et ve-
« nant, s'arrêtant pour manger, repartant pour courir encore. »
Pourquoi ce mouvement continuel, alors?

« jusqu'à la nuit. Cela se peut faire d'avril jusqu'à fin
« septembre, époque où ils se relèvent de haute heure,
« pour les courtes nuits, une fois plus tôt et une autre
« plus tard, et aussi selon le temps qu'il fera, car s'il fait
« grand chaud ils se relèveront de plus basse heure.

« Et plus tard, et, s'il pleuvait, ils se relèveront de plus
« haute heure, car dès que midi sera passé, on les trouve-
« ra relevés (1). »

Bien que le seigneur Phœbus soit le seul écrivain cynégétique qui ait signalé ce relèvement des lièvres pendant les si longues journées du printemps et surtout de l'été, comme nous le tenons pour un bon et consciencieux observateur, nous admettrons sans hésiter que, lorsque les jours n'en finissent pas et que par suite les nuits sont fort courtes, les lièvres, s'ils ont négligé quelque peu le soin de leur nourriture pour courir les hases, doivent nécessairement après midi ressentir la faim et se relever alors, non pas pour se rendre au gagnage, mais bien seulement pour broutiller autour de leur gîte. Ces animaux ne passeraient donc pas toutes ces interminables journées à dormir, songer ou se reposer dans leurs formes, ainsi qu'on le croit généralement.

C'est une opinion fort accréditée que le lièvre ne ferme pas les paupières (2) et dort les yeux ouverts; beaucoup même prétendent qu'il ne dort jamais. Il y a là dedans, selon nous, une erreur manifeste et de plus anti-naturelle, dont voici la cause : Cet animal, *que tout inquiète*, le moindre bruit, la plus légère feuille qui tombe, ouvre les yeux à l'approche du chien et du chasseur, qui le voit alors éveillé dans son gîte et qui se figure qu'il sommeille toujours comme cela. Pour corroborer l'explication si exacte qui

---

(1) Ce relèvement des lièvres expliquerait la facilité avec laquelle on lance parfois l'après midi.

(2) Les paupières du lièvre sont très petites; mais enfin la science ne nous a point encore dit si l'œil de cet animal est organisé pour voir la nuit comme chez les espèces nocturnes ou crépusculaires.

précède et mettre fin aux incrédulités, nous avons encore par devers nous une expérience personnelle qui ne peut que dissiper tous les doutes. Il nous a été donné, une seule fois il est vrai dans notre vie de chasseur, fin juillet 1875, à deux heures du soir, par une chaleur des plus intenses, dans un champ de maïs, de voir et d'examiner, pendant une à deux minutes, un levraut de cinq mois environ qui, couché de tout son long sur le flanc gauche et accablé par la lourdeur d'une atmosphère orageuse, dormait si profondément qu'il ne nous avait point entendu venir; il n'était pas à trente centimètres de la pointe de nos souliers, et nous pûmes l'examiner tout à notre aise et nous assurer *qu'il sommeillait les yeux parfaitement fermés*. Enfin, pour bien nous convaincre que nous avions là sous les yeux un animal valide, nous le touchâmes légèrement de notre canne : il fit avec effarement un bond rapide et disparut fort vite dans le champ couvert de maïs et de haricots.

Les lièvres, prenant presque tout leur développement dans une année, doivent vivre un peu plus de sept ans, soit entre sept et huit. D'aucuns prétendent que les mâles vivent plus longtemps que les femelles; nous doutons fort que cette observation soit fondée.

Jean du Bec, en parlant d'un bouquin forcé par sa meute, dit : « Il était gris et fort grand, ce qui chez les lièvres est « signe de grande vieillesse. » Il nous paraît assez difficile de nos jours de vérifier l'exactitude de son allégation; toutefois, notre plus jeune frère, étant en vacances dans la Haute-Saône, a tué une hase dont les dents étaient complètement usées jusqu'au ras des gencives; elle devait dès lors être très vieille. — Il la mangea néanmoins avec ses camarades de chasse, mais, dit-il, à cette époque nous avions tous de bonnes dents !

Les lièvres passent leur vie dans la solitude et dans le silence, et l'on n'entend leur voix que quand on les saisit avec force, qu'on les tourmente et qu'on les blesse, ou bien encore quand ils se sentent tout prêts d'être gueulés par un lévrier. Ce n'est point un cri aigre, mais une voix assez forte, dont le son est presque semblable à celui de la voix humaine, à celle surtout d'un jeune enfant (1).

Ils ne sont pas aussi sauvages que leurs habitudes et leurs mœurs paraissent l'indiquer ; doux et susceptibles d'une espèce d'éducation, on les apprivoise aisément ; ils deviennent même caressants, mais ils ne s'attachent jamais assez pour pouvoir devenir animaux domestiques ; car ceux même qui ont été pris tout petits et élevés dans la maison, dès qu'ils en trouvent l'occasion, se mettent en liberté et s'enfuient à la campagne. Comme ils ont l'oreille bonne, qu'ils s'asseaient volontiers sur leurs pattes de derrière et qu'ils se servent de celles de devant comme de bras, on en a vu qu'on avait dressé à battre du tambour, à gesticuler en cadence, à mettre le feu à un petit canon et, le coup parti, à faire le mort, etc., etc. Nous en avons connu un qui venait assister religieusement à tous les repas, où il prenait le pain et certaines pelures de fruits à la main, ne se trompant jamais sur les heures, quoique vivant dans le jardin et faisant la loi au petit roquet du logis ; il suivait son maître aux champs, partout absolument comme un chien. Et dire pourtant qu'un beau jour sa maîtresse en a fait un ragoût aux pommes de terre ! *(Historique.)*

Dans certaines circonstances critiques, le lièvre se fourre dans un trou, mais jamais, au grand jamais, et dans aucun pays, il ne se creuse un terrier.

Quelques écrivains peu observateurs ont avancé que cet animal était *erratique*. Il voyage plus que le lapin, il va chercher des femelles au loin, mais nonobstant cela il se cantonne et revient toujours chez lui ; c'est même dans son véritable canton qu'il se fait forcer par les chiens.

(1) Il semble parler du nez, *nasiller,* ce qui, dans quelques pays, lui a valu le nom familier de *capucin*.

Notons ici en passant que le lièvre ne boit jamais.

La longueur des jambes de derrière, qui est le double de celles de devant, semble indiquer que le lièvre devrait habiter de préférence les pays de coteaux et montueux, cette conformation lui rendant, en effet, les montées plus faciles que les descentes ; mais, bien qu'on rencontre des lièvres dans les montagnes, il est certain que les grandes plaines, le steppe, au contraire, sont les milieux où il se reproduit et vit le plus communément, et cela par instinct de conservation, parce qu'il a moins à redouter les renards, les martes, fouines, putois et autres carnassiers dangereux, qui se plaisent davantage et sont plus nombreux dans les contrées accidentées et couvertes de bois qu'en pays plat et découvert. C'est fort bien dit, mais restons en France.

La nature du terroir influe sur ces animaux comme sur tous les autres ; les lièvres de montagne sont plus gros et plus grands que les lièvres de plaine ; ils sont aussi plus bruns sur le corps et ont plus de blanc sous le cou que ceux de plaine, qui sont presque rouges. En dehors des montagnes, on trouve en France trois sortes de lièvres : celui des bois, qui, à tort ou à raison, passe pour être plus agile que le lièvre de plaine, car d'ailleurs il ne se voit entr'eux aucune différence autre ; mais il n'en n'est pas de même quand on aborde les plaines basses et humides, les terrains marécageux, puisque là vivent des lièvres, dits *ladres*, qui recherchent les eaux, qui affectionnent d'une façon exclusive la queue des étangs, les marais et autres lieux fangeux. Ces animaux sont moins velus et bien moins vites que les deux premiers, et leur chair est de mauvais goût. Nous ne croyons pas, sauf dans les pays où les lièvres sont très tourmentés par les lévriers et les chiens courants, ou bien sont trop nombreux, comme en Allemagne, qu'ils s'adonnent de gaité de cœur au marais, qui mine leur santé par les fièvres paludéennes ; aussi sont-ils assez rares dans presque toute la France.

En général, tous les lièvres qui, sans toutefois être ladres, habitent les plaines basses et les vallées humides, ont la chair flasque, filandreuse, insipide et blanchâtre; au lieu que dans les pays de collines élevées et de plaines en montagne, où le serpolet et les autres herbes fines abondent, les levrauts, et même les vieux lièvres, sont excellents au goût. On remarque seulement que ceux qui habitent le fond des bois, dans ces mêmes pays, ne sont pas, à beaucoup près, aussi succulents que ceux qui se tiennent sur les lisières ou dans les champs et dans les vignes, et que les femelles ont toujours la chair plus délicate que les mâles.

Ajoutons ici que la graisse n'a aucune part à la délicatesse de la chair du lièvre; car cet animal ne devient jamais gras tant qu'il est à la campagne en liberté, et cependant il meurt souvent de trop d'embonpoint lorsqu'on le nourrit à la maison.

Les Grecs et les Romains en faisaient autant de cas que nous : « *Inter quadrupedes gloria prima lepus,* » dit Martial. En effet, sa chair est excellente; son sang même est très bon à manger, et est le plus doux des sangs. Il en faut absolument dans le civet, et, avec lui, on confectionne des omelettes adorables.

Le poids ordinaire du lièvre adulte en France varie de trois à quatre kilogrammes; les vieilles hases ou des lièvres de montagne dépassent seuls parfois notablement ces chiffres. Bien qu'en général les femelles soient plus grandes et plus lourdes que les mâles, il nous est advenu de rouler un bouquin de quatre kilogrammes et demi, et nous avons vu quelques hases qui dépassaient ce poids de plus de cinq cents grammes.

Dans sa description du lièvre, Le Verrier de La Conterie avance comme une chose positive que cet animal est *le seul* (1) quadrupède au monde qui ait des poils *en dedans*

---

(1) L'entrée de la bouche est garnie de poils, voilà tout.

de la bouche. C'est là une assertion entièrement erronée, comme chacun peut s'en assurer facilement. Le Verrier aurait bien dû s'en tenir au moyen si facétieux qu'emploie, à son dire, le renard pour se débarrasser de ses puces, et cette nouvelle invention est vraiment de trop.

Avant de clore cette étude, il convient de prévenir le lecteur que nous avons renvoyé aux divers chapitres qui suivent bon nombre de particularités fort intéressantes sur le lièvre, parce qu'elles nous ont paru n'avoir strictement trait qu'à la chasse de cet animal et devoir être plus avantageusement signalées et étudiées ailleurs ; mais il en est d'autres qui méritent avec raison et peuvent fort bien, sans le moindre inconvénient, figurer ici, comme par exemple sa remarquable vitalité, sa finesse, sa vigueur, etc.

Ainsi que presque tous les animaux sauvages, le lièvre est doué d'une vitalité qui doit nous surprendre ; quel est le chasseur qui, dans sa carrière cynégétique, ne se soit vu dans l'obligation de lutter de vitesse avec un lièvre criblé de projectiles ? En ce qui nous concerne, qu'il nous soit permis de citer un fait, un drame, dans lequel nous fûmes acteur.

D'un coup de chevrotines, nous avions coupé les deux pieds de devant d'un lièvre, au-dessus de la première articulation ; la section était complète, ainsi que nous pûmes le vérifier plus tard ; l'animal cependant, après une culbute, continua sa course et ne fut pris que mille mètres plus loin ; pour fuir, il avait dû traverser un grand fossé de six pieds de profondeur qui venait d'être creusé.

Les os des pattes, ayant appuyé sur le sol, étaient complètement déchaussés, et la terre avait pénétré à l'intérieur ; les souffrances endurées par ce pauvre animal devaient dès lors être atroces ; et cependant, sans l'aide des chiens, il nous aurait lassé et nous n'aurions pu venir à bout de le prendre.

Ressemblant au lapin par sa forme, le lièvre en diffère totalement par l'esprit, les mœurs, l'intelligence et la force.

Au lieu de n'être qu'un infatigable rongeur dénué de ruse et qu'un envahisseur des plus dangereux comme le premier, il se montre coureur très vigoureux, capable des combinaisons les plus savantes, et sait mettre en défaut l'animal le plus richement doué, le chien. Cela seul lui assure une des plus honorables places parmi les stratégistes les plus éminents, les manœuvriers les plus habiles de l'animalité tout entière.

II

CHOIX ET ÉDUCATION DES CHIENS

Celui qui veut bien chasser le lièvre doit nécessairement se procurer de bons chiens, et, pour les obtenir, il faut faire des élèves *de race* et se donner la peine de les dresser.

Le dressage est indispensable, quoi qu'en dise le proverbe : « Bon chien chasse de race, » qu'il convient de ne pas prendre à la lettre, comme d'aucuns le font. Nous avancerons même que plusieurs années sont nécessaires pour bien instruire un chien.

N'ajoutez donc pas foi aux dires de certains chasseurs qui prétendent qu'il suffit d'élever des toutous, de les conduire souvent au bois et de les livrer à leur instinct pour former une meute. A l'appui de cette désastreuse manière d'agir, ils vous citeront des chiens *assez extraordinairement doués* qui se sont formés *seuls* et sans l'aide du maître; mais soyez bien certains qu'il s'agit là *d'exceptions rares, très rares même,* et dont il convient par suite de ne pas tenir compte.

En dehors des qualités natives qu'on doit rechercher dans une meute, il en existe d'autres qui sont les fruits de l'éducation; et, parmi ces dernières, la plus importante, sans contredit, c'est la docilité.

Si vous désirez ne point perdre votre temps et vos peines,

faites en sorte que, dès le jeune âge, vos élèves soient rompus à *une obéissance absolue.*

Sans elle tout est stérile, et, pour l'obtenir, il ne s'agit pas de recourir aux mauvais traitements, aux coups de fouet, aux mesures de rigueur. Non ! la plupart du temps, vous obtiendrez davantage par la douceur et par les caresses.

Le moyen le plus sûr est de tenir les chiens au chenil et de ne les laisser jamais sortir que sous la surveillance du piqueur ou du chef d'équipage. Les mettre en liberté, leur donner la clé des champs, c'est infailliblement leur faire perdre l'habitude de l'obéissance, et c'est cependant ce que font beaucoup trop de chasseurs.

Nous avons dit que plusieurs années étaient nécessaires pour dresser les chiens courants ; mais nous devons ajouter que la tâche sera bien difficile si le maître de la meute ne dispose pas de quelques chiens faits à donner en exemple aux jeunes élèves.

Nous disons, il faut bien le remarquer, chiens *faits* et non *vieux* chiens, parce que la plupart du temps ces derniers, en prenant de l'âge, deviennent plus nuisibles qu'utiles. Ils redoutent les jeunes chiens, dont l'ardeur et la turbulence les fatiguent ; ils s'éloignent, chassent volontiers pour leur compte, deviennent jaloux, ambitieux et sourds par-dessus le marché. Certes, il est bon de se montrer indulgent pour de vieux serviteurs, mais non pas au point de mettre le trouble dans la meute.

Lorsque le chasseur aura habitué ses chiens à marcher à la couple et à se bien tenir sous le fouet, à ne pas trop s'écarter et à rallier promptement au moindre appel, la petite meute aura fait un grand pas dans la voie de la perfection, et le maître ressentira promptement les bons effets de ce commencement d'éducation.

Voici dans quels termes Jean du Bec s'exprime à l'endroit des chiens obéissants : « Le chasseur a ses chiens « comme il prend la peine de les dresser, étant le chien

« un animal docile qui se châtie et qui apprend facile-
« ment. Le chien à commandement est grandement loua-
« ble en toute sorte de chasse, mais principalement en
« celle du lièvre, qui va et vient sur lui-même et qui
« fournit tant de ruses. »

« Je tiens deux choses pour la perfection d'une meute,
« ajoute plus loin messire l'abbé : l'une, que les chiens
« soient bien ensemble et de même force ; l'autre, qu'ils
« soient bien à commandement. »

Nous avons déjà exposé combien il importe que les chiens soient obéissants, *bien à commandement*, selon l'expression de messire du Bec, et nous avons insisté d'autant plus sur ce point que cette qualité est entièrement subordonnée à la volonté du chasseur, l'indiscipline, dans une meute, n'étant imputable qu'au maître (1). Mais il est une autre qualité tout aussi précieuse, tout aussi enviable, et qui ne dépend pas exclusivement de la volonté du chasseur, c'est que les chiens soient bien ensemble et de même force, en d'autres termes *de même pied*.

Dans les équipages nombreux, on peut employer un remède énergique qui est souverain : *on rogne la tête et la queue*, selon l'expression en usage parmi les piqueurs ; autrement dit, on supprime les chiens de trop grand pied et ceux qui ne peuvent pas suivre le gros de la meute.

Mais quand il s'agit d'une petite meute de quatre à huit toutous, hypothèse dans laquelle nous nous plaçons, le remède est d'une application difficile et trop coûteuse ; il faut nécessairement l'écarter.

Et cependant, à notre avis, trois chiens bien ameutés causeront plus de jouissance à leur maître que dix chiens

---

(1) Le revers de la médaille, c'est que le chien rendu très docile se montre en général moins entreprenant, moins prompt à se servir lui-même, parce qu'il a pris l'habitude alors de trop compter sur l'aide de son maître ; mais, malgré cela, il faut tenir à l'obéissance *absolue,* à cause de ses avantages qui priment tout.

« de tous pieds, écartés çà et là, et allant les uns après les autres. »

Nous avons vu plus d'une fois employer de pesants colliers, de longues courroies traînantes, le tout destiné à ralentir la vitesse des chiens de trop grand pied; mais ces moyens barbares n'ont jamais donné de résultats satisfaisants, et nous ne pouvons dès lors que les réprouver.

Comment donc atteindre ce but si désirable? Ce n'est qu'en élevant des chiens, répondrons-nous avec conviction.

A quelques rares exceptions près, les chiens que le chasseur élèvera prendront d'ordinaire l'allure de leurs parents, et la différence de pied s'atténuera, si toutefois elle ne disparaît pas entièrement.

L'expérience, au contraire, nous a démontré qu'il est beaucoup plus difficile de réunir des chiens de même pied, en opérant par voie d'achat : car il est rare qu'un bon chien soit mis en vente; il faut pour cela des circonstances exceptionnelles sur lesquelles il est sage de ne pas compter. Toutefois il importe de reconnaître que l'inconvénient sera moindre si l'on n'achète que des jeunes chiens *n'ayant point encore chassé*.

L'élevage, en vérité, comme toutes choses sur cette terre, a un mauvais côté, c'est la maladie, qui enlève souvent les sujets les plus beaux et les plus vigoureux, surtout dans les races pures.

Le spécifique de cette terrible affection n'existe pas, malgré les dires des nombreux guérisseurs qui se proclament *infaillibles ;* sachons donc nous contenter des chiens qu'elle épargne, et faisons pour les conserver tout ce que l'expérience et la raison peuvent suggérer.

Ce serait sortir de notre cadre que de vouloir indiquer tous les remèdes en usage contre cette maladie, et nous ne pouvons dès lors que renvoyer nos lecteurs aux ouvrages spéciaux qui traitent de cette matière.

Cependant nous croyons que les moyens *préventifs*,

expérimentés avec quelque succès par nous, et par d'autres sans doute, doivent être divulgués. C'est pourquoi nous transcrirons ici nos observations personnelles, dans l'espoir d'être utile à nos confrères.

Nous avons en effet remarqué que le séjour et la chaleur d'une étable sont favorables aux jeunes chiens, qu'on ne doit jamais élever près d'un chenil ; que le froid, la neige, la pluie, la rosée elle-même, leur sont pernicieux ; que la nourriture doit être variée ; que le laitage, les farineux sont insuffisants ; que la chair, distribuée avec mesure et par petits morceaux, est salutaire ; enfin que le soufre en poudre et l'huile d'olive, administrés de temps à autre, produisent de bons effets.

Ajoutons encore qu'on n'aura qu'à se louer de tous les soins de propreté, et que l'usage, une fois par jour, de la brosse est des plus salutaires pour tous les chiens en général, et absolument indispensable surtout pour la santé des élèves.

On voit fréquemment des chiens qui, après avoir changé de pays, éprouvent de grandes difficultés à chasser sur un terrain nouveau pour eux ; l'odorat semble alors leur manquer complètement ; il est sage d'attendre, avant de se prononcer à leur égard, qu'ils aient eu le temps de s'accoutumer aux odeurs de ce nouveau théâtre de chasse. Jean du Bec rappelle, à ce propos, que l'excellente meute de monseigneur le Grand-Prieur de France ne put chasser en Provence à cause des senteurs de lavande, de thym et de romarin, dont le pays était couvert.

Sans aller chercher un exemple aussi loin, qu'il nous suffise de constater que les chiens de plaine ont du mal à chasser en montagne et réciproquement, et que, même dans un terrain de chasse peu étendu, il est des parties sur lesquelles ils éprouvent *tous* de réelles difficultés. « Il « faut savoir, dit Jean du Bec, qu'il y a certaines terres « sur lesquelles les chiens chassent mieux que sur d'au-

« tres ; » par contre, il en est, à notre avis, où ils chassent moins bien.

Les lièvres semblent connaître ces terrains défectueux et les avantages qu'ils ont à les fréquenter, car souvent ils vont les trouver de fort loin. En pareil cas, il faut immédiatement prendre les grands devants, attendu que la bête de meute ne s'y remet point, ainsi que nous l'avons toujours remarqué.

D'Houdetot, dans sa *Petite Vénerie*, dit que les chiens *blancs* sont les plus estimés, d'abord parce qu'ils sont blancs (couleur plaisant à l'œil), et ensuite parce qu'on les croit plus résistants à la fatigue et à l'ardeur du soleil.

A notre avis, les chiens blancs sont principalement recherchés parce qu'on les aperçoit de plus loin et parce qu'ils sont moins exposés dans le couvert que les chiens rouges ou fauves à recevoir des coups de fusil. Quant à l'influence de la couleur sur la vigueur des animaux, nous n'en croyons pas un traître mot, aujourd'hui surtout que, de par la loi, on ne chasse plus à courre pendant l'été; d'ailleurs il existe, comme chacun sait, des chiens vigoureux et ardents sous tous les poils, et c'est tout au plus si une réserve pourrait être formulée à l'égard des animaux à pelages longs, touffus et serrés.

Le Verrier de la Conterie, en traitant des qualités du chien courant, dit qu'il faut s'assurer, lorsqu'on fait choix d'un chien, « s'il crie bien, s'il n'est ni trop chaud, ni trop froid de gueule, s'il est collé et pourtant bien allant, s'il est *bon rapprocheur*, s'il est sage et diligent dans les défauts. »

Assurément Le Verrier, en disant « s'il est bon rapprocheur, » veut parler du chien qui, rencontrant une voie de bon temps, s'empresse de l'indiquer de la voix et du geste, par des mouvements et par des coups de gueule, de telle sorte que ses compagnons de chenil dûment prévenus puissent rallier et s'ameuter.

A nos yeux, cette qualité est de la plus grande importance, et son absence constitue chez le chien de meute un défaut capital.

En effet, le chien qui ne rapproche pas quête à la muette ; il suit sa voie sans avertir, il s'éloigne et met le gibier sur pied sans crier gare ; si le vent est contraire, vous risquez de perdre la chasse ; s'il est favorable, les autres chiens, entendant le lancer, partent à fond de train ; ils s'emportent en criant d'impatience, et finalement arrivent sur la voie haletants et essoufflés.

Les chiens froids et chiches de voix en chasse, ainsi que ceux qui n'ont pas suffisamment de gorge, présentent des inconvénients à peu près analogues.

III

DES CONNAISSANCES DU LIÈVRE

Un véritable veneur ne laissera jamais sa meute courir un levraut, parce que cette chasse ressemble trop à celle du lapin, qui non seulement rebute les bons chiens, mais les rend bien vite paresseux et *musards*.

« Quant aux hases, dont la menée habituelle est presque
« toujours impatientante, voici en général comment elles
« se font battre. Ces insupportables bêtes, à leur
« lancer, fuient droit cent pas, puis reviennent sous
« elles par sauts et bonds, et se relaissent sur une
« cépée. Les chiens viennent-ils à bout de la relancer,
« elle continue de faire la même chose, si bien qu'elle est
« toujours derrière les chiens, qui se rebutent de sa ma-
« nœuvre d'autant plus vite, que plus ils sont bons et
« entreprenants, plus et mieux ils aiment une bête qui
« tire de long, » comme le fait constamment le bouquin, qui est *moins lourd* et *plus vigoureux*.

Il faut donc, pour le contentement et le bien de la meute, ainsi que pour le plaisir des chasseurs, tâcher de ne poursuivre que des bouquins, et rompre sans hésitation sitôt qu'on découvre qu'un levraut ou une hase est devant les chiens. Cette découverte n'est pas des plus faciles sans doute, mais on peut encore en venir à bout, si on se pénètre bien de ce qu'en termes de vénerie on appelle les connaissances du lièvre, que nous allons vous exposer, en prenant nous-même pour guides Le Verrier de La Conterie et Le Coulteux de Canteleu.

Gaston Phœbus, ayant avancé dans son livre qu'on ne pouvait *à vue* juger du sexe pas plus que *par le pied*, s'est vu morigéner très fort par Jacques du Fouilloux, qui dit nettement que « *c'est tout le contraire et assez facile.* » Nous allons voir que du Fouilloux a raison.

« Le bouquin, dit Le Verrier, est *plus court, plus rouge,*
« *mieux râblé, culotté et gigotté que la hase; il a la tête*
« *plus grosse, plus ronde et plus courte que la femelle;* il a
« une *longue barbe, les oreilles courtes, larges et blanchâ-*
« *tres :* il paraît surtout, dans la saison du rût, *avoir plu-*
« *sieurs taches blanches au derrière,* ce qui provient d'un
« manque de poil qui lui a été arraché par les autres bou-
« quins tandis qu'il s'accouplait. »

« La hase est *plus grande et plus longue* que le bouquin;
« elle a *le poil du dos d'un gris tirant sur le noir;* elle a *le*
« *derrière moins blanc et le cul moins étoffé;* la queue *plus*
« *longue, moins large et moins blanche*; elle a la tête *longue*
« *et étroite, les oreilles longues.* »

Grâce à ces descriptions, si deux lièvres de même climat et à peu près de même âge, mais de sexes différents, avaient la complaisance de poser quelques minutes devant vous, il est certain que vous ne tarderiez point à vous prononcer et à dire : Voilà le bouquin et voici la hase ! car en effet votre jugement serait aisé à rendre. Mais, dans la pratique, la chose est moins facile, puisqu'il vous faut mentalement confronter l'animal qui se trouve sous vos yeux avec un animal absent et d'un autre sexe; ajoutez à cela que votre sujet d'études n'est le plus souvent visible que quelques secondes, qu'il est rarement en pleine lumière, etc., etc., et vous déclarerez bien vite qu'en pareille occurence on risque fort de porter un jugement téméraire.

Il est cependant un certain nombre de veneurs qui,

MARCHE DU LIÈVRE

VOIR PAGE 23

grâce à une excellente vue, à une rapidité de coup d'œil sans égale et à une sûreté d'examen presque infaillible, parviennent, *après une longue pratique,* à ne se tromper *pour ainsi dire jamais.*

Si on n'a pu juger du lièvre *à vue,* soit au gîte, soit à sa sortie, soit en chasse, il ne faut pas se désespérer pour celà, car il reste encore la ressource de le connaître par le pied. Décrivons donc d'abord, d'après Le Coulteux de Canteleu, la marche du lièvre :

« Lorsque cet animal *court* ou *trotte,* il place ses pieds
« de devant *droit l'un devant l'autre,* et il en recouvre la
« trace avec ses pieds de derrière, de telle manière que les
« longues empreintes des pieds de derrière dépassent les
« traces des pieds de devant, et cependant se trouvent à
« côté l'un de l'autre ; et comme le lièvre appuie chaque
« fois ses pieds de derrière jusqu'au talon, la trace en est
« bien plus longue et plus large que celle des pieds de
« devant. Il est donc bien facile de distinguer l'un de
« l'autre. »

Nous ferons remarquer que le mot *recouvre* ne doit pas être pris à la lettre, sans quoi l'explication de Le Coulteux deviendrait incompréhensible ; il faut lire *passe par-dessus la trace,* comme l'indique le desssin ci-joint, qui rend bien la pensée de l'auteur.

Le Verrier de la Conterie, dans la description qu'il donne du lièvre mâle ou *bouquin,* s'exprime ainsi : « Il a le talon
« large, le surplus du pied serré et fort pointu, les ongles
« courts et usés. »

« La hase, d'après lui, a le pied plus long, plus large,
« plus ouvert que le bouquin ; elle y a beaucoup plus de
« poil, et ses ongles sont plus longs et plus menus. »

Le comte Le Coulteux de Canteleu ne borne pas à cette laconique description l'étude du pied du lièvre, et il a bien raison, selon nous.

« La connaissance du pied du lièvre, dit-il dans la *Vé-*
« *nerie française,* n'est pas facile, mais il n'en résulte pas

« qu'elle soit à négliger; au contraire, elle est d'une bon-
« ne étude, car non seulement on peut arriver à distin-
« guer le bouquin de la hase, mais même distinguer par
« le pied deux lièvres du même sexe.

« Le bouquin a plus de jambe et de talon que la hase;
« il a le pied beaucoup plus court, plus serré et plus pointu
« qu'elle, distinct, en cela, de presque tous les autres ani-
« maux de vénerie, chez lesquels la femelle a le pied plus
« pointu que le mâle.

« La hase, au contraire, a le talon étroit, le pied long,
« large, garni de beaucoup de poil, et elle appuie plus du
« talon que de la pince; ses ongles, menus et pointus,
« sont écartés les uns des autres; ils entrent peu avant
« dans la terre; enfin le pied est bien différent de celui du
« bouquin, qui est fait comme la pointe d'une lancette. »

Les repaires, qu'on trouve en suivant le pas du lièvre, peuvent encore éclairer sur le sexe de la bête de meute, et on ne doit pas les négliger. « Le repaire ou les crottes du
« mâle, dit Le Verrier, sont *plus petites, plus sèches, plus*
« *aiguillonnées que celles de la femelle;* ses crottes sont
« moins grosses, parce qu'il est plus petit; elles sont plus
« sèches, plus aiguillonnées, parce qu'il est échauffé, qu'il
« marche et court sans cesse.

« Quant à la hase, ses crottes, comme elle est plus gran-
« de, sont *plus grosses* que celles du bouquin; elles sont
« *rondes, mieux moulées et moins sèches,* parce qu'elle
« viande et digère plus tranquillement. »

On reconnaît enfin le mâle par la confiance qu'il montre dans ses forces et son agilité; je veux dire par la hardiesse avec laquelle il tient au gîte, par la nonchalance dont il en sort, ensuite par la manière dont il dresse une oreille et couche l'autre, la queue retroussée sur l'échine, secouant le jarret et enfilant à toutes jambes le premier chemin qui le conduit au bois ou au village qu'il connaît. La hase, au contraire, quoique plus grande que le bouquin, a pourtant moins de force et d'agilité; aussi part-

PIED DROIT DE DEVANT D'UN LIÈVRE.

 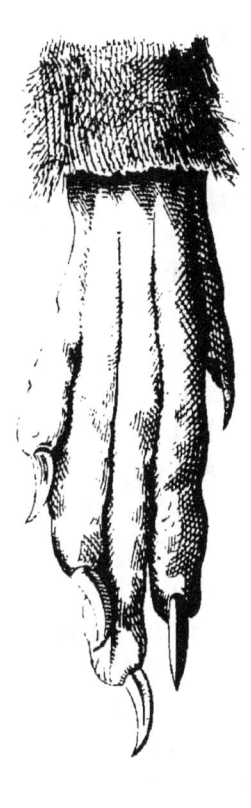

VU EN DESSOUS.   VU EN DESSUS,

après enlèvement des poils qui le couvraient

elle de son gîte de bien plus loin que lui, parce que, se sentant plus faible, elle est naturellement plus timide.

Il est encore certains indices qui peuvent sinon déterminer le jugement du piqueur, tout au moins le rectifier, le guider ou le corroborer ; mais nous ne nous y attarderons pas, convaincu que nous sommes d'en avoir dit assez sur la matière.

La description, que donne plus haut Le Coulteux, du pied du lièvre, est si exacte et si complète que nous ne voyons rien à y ajouter; seulement il nous a paru bon d'étudier avec soin la forme et la structure du pied de cet animal, certain que nous puiserions dans cet examen des enseignements pleins d'intérêt et d'utilité pour la chasse.

En général, chez les animaux dont le pied (*ou la patte*) est pourvu de plusieurs doigts, ceux-ci sont garnis, en dessous, de parties charnues formant matelas ; ces parties charnues sont ordinairement dépourvues de poil et appuient fortement sur le sol. Il n'en est point ainsi chez notre rongeur.

Le pied du lièvre est effectivement muni de doigts très minces, très allongés, qui ne présentent pas de partie charnue ; et, si on les dépouille du poil qui les recouvre de toutes parts, on croit avoir sous les yeux la patte sèche du coq ou du dindon seulement.

La prévoyante nature a pourvu ce pied d'un poil très fin, mais très dru et très serré, qui, à la partie inférieure, a l'aspect et la forme d'une brosse ; et nous allons voir quels sont les principaux avantages que le lièvre retire de cette conformation particulière.

Grâce à cette enveloppe poilue, il évite les atteintes des ronces, des pierres, de la gelée et des aspérités du sol ; il s'avance sans bruit, et enfin il dissimule la trace de ses pas. En un mot, le poil garnissant son pied est un véritable matelas, et, qui plus est, un matelas *isolant*.

La nature ainsi a voulu que ce pauvre animal, qui ne compte que des ennemis et qui, pour défendre sa vie, ne possède que sa ruse et ses jambes, eût du moins à sa disposition tous les moyens possibles pour dissimuler sa trace.

Comparez son pas avec celui des autres animaux hantant nos forêts, renard, chat, blaireau, par exemple, et vous serez étonné de la légèreté avec laquelle le lièvre semble courir; son pied paraît à peine toucher le sol; on dirait qu'il marche sur ses ongles, à l'instar des danseuses de l'Opéra. Mais il n'en est rien, fort heureusement pour nos pauvres toutous, qui, sans cela, ne viendraient jamais à bout de le dépister. Donnez-vous en effet la peine de suivre sa voie sur une terre molle, et vous serez bientôt convaincu que le pied tout entier, et non pas seulement les ongles, repose sur le sol, tandis que ces derniers *seuls*, sur tout autre terrain, laissent leur empreinte, pendant que le reste du pied, grâce au matelas de poil, paraît n'avoir point touché la terre.

Lorsque le sol est fortement détrempé, notamment après le dégel, la marche dans les terres cultivées devient très pénible pour les chasseurs et les chiens; mais le lièvre, loin de redouter la plaine en pareil cas, sait en tirer un avantage pour sa défense; il choisit les parties les plus boueuses et, tout en courant, il enlève la terre qui s'attache à ses pieds et sur laquelle il aurait laissé son empreinte et son sentiment.

Nous avons avancé que le poil dont le pied du lièvre est garni faisait l'office d'un matelas *isolant*. Voici comment il faut l'entendre :

Chacun sait que la fourrure est mauvaise conductrice de la chaleur; or, s'il est vrai, ainsi que nous le pensons, que le fumet, l'odeur, le sentiment du lièvre a pour véhicule la chaleur, quoi d'étonnant à ce que le poil des pieds, autrement dit que cette fourrure qui ne permet pas à la chaleur de s'échapper, ne laisse, par cela même, passer qu'une très faible quantité d'odeur ?

Si nous ajoutons enfin que la conformation du pied

lui-même, qui est très sec naturellement et qui est dépourvu de chair, semble fort peu propre au développement du fumet, on comprendra combien la piste du lièvre doit être délicate, éphémère, et, par contre, à quel point le sens de l'odorat doit être développé chez le chien qui a mission de la démêler.

La théorie du matelas isolant nous permet encore d'expliquer comment il se fait que la meute perde fréquemment un lièvre blessé à mort ou simplement sur ses fins ; car, dans l'un et l'autre cas, le sang se retire des extrémités ; or le sang étant lui-même le véhicule de la chaleur, celle-ci disparaît en même temps, et, avec elle, l'odeur et le fumet.

IV

DES INFLUENCES ATMOSPHÉRIQUES

Dans la partie de l'année qu'on nomme la belle saison, les chiens courants chassent difficilement, parce qu'en desséchant la terre le soleil détruit le sentiment du gibier.

Le terrain ne commence *à se faire,* disent les chasseurs, que dans le courant d'octobre, lorsque les pluies d'automne ont détrempé le sol.

Un terrain sec et poudreux n'est pas de nature à recevoir l'odeur que lui abandonne, du bout des ongles, le petit animal dont nous nous occupons ; ne pouvant recevoir ces effluves fugitives, il peut encore moins les conserver.

Au contraire, une terre humide, douce et détrempée, absorbe l'odeur en plus grande quantité. Or, plus elle en a absorbé, plus elle en peut rendre.

L'auteur de l'*Antagonie du chien et du lièvre,* messire Jean du Bec, abbé de Mortemer, a dit quelque part : « L'humidité rend la vapeur éparse, le chaud fait à l'ins-« tant corruption des voies. » Cet aphorisme ne nous semble pas fondé ; car il est plus exact de dire que le terrain desséché par la chaleur se trouve inapte à recevoir les voies, à en conserver le sentiment et, par suite, à le transmettre. Ajoutons que la poussière annihile chez le chien le sens de l'odorat.

Jean du Bec traite *de grossières* les autres raisons données par certains chasseurs, qui prétendent « que le « vent du midi fait sortir de la terre une vapeur qui entre « dans le nez des chiens et les empêche de recueillir les « voies. »

A notre avis, l'abbé de Mortemer a mal jugé; s'il eut réfléchi et mieux observé, il aurait sans doute remarqué, ainsi que nous avons pu le faire, que le vent du midi coïncide ordinairement avec une baisse barométrique dont la préface rigoureuse est une diminution de la pression de l'atmosphère sur la surface du sol; le cas échéant, n'est-il pas logique de penser que les gaz ou les vapeurs s'échappent alors du terrain plus aisément et en quantité telle qu'ils entraînent les voies en les corrompant ? Donc l'état présent de l'atmosphère est d'un grand poids dans la balance quand il s'agit de bien chasser un lièvre; personne ne le contestera.

Mais ce qui a lieu de nous surprendre, c'est que le temps *futur* lui-même agisse au plus haut point.

Maintes et maintes fois, il nous est arrivé, par des journées calmes et sereines, alors que le soleil resplendissait dans un ciel sans nuage, de chasser avec les plus grandes difficultés. En pareil cas, le chasseur ignorant ne manque pas de maudire le sort et d'accuser ses pauvres chiens, qui n'en peuvent mais.

A quelle cause faut-il donc attribuer ce déboire ? Nous répondrons sans hésiter : A des influences atmosphériques dues au temps qu'il doit faire dans la nuit ou le lendemain. Les chiens courants en effet sont, sans s'en douter, de véritables baromètres qui, par leur menée, annoncent le temps futur plus sûrement peut-être que ne pourraient le faire les meilleurs instruments de physique.

Cent fois nous avons fait une pareille remarque ; de cette observation, il faut forcément conclure que les variations atmosphériques, correspondant à des pressions différentes de l'air sur la surface du sol, influent sur le terrain et, par suite, sur la chasse.

Cette influence se manifeste soit un jour, soit seulement quelques heures à l'avance; il nous est arrivé en effet de voir, au début de la journée, nos chiens chasser correctement, puis, subitement et sans cause apparente, se trouver dans l'impossibilité de suivre la voie, même celle d'un lièvre déboulant devant eux.

Pour expliquer ce fait, messire du Bec aurait dit « que
« le lièvre est un petit animal mélancolique, froid et sec;
« que quelques lièvres surabondent tellement en cette
« humeur qu'ils sont sans sentiment, et que les chiens ne
« les peuvent courre qu'à vue, tandis que, le même jour,
« ils en retrouvent un autre et le prennent sans nul
« défaut. »

Laissant messire du Bec se plonger dans son système d'humeur mélancolique, chaude ou froide, consultons tout bonnement l'atmosphère, et neuf fois sur dix nous serons bien renseignés.

A notre avis, quelque soit le vent qui règne, nord, midi, ouest ou est, pourvu qu'il ne soit point trop fort, le succès de la chasse, le plus souvent, dépend du temps qu'il doit faire prochainement, dans la nuit ou le lendemain ; et si les chasseurs sont d'accord pour reconnaître que les vents du nord et de l'est sont les plus favorables, c'est que généralement, lorsqu'ils soufflent, le baromètre est en hausse.

Nous avons en outre observé qu'à l'approche d'une série de pluies continues ou d'une chute de neige abondante, le terrain de chasse devenait mauvais pour les chiens *plusieurs jours à l'avance*.

Quand la neige couvre la terre, la chasse du lièvre au bois, contrairement à ce qu'on serait tenté de croire, n'est point toujours facile. En pareil cas, la bête de meute fait généralement ruse sur ruse; elle rebat avec persistance ses voies et ne se décide qu'avec peine à prendre un parti.

Disons vite en passant qu'elle se conduit absolument de la même façon lorsque le bois est plein d'eau.

Le piqueur alors doit suivre activement les chiens et s'efforcer de revoir du pas; la neige facilitera ses recherches et lui dévoilera les ruses de l'animal.

Amateurs du coup de fusil, serrez la meute de près, placez-vous dans les sentiers déjà foulés par la chasse, veillez au retour sur le contrepied, visez juste, et le lièvre aura vécu !

N'oublions pas ici de dire que, dans la première nuit (souvent même dans la seconde encore) après la chute de la neige, tous les animaux sauvages ne sortent jamais du bois pour aller au gagnage.

V

CHASSE A COURRE

Avertissement

Avant de traiter du mieux qu'il sera possible de la chasse à courre, il nous semble indispensable de bien faire connaître aux chasseurs les principales ruses qu'emploie d'ordinaire un bon lièvre, tant pour dérober son gîte à leurs recherches que pour dérouter, après avoir été lancé, la poursuite de la meute.

Nous avons dit *les principales ruses*, parce qu'il serait entièrement impossible dans un livre, fut-il de mille pages, d'énumérer toutes les roueries auxquelles un déluré bouquin peut avoir recours pour sauver sa peau de la dent des chiens.

Chasse du Lièvre

Au chapitre des ruses du lièvre allant à son gîte, Le Verrier, dans l'*Ecole de la chasse*, fait une description minutieuse des allées et venues de cet animal. D'Houdetot la copie mot à mot, mais Joseph La Vallée ne la reproduit qu'avec quelques variantes ; quant à Blaze, il n'en parle point.

RUSE DU CARREFOUR

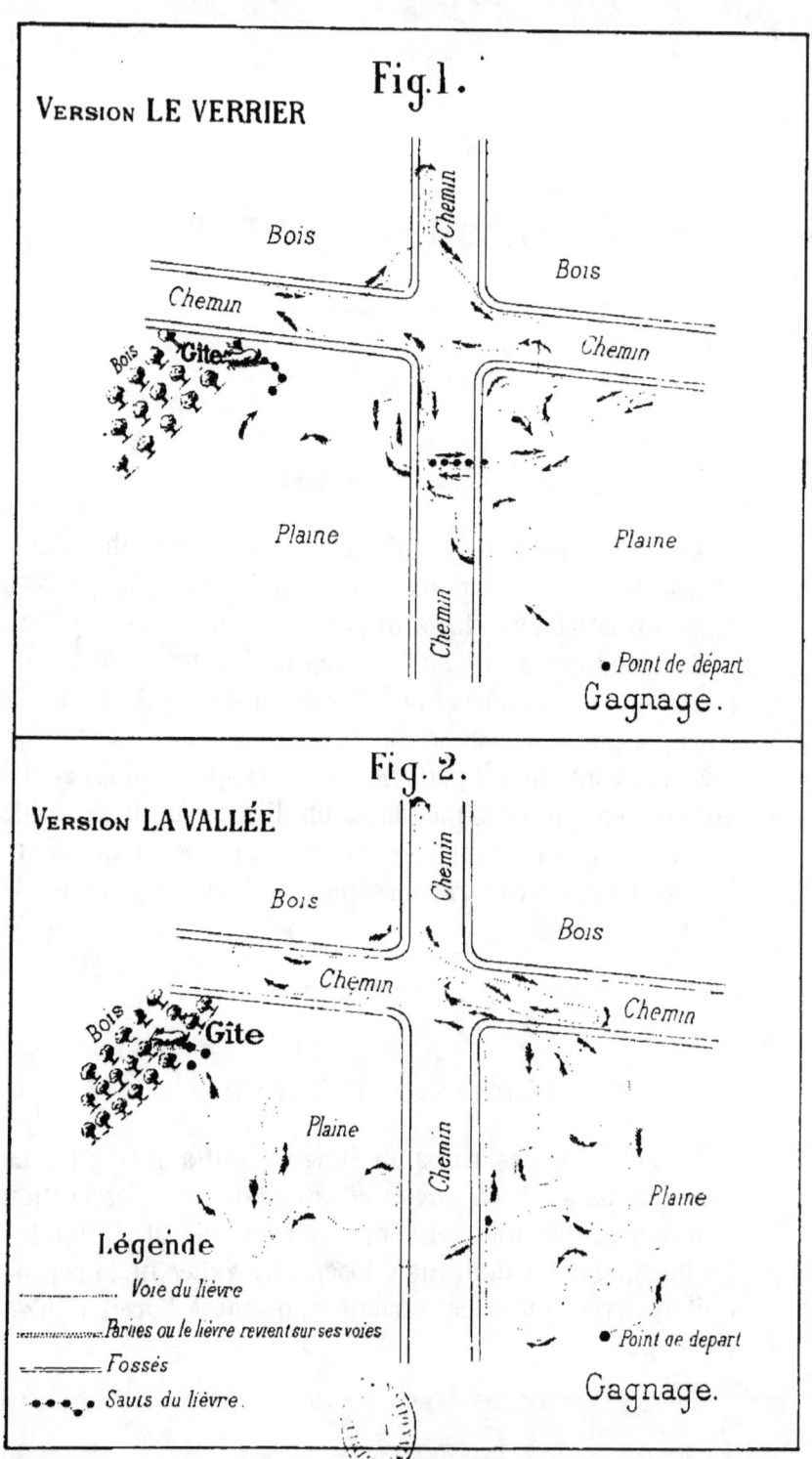

VOIR PAGE 32 ET SUIVANTES

Nous n'imiterons pas le silence de ce dernier, car, si cette ruse n'est point essentiellement dans les habitudes journalières du lièvre, comme on serait tenté de le croire par la lecture des ouvrages précités, elle n'en est pas moins digne d'examen, vu les difficultés qu'elle suscite aux chiens chaque fois qu'elle se présente.

On conçoit facilement du reste qu'un animal sans défense, désireux avec raison d'assurer son repos du jour, embrouille ses voies à l'infini ; on peut donc dire que la nature semble avoir révélé au lièvre le proverbe bien connu : « Comme on fait son lit, on se couche. »

Nous avons pensé que, pour faciliter l'étude de cette ruse, en reproduire textuellement comme ci-dessus la description donnée par Le Verrier serait insuffisant ; nous l'avons donc fait suivre d'une planche qui élucidera les textes, qui ne brillent pas par la précision et par la clarté ; dans cette petite planche, nous avons fait figurer la variante de Joseph La Vallée, afin de pouvoir renvoyer au bas de la page (1) sa version, qui, faisant presque complètement double emploi avec celle de l'auteur de l'*Ecole de la Chasse aux chiens courants*, aurait alangui notre exposé.

---

(1) « Le lièvre pose rarement son gîte près de l'endroit où il
« a fait sa nuit ; il gagne la route, le sentier le plus voisin, non
« en ligne droite, mais en décrivant plusieurs arcs de cercle,
« puis il longe le chemin jusqu'à ce qu'il ait trouvé un endroit
« propice pour faire ses ruses. Il choisit le plus souvent un car-
« refour, il va et revient dans tous les chemins qui s'y croisent,
« puis il se jette dans la campagne, fait cent détours, de manière
« à mêler ses voies comme l'écheveau le plus embrouillé, revient
« au carrefour par la même coulée, retourne en arrière en dou-
« blant ses propres voies ; puis il s'arrête, d'un bond se jette sur
« le côté, traverse le champ, fait encore des ruses, revient au
« chemin, passe de l'autre côté, et va établir son gîte dans l'en-
« droit qui, suivant le temps, lui semble le plus approprié.

« Il cherche les lieux secs par la pluie, les lieux frais par la
« sécheresse, les endroits couverts lorsque le soleil est ardent,
« les lieux à l'abri du vent lorsque souffle la bise. »

« Le lièvre, à la sortie du gagnage, tire d'abord droit
« ses voies, puis il dessine, d'endroit en endroit, quelques
« lignes courbes qui ne causent que de très petits embar-
« ras : mais lorsqu'il se sent bien ressuyé, et qu'il voit
« l'heure et le moment de se gîter, alors il gagne un che-
« min et le suit jusqu'au premier carrefour ; s'il est composé
« de trois ou quatre autres chemins, il va et vient dans
« tous, puis sort du dernier où il se trouve pour entrer
« dans le champ voisin, où il fait mille allées et venues,
« après quoi il rentre dans le même chemin par la même
« brèche, et il retourne à son carrefour, d'ou il revient sur
« ses voies jusqu'au milieu de celles qu'il a formées dans
« le premier chemin qu'il a pris au sortir de son *ressui;*
« là, il s'arrête à réfléchir un instant, et tout à coup se
« jette de côté par-dessus la haie, et traverse en droite
« ligne le champ où il est entré jusqu'au fossé, même
« jusqu'au bois de l'autre part, s'il y en a un ; mais, au
« lieu d'y demeurer, il revient sur lui dans ce fatal chemin,
« qu'il abandonne enfin, en passant du côté opposé à
« celui où il a fait ses dernières ruses, pour aller se gîter
« en lieu convenable au temps qu'il a prévu qu'il ferait ce
« même jour. Mais il ne faut pas croire qu'il y aille en
« droite ligne ; il en forme, au contraire, une infinité, qui
« se confondent d'une étrange manière ; et, lorsqu'il est
« arrivé à cinquante pas du lieu où il a décidé d'établir
« son gîte, il fait des sauts étonnants à droite et à gauche,
« et, définitivement, il s'élance dedans (1). »

« A force de travail, les chiens débrouillent cette fusée
« et arrivent jusqu'au dernier saut. Ce serait mal le con-
« naître que d'imaginer qu'il va s'effrayer et partir parce
« qu'il les voit tout près de lui ; point du tout ; il s'enfonce

---

(1) « Tout chasseur, dit avec raison Le Verrier, qui veut bien apprendre à démêler les ruses que fait un vieux lièvre allant à son gîte, doit profiter du temps où la terre est couverte de neige, pour le suivre à l'étrac. »

« dans son gîte et fixe toute son attention aux mouve-
« ments du piqueur et des chiens qui le cherchent, et
« lorsqu'il les voit occupés à prendre des devants pour
« redresser sa voie, et qu'ils sont assez éloignés pour ne
« pas l'apercevoir dans la fuite qu'il médite, il sort de son
« gîte les oreilles basses, et s'en retourne par où il était
« venu. Il enfile ensuite le premier chemin qu'il trouve,
« de celui-là passe dans un autre où il fait ruse sur ruse,
« après quoi il se forlonge, en se donnant le vent, afin de
« ne pas se laisser surprendre et d'être à portée de juger
« de la façon dont les chiens, qui, comme il l'a très bien
« prévu, auront saisi sa voie en closant leurs cernes, la
« maintiendront et le chasseront. S'il trouve qu'ils le
« chassent mollement, et qu'il les entende presque aus-
« sitôt tomber en un défaut de longue durée, de ce mo-
« ment il ne les craint plus; il considère le pays, puis
« s'en va, toujours rusant, s'établir dans une nouvelle
« demeure ; mais si les chiens le rapprochent et viennent
« à bout de le relancer, alors il redouble de ruses pour
« tâcher de s'en défaire.

« J'ai vu un lièvre (1), au bout d'une heure de chasse,
« longer une grande route plus de cinq cents pas, revenir
« sur lui jusqu'à une chapelle qui était sur le bord de
« cette route, et se jeter dedans par une petite fenêtre.

« J'ai vu un lièvre passer et repasser deux fois la Vire,
« qui est une des plus considérables rivières de la Nor-
« mandie, et s'y laisser entraîner au fil de l'eau jusqu'à
« une petite île qui était au milieu, dans laquelle il se
« remettait.

« J'ai vu, mais une seule fois, depuis quarante-deux
« ans que je chasse, un lièvre fort vigoureux qui, au bout
« de deux heures de chasse, donnait le change d'un autre
« lièvre, qu'il forçait de sortir de son gîte à coup de patte :
« après quoi il faisait un *ourvari* sur ses doubles voies de

---

(1) C'est toujours de la Conterie qui parle.

« plus de cent pas, et se jetait de côté sur le ventre. Le
« hasard me fit connaître sa manœuvre : un de mes étriers
« ayant cassé, je descendis pour le raccommoder, ce qui
« m'arrêta un temps assez considérable; comme j'allais
« rejoindre la chasse, j'aperçus mon lièvre qui revenait
« dans son canton, ce qui me fit arrêter court derrière un
« pommier pour l'observer, et d'où je le vis faire à mon
« aise. Quand j'eus suivi le change de vue jusqu'à une
« certaine distance, et que je me fus bien assuré de l'en-
« droit où mon lièvre de meute s'était relaissé, je courus
« au-devant de la chasse, prévenir mon piqueur et mes
« camarades de ce que je venais de voir. Ce lièvre, aussi-
« tôt relancé, fut pris au bout... d'une fuite de trois lieues ;
« grâce à son change, je l'avais déjà manqué deux fois à
« la nuit.....

« J'ai vu un lièvre qui se retirait constamment tous les
« matins dans un petit bois, lequel, au premier coup de
« gorge que donnaient les chiens, à sa rentrée, se levait
« du gîte, et, après une demi-randonnée faite dans ce bois,
« enfilait un chemin par lequel on l'exploitait ; de ce che-
« min il allait à un autre, mais toujours par un sentier sans
« herbe et bien battu, de sorte qu'il connaissait tout ce qu'il
« y avait de ravins, de chemins et de sentiers dans le pays,
« et ne les quittait pas un instant. Je ne vins à bout de le
« prendre, à la septième chasse, que parce que je fis gar-
« der les chemins. Des lièvres aussi rusés ne peuvent se
« prendre que quand la chasse est pleine et la terre
« bonne.

« J'ai vu plusieurs lièvres, se sentant sur leurs fins,
« sauter sur de vieux murs et s'y relaisser.

« J'en ai vu d'autres entrer dans des maisons inhabi-
« tées.

« J'ai maintes fois vu des lièvres se mêler dans des
« troupeaux de moutons, les uns s'enfuyant de compagnie
« avec eux, les autres laissant fuir les moutons au bruit
« des chiens, et demeurer relaissés.

« J'ai vu nombre de lièvres entrer cent pas dans un
« bois, faire trois ou quatre sauts à droite et à gauche,
« puis revenir sur leurs pas, se remettre, à une ou deux
« perches loin de ce bois, sur le bord du chemin par
« lequel ils étaient entrés.

« J'en ai vu d'autres, au moment d'être pris, se couler
« dans des clapiers ou autres cavités; j'en ai vu un qui,
« dès qu'il était lancé, allait se mettre dans un terrier de
« blaireau.

« Tous les jours des lièvres, au moment d'être pris,
« voyant les chiens les gagner de vitesse, sortent du che-
« min dont ils ont fait leur dernière ressource, reviennent
« le long de la haie qui le borde, et passent ainsi à côté
« des chiens. D'autres, pour avoir été chassés, sortent du
« gîte de si loin qu'ils entendent la trompe, et se forlon-
« gent extraordinairement; d'autres s'élancent dans le
« fourché ou sur la tête de quelque arbre creux et peu
« élevé, dans la cavité duquel ils se cachent. »

« Jacques du Fouilloux a vu un lièvre *si malicieux* que,
dès qu'il oyait la trompe, il se levait du gîte, et, eût-il été
à un quart de lieue de là, il s'en allait nager en un étang,
se relaissant au milieu d'iceluy sur des joncs, sans être
aucunement chassé des chiens. »

Le Verrier a vu des lièvres *sur leurs fins* sauter sur un
mur, s'y relaisser et s'y laisser prendre; mais il n'a pas vu,
comme mon frère Charles, au mois de septembre 1869,
entre Fontaine-les-Luxeuil et Fougerolles, par une chaleur
accablante, au bout d'une heure et demie de chasse, un
vigoureux lièvre sauter sur le mur d'un potager, de là sur
une pile de fagots et puis enfin sur le toit d'un hangar, où
il se rasait si bien que mon frère, auquel un gamin l'in-
diquait, pensant voir là une pierre verdie ou de la mousse,
n'y crut que lorsque l'animal, chassé à coups de pierre, se
décida à regagner la campagne à l'aide des fagots et du
mur, et il fallut encore une menée de plus d'une bonne
heure à ses huit toutous pour le prendre.

Enfin nous croyons devoir citer un fait qui, s'il n'est pas dû au hasard, viendrait confirmer la pensée généralement répandue que le lièvre, lorsqu'il ruse, donne la preuve d'un instinct extraordinaire.

A notre connaissance, trois lièvres avaient l'habitude de faire leur nuit dans des champs limitrophes de la forêt la Crochère (Côte-d'Or) ; nos chiens se rabattaient vivement sur leur voie et la suivaient aisément jusqu'à la lisière du bois ; mais, arrivés là, ils se divisaient, donnaient quelques coups de gueule, et finalement revenaient sans avoir pu mettre un seul lièvre sur pied.

Ne sachant comment expliquer ce fait singulier, nous attendîmes, et la neige, ce livre des ânes, vint bientôt nous fournir le mot de l'énigme.

A l'endroit même où ces trois lièvres opéraient leur rentrée, se trouvait une petite coulée pratiquée d'habitude par des renards ; or, lesdits lièvres, favorisés par un heureux hasard ou bien guidés par une pensée machiavélique, suivaient également la même coulée, confondant ainsi leurs traces avec celles des renards ; en un mot, leur emboîtaient le pas. Si bien que la puanteur de ces derniers couvrait le sentiment des lièvres et que nos chiens, *dégoûtés*, battaient en retraite.

Des principales ruses que nous venons d'énumérer, tout piqueur intelligent pourra conclure quelle sera celle qui causera son embarras à un moment donné. L'heure est donc venue de mettre en pratique ces principes et ces leçons ; mais, auparavant, il nous faut choisir entre les deux manières de prendre le lièvre à force qui sont usitées aujourd'hui.

« La première, qui semble à du Fouilloux la plus hono-
« rable, parce qu'on y connaît bien la bonté, la force et la
« vigueur des chiens, consiste à suivre, sans fohruer et
« sans abréger les ruses, la meute partout où elle va. La
« seconde est que, depuis que les veneurs ont vu faire le
« premier cerne à un lièvre s'ils ont connaissance du pays

« qu'il tient en ses fuites, ils gagnent les devants pour le
« voir à vue et en cet endroit fohruent leurs chiens, abré-
« geant ainsi les ruses. »

Comme du Fouilloux, nous donnerons sans hésiter la préférence à la première méthode, parce que, avec elle, on a des chiens bien collés à la voie, tandis que, avec la seconde, à la moindre sonnerie, ils lèvent le nez en l'air, quittent le droit pour accourir et deviennent volages.

Si le piqueur s'est bien pénétré de ce qu'en termes de vénerie on appelle *les connaissances du lièvre*, il ne laissera jamais la meute courir un levraut, parce que cette chasse, déplaisante au possible, ressemble trop à celle du lapin, qui non seulement rebute les chiens, mais encore les rend bien vite paresseux et *musards*.

Il devra également rompre sans hésiter aussitôt qu'il sera sûr qu'une hase est debout, sa menée ne pouvant jamais procurer du plaisir à son maître. Le Verrier de La Conterie, qu'il faut toujours, à la chasse du lièvre, choisir pour guide, va nous dire excellemment pourquoi il convient de ne pas courir les hases, tout en nous indiquant, par la même occasion, la manière de les prendre à force.

« Une hase ne peut faire qu'une chasse désagréable pour
« ceux qui veulent un bruit continu et qui aiment que
« cela tire du long; elle n'est véritablement propre qu'à
« amuser des dames, qui, sans piquer, veulent continuel-
« lement voir le lièvre et les chiens. Une hase, en effet,
« ne s'écarte point de son gîte; elle tourne sans cesse
« dans son petit canton, elle double et redouble ses voies,
« elle longe les mêmes chemins, elle passe presque tou-
« jours par les mêmes brèches ou les mêmes coulées.
« Quand elle a un peu de devant, elle fait un petit *ourvari*
« et se relaisse, ce qui lui occasionne de fréquents relan-
« cés ; elle fait ordinairement toutes ses ruses dans les
« villages, passant hardiment pardevant les portes des
« maisons, sans avoir peur des habitants, avec lesquels
« elle s'est comme familiarisée, par l'habitude qu'elle

« s'est faite de giter au pied de leurs maisons et de man-
« ger les légumes de leurs jardins, qu'elle bat et rebat
« quand on la chasse.

« La plus forte ruse d'une hase est de profiter du de-
« vant (1) qu'elle a pour aller et venir dans les cours,
« par-dessus les mares à fumier et autres immondices ca-
« pables d'infecter l'odorat des chiens, elle entre de la cour
« dans le jardin, du jardin elle revient dans la même
« cour et s'en retourne sur elle faire la même chose ail-
« leurs, et souvent dans le même endroit, dont on a eu
« beaucoup de peine à la tirer l'instant d'auparavant, ce
« qui occasionne un défaut.

« Quand on voit cela, il faut envelopper le village et
« bien prendre garde de la sur-aller aux chemins qui l'ac-
« cèdent; pour ne pas tomber dans cet accident, qui en
« occasionne définitivement la perte, il faut l'élonger fort
« loin et regarder attentivement si on ne verra point le
« pied de cette hase dans celui des gens, des chevaux et
« des chiens qui ont déjà passé par là ; car, si on l'y voyait,
« ou qu'il fût imprimé dans un endroit où quelque chas-
« seur rusé aurait effacé, comme en glissant, ses premiè-
« res voies, ce serait une preuve assurée que celles qu'on
« y remarquerait seraient ses dernières, et qu'elle se dé-
« roberait pour gagner quelque autre village de sa
« connaissance, à dessein d'y pratiquer les mêmes ruses.

« Les hases, toutefois, longent beaucoup moins les che-
« mins que les bouquins; elles les traversent volontiers
« par des coulées qu'elles se sont faites et qu'elles con-
« naissent de vieux temps.

« Mais, si les devants du village où on est en défaut ont
« été pris et repris, d'abord diligemment, ensuite douce-
« ment et lentement; que les chemins qui arrivent au
« village aient été assez suffisamment longés et examinés
« pour être sûr qu'elle ne s'y en va point, on doit alors

(1) C'est-à-dire de l'avance qu'elle a sur les chiens.

« regarder comme certain qu'on l'a laissée remise dans
« la haie ou dans les choux de quelque jardin ; dans une
« cour, sur un fumier, ou le cul contre un mur où il y
« aura des herbes ou broussailles ; dans quelque étable
« où elle aura passé par une fenêtre ou par-dessous la
« porte ; dans un abreuvoir où il y aura des joncs ou autre
« chose propre à la cacher ; dans quelque vieille masure
« ou sur le haut d'un vieil mur garni de lierre ou de quel-
« que autre plante. Dans toutes ces sortes d'endroits, il
« faut en faire une recherche de l'œil, aussi exacte et scru-
« puleuse que celle qu'on ferait d'un diamant de cent
« mille écus ; car il ne suffit pas de frapper sur tout ce
« qui peut la dérober à la vue, dans l'espoir de la faire
« repartir ; elle se laissera, sur ses fins, plutôt prendre
« par les oreilles. Si, de hasard, les chiens en ont con-
« naissance ou qu'ils tombent le nez dessus, ils la pren-
« dront sans bouger.

« Il est des hases de bois qui ne sont pas moins impa-
« tientantes : il semble que, touchant partout de leur
« corps, les chiens doivent les chasser sans le moindre
« balancer ; point du tout, ces insupportables bêtes, à leur
« lancé, fuiront droit cent pas, puis reviennent sous elles,
« par sauts et bonds, et se relaissent sur une cépée. Les
« chiens viennent-ils à bout de la relancer, elle continue
« de faire la même chose, si bien qu'elle est toujours der-
« rière les chiens et parmi les chiens qui se rebutent de sa
« manœuvre d'autant plus vite que plus ils sont bons et
« entreprenants, plus et mieux ils aiment une bête qui
« tire du long (1).

« Le désagrément et le peu de plaisir qu'il y a à chasser

(1) Il n'est point de chasseurs cependant auxquels il ne soit arrivé de lancer quelques grandes hases au bois, qui se permettaient de longues randonnées dans la campagne avec peu de ruses et qui, quand elles avaient des petits surtout, se faisaient prendre au bout d'une fuite lointaine ; mais cela se voit assez rarement.

« une hase, joints à ce qu'on détruit l'espèce, en prenant
« une malheureuse mère pleine de deux ou trois petits ou
« qui les allaite, devraient faire renoncer les bons chas-
« seurs à jamais en attaquer. »

C'est donc aux bouquins du pays ou étrangers que, pour le contentement de la meute et le plaisir des chasseurs, nous devons avoir affaire, parce qu'ils sont seuls véritablement capables de procurer de l'agrément par la force de leurs ruses et par leur vigoureuse défense. Mais comment être assuré qu'on a réussi à mettre la main sur un de ces hardis et beaux joûteurs ? C'est encore l'auteur de l'*Ecole de la Chasse* qui va nous le dire :

« Quand, loin des villages et sous le nez de vos chiens,
« vous verrez partir nonchalamment du gîte un lièvre qui
« vous paraîtra plus rouge que fauve, les oreilles cou-
« chées, la queue basse, se traînant et faisant le petit, mais
« qui, à huit ou dix pas de là, commencera à secouer le
« jarret et à retaper sa queue, qui vous paraîtra large,
« ronde et presque toute blanche, qu'au même instant
« vous le verrez faire deux ou trois entrechats, retombant
« sur les quatre pieds à la fois, ensuite prendre un galop
« vite et réglé, couchant alternativement une oreille et
« puis l'autre ; d'après le jugement que nous vous avons
« montré à porter de lui, vous pouvez conclure de tous
« ces signes que vous voilà engagé à la poursuite d'un
« vigoureux et rusé lièvre. »

Nous voilà en présence d'un déluré compère, qui va nous donner du fil à retordre, mais est-il du pays ou bien avons-nous affaire à un lièvre *étranger*, qui n'est venu que pour courtiser les hases du canton ? C'est ce qu'il serait bon de savoir à l'avance et ce qu'on ne peut malheureusement pas deviner.

Le bouquin du pays ruse et se fait prendre dans son canton, tandis que le lièvre étranger ne regagne le sien, où il est pris à son arrivée ou peu après, qu'après avoir bataillé une grande demi-heure, quelquefois plus, avec la meute pour se faire perdre, ne quittant qu'avec regret, et contraint et forcé, ses amours d'une semaine ; et notez qu'il retourne dans son canton presqu'en droite ligne, *sans se soucier du vent*, parfois à trois, quatre ou même cinq lieues, ce qui expose singulièrement les veneurs à perdre la chasse.

Supposons donc qu'un bon bouquin du pays file devant la meute, et voyons comment il faut nous y prendre pour déjouer toutes ses ruses, les unes après les autres, et pour arriver à sonner l'hallali.

Avant de donner ici la théorie générale des manœuvres que le piqueur devra faire exécuter par la meute, si les vieux chiens n'en prennent pas presque toujours l'initiative comme d'ordinaire, ce piqueur se remémorera bien toutes les principales ruses que nous avons énumérées ; il tiendra en opérant grand compte du vent (1) qu'il fait, ainsi que de la connaissance qu'il doit avoir dans son canton des terrains froids ou empestés par le fumier étendu, ou odorants, dans lesquels le lièvre (qui les connait bien) ruse de préférence, sachant que les chiens y perdent d'habitude ses voies. Il n'oubliera pas aussi qu'un lièvre dont la première ruse a été faite sur la gauche ou sur la droite les continuera toutes sur la main qu'il a prise au début. Cette constance, difficile à expliquer, est, par le fait, toujours confirmée par l'expérience, et on peut l'ériger en axiome cynégétique.

Les causes qui produisent les défauts (2) sont de deux sortes :

Tantôt les défauts sont le résultat d'une manœuvre

---

(1) En pareil cas, Jean du Bec prescrit au piqueur, lorsqu'un tel vent règne et dans les défauts, de prendre les devants, *premièrement du côté du vent, car les lièvres*, dit-il, *s'en vont ordinairement le cul au vent :* la nature leur enseignant l'avantage qu'il en reçoit. »

(2) Le défaut commence pour un veneur au point précis où son ou ses meilleurs chiens tombent à bout de voie.

habile, d'une ruse de l'animal chassé, tel que un ourvari, un contre-pied, un doublé de voie, etc.

Tantôt ils proviennent de la nature même du terrain ou de l'état de l'atmosphère, comme par exemple de la sécheresse, d'un chemin pierré, d'un sol marécageux, d'un changement de temps, etc.

Enfin les défauts procèdent souvent de plusieurs de ces causes, et ceux-là sont toujours les plus difficiles à relever.

Il nous paraît superflu de définir ce qu'en langage cynégétique on appelle *défaut*, car le chasseur le moins expérimenté sait à quoi s'en tenir à ce sujet; nous espérons donc que le lecteur voudra bien nous dispenser d'enfanter laborieusement une définition qui, ne pouvant d'ailleurs qu'être inexacte et incomplète, ne servirait à rien; mais, en revanche, il nous importe au plus haut point d'étudier soigneusement la nature des défauts et les moyens de les relever.

Il ne suffit pas en effet d'élever des chiens, de les conduire à la chasse et de mettre un animal sur pied; il faut encore leur apprendre à suivre la piste de cet animal dans tous ses méandres, à débrouiller ses voies enmêlées à dessein, à déjouer ses ruses, en un mot à surmonter toutes les difficultés qui peuvent surgir, afin d'atteindre le but proposé, c'est-à-dire de poursuivre l'animal jusqu'à ce que mort s'en suive.

Pour enseigner, il faut savoir et *bien savoir ;* le bon chasseur fait le bon chien, dit-on. Instruisons-nous donc et examinons ensemble la nature de ces difficultés qui vont surgir sur notre chemin et qu'il faut vaincre pour réussir.

Nous venons de voir que ces difficultés proviennent soit des circonstances atmosphériques ou de l'état du sol, soit des ruses de l'animal.

Ayant déjà autre part étudié les premières, nous ne nous y arrêterons point, et nous ferons seulement observer que, dans le cas où un défaut surgit sur un terrain défavorable, il est bon d'en sortir au plus vite en faisant élargir la quête des chiens.

Ce qui attirera principalement notre attention, c'est l'examen des difficultés provenant du fait de l'animal, *de ses ruses en un mot*, et nous étudierons, avec tout le soin dont nous sommes capable, les moyens de les déjouer.

Quand survient un défaut, il importe de le relever sans perte de temps, de crainte que la voie ne se refroidisse; mais par quel moyen et par quelle manœuvre atteindre ce but?

Réponse : en faisant *les devants et les arrières* ou, en d'autres termes, en formant une circonférence, soit *une enceinte,* autour du point où le défaut a surgi.

C'est en effet la figure géométrique la plus logique, la plus expéditive qu'on puisse imaginer pour retrouver la voie. Qui, de l'homme ou du chien, a employé *le premier* ce moyen si simple? Nous ne saurions le dire, car nous avons vu de bons chiens y recourir d'eux-mêmes et avant qu'on le leur eût montré.

Mais ce moyen, tout simple qu'il est, encore fallait-il le trouver ! N'est-ce point là l'histoire de l'œuf de Colomb et de la plupart des inventions?

Etant donnée la direction de la chasse, on appelle *les devants* et *grands devants* environ la demi-circonférence qu'on fait décrire aux chiens *en avant* du défaut, tandis que *les arrières* en sont exactement l'autre moitié, et nous nommons *enceinte* la circonférence entière. *Faire l'enceinte,* c'est donc, avec les chiens, tracer une circonférence plus ou moins grande autour du défaut.

Tel est le moyen élémentaire qui permettra, neuf fois sur dix, de relever un défaut, si toutefois le chasseur, tenant compte de nos recommandations, a eu le soin de bien mettre tous ses chiens *au commandement.*

Ce mode d'opérer est loin d'être une nouveauté : il en est question dans tous les ouvrages cynégétiques, et Le Verrier de la Conterie s'est longuement étendu sur ce sujet; mais on peut lui reprocher, ainsi qu'à ses prédécesseurs, une grande diffusion, peu d'ordre et un manque de méthode. Bref, pour bien apprécier le traité si savant de Le Verrier, il faut déjà beaucoup savoir, car il ne l'a point écrit pour des débutants. Entreprendre de combler cette lacune, c'est faire preuve de hardiesse; l'œuvre est malaisée assurément, mais *à vaincre sans péril, on triomphe sans gloire !* Tentons donc l'aventure, en nous recommandant au patron des chasseurs, ou bien, ce qui serait peut-être plus efficace, en s'assurant l'indulgence du lecteur.

Nous avons dit que la manœuvre à faire pour relever un défaut consistait : 1° A décrire un arc de cercle (1) en avant du défaut *(faire les devants)*; 2° A décrire un arc de cercle en arrière du défaut *(faire les arrières)*; 3° A décrire une circonférence complète autour du défaut *(faire l'enceinte)*.

Mais, nous direz-vous, dans quel cas faut-il procéder à l'une ou à l'autre de ces opérations, ou bien à toutes les deux? C'est là précisément ce que nous allons examiner :

Premier cas

On doit faire *les devants* et *grands devants* dans les cas suivants :

« 1° Si les chiens, surtout les jeunes, qui s'amusent vo-
« lontiers sur les voies chaudes du gagnage, s'y entêtent
« ou ne peuvent les débrouiller, il faudra leur en faire
« prendre les devants pour en trouver la sortie;

« 2° Pendant le rapprocher, si les chiens, après avoir
« suivi la voie assez chaudement et assez loin, se trouvent
« la perdre tout-à-coup, et qu'en travaillant à la retrouver,
« ils la retrouvent en effet dans un seul petit endroit, où

---

(1) Cet arc de cercle, dans la pratique, représente une demi-circonférence environ.

« on les voit se rassembler comme s'ils avaient tous le nez
« dans un même plat; qu'à dix pas de là ils fassent la
« même chose, c'est une marque assurée que le lièvre s'en
« va par sauts et par bonds et qu'il est sur le point de se
« giter.

« Si, après avoir foulé et battu exactement le lieu où il
« a fait ces doubles sauts on ne l'y trouve point, il faudra
« en prendre les *grands* devants, surtout s'il y a un che-
« min voisin, et les faire de plus en plus grands (Le Ver-
« rier). »

3° Si le terrain où a eu lieu le défaut est désavantageux
aux chiens, il convient, suivant Le Verrier, de croire que
le lièvre n'a pu y laisser que fort peu de sentiment; en
pareil cas, on doit prendre de *très grands* devants afin de
sortir la meute de l'endroit funeste.

4° Lorsqu'un lièvre a traversé une rivière, un marais,
une prairie inondée, l'eau dont il est chargé refroidit sa
voie tant qu'il n'est pas ressuyé; si les chiens alors tombent en défaut, prenez les *grands* devants.

Deuxième cas

On doit prendre *les arrières* dans les cas suivants :

1° Lors du rapprocher, lorsqu'on a foulé et battu sans
résultat le lieu où le lièvre, avant de se remettre, a fait
des doubles sauts, et quand on a vainement pris les grands
devants en les faisant de plus en plus grands, il faut immédiatement revenir prendre les arrières, dont, soit dit
en passant, il faut beaucoup se méfier;

2° Si le terrain où se produit le défaut est avantageux
aux chiens, il n'est pas naturel qu'ils laissent aller leur
lièvre, et on doit dès lors présumer que l'animal s'en est
retourné en arrière ou qu'il a fait un ourvari, auquel cas,
selon Le Verrier, il faut prendre les arrières sans hésiter;

3° De l'avis du même auteur, on doit encore les prendre
soigneusement, lorsque le cas du fameux carrefour, dont

nous avons amplement parlé ailleurs, vient à se reproduire;

4° Généralement on commence par prendre les devants, mais il est sage de commencer par les arrières dans le cas que cite Le Verrier : « Un lièvre semble, en balançant « dans un guéret aride et sec, gagner un bois, et il arrive « que vous tombez en défaut dans ce guéret; en pareille « circonstance, vous devez commencer par les arrières. » Et voici pourquoi :

En opérant de la sorte, vous écartez le danger du change et vous ne laissez point refroidir davantage une voie que les chiens ont de la peine à suivre dans ce guéret, tandis que, si votre lièvre est rentré au bois, où il laisse beaucoup de portée, la meute le rapprochera encore aisément, même un quart d'heure après;

5° Si, dans sa fuite, un lièvre, effrayé soit par la vue d'un objet inattendu, soit par un bruit insolite, change subitement de direction, ce qui entraîne fréquemment un défaut, commencez par prendre les arrières, car il y a gros à parier que l'animal a fait un ourvari ou bien a doublé ses voies.

Troisième cas

On doit prendre les devants et les arrières dans les cas qui suivent :

1° Si un lièvre chassé vient à bout, à force de ruses, de mettre les chiens en défaut, il faut prendre les devants et les arrières; mais, comme l'observe fort judicieusement Le Verrier, « il faut d'abord les prendre *petits*, de crainte « d'occasionner le change (1); ensuite de plus en plus « grands, jusqu'à trois fois; les deux premiers fort dili- « gemment et les derniers très lentement; avec l'attention

---

(1) Le change, hélas ! n'est guère à redouter aujourd'hui, tant les lièvres sont devenus rares presque partout en France.

« de faire passer les chiens sur un terrain qui leur soit fa-
« vorable. »

2° Nous avons dit qu'en cas de défaut on prend tantôt les devants, tantôt les arrières, suivant les cas énumérés aux chapitres précédents ; mais, si l'une de ces manœuvres ne réussit point, vous devez la compléter par la manœuvre contraire, de telle façon qu'alors l'enceinte se trouve entièrement formée.

La théorie que nous venons de développer dans les trois brefs chapitres qui précèdent nous semble suffisante pour la pluralité des chasseurs ; quant à ceux qui ne s'en contenteraient pas, nous ne pouvons que leur prescrire d'étudier à fond l'*Ecole de la chasse aux chiens courants,* ouvrage qui, malgré des imperfections et quelques obscurités, est encore ce que nous connaissons de mieux sur le lièvre.

Cela dit, passons à la chasse tant soit peu cuisinière qu'on fait à ce pauvre animal, en ajoutant aux chances déjà si grandes de la meute celles qui résultent de l'usage d'une arme à feu.

VI

CHASSE A COURRE, A TIR ET A PIED

La chasse à courre, avec un nombreux équipage, que nous venons de décrire, ne peut guère se pratiquer qu'à cheval, et nous comprenons très bien pourquoi les amateurs de ce sport déclarent leur préférence pour la plaine.

Il est en effet bien plus agréable et commode pour les cavaliers de courre en plaine, parce qu'on y suit mieux de l'œil la menée des chiens et les allures du lièvre; cela est de toute évidence.

Comme on n'a point à tenir compte de la fatigue, tant pour le piqueur que pour les veneurs, puisqu'ils sont montés, on peut sans inconvénient se servir de chiens bien gorgés et très vites, qui, ne laissant au lièvre que peu de loisirs pour ruser et se forlonger, abrègent singulièrement le drame.

Mais avec de pareils chiens, qui courent comme le vent, il ne faut pas songer à chasser quand piqueurs et veneurs opèrent à pied, et alors que faire? N'employer, dira-t-on, qu'une meute de moyenne vitesse.

On cite, il est vrai, maints piqueurs et chasseurs à pied qui, avec une meute de ce genre, trouvent moyen de se maintenir au milieu de leurs chiens *presque* constamment, de les aider dans les défauts, etc., et il est établi même que ces intrépides piétons prennent autant, ou peu s'en faut, que ceux qui opèrent à cheval. Mon frère Charles, qui a forcé, nombre d'années, seul ou assisté d'un ou deux compagnons, avec ses six à huit toutous de la Haute-Saône, race Dubuisson de Vauvillers, briquets blanc-orangé de moyenne vitesse, avait résolu ce difficile problème ; mais il dit à qui veut l'entendre que c'est là une bien rude corvée, même pour un luron de son espèce, qui ne se gênait point pour partir d'Auxonne de grand matin et s'en aller à pied, avec ses chiens, dans la même journée, coucher à Vesoul (distance 80 kilomètres).

De pareils tours de force sont loin d'être à la portée de la plupart des piqueurs et veneurs ; si donc cependant, malgré leur moindre résistance à la marche, ils veulent absolument forcer, nous leur indiquerons la ressource des bassets à jambes droites, et même au besoin des bassets à jambes torses, mais en les prévenant que l'hallali pourra bien longuement se faire attendre, le lièvre, mené aussi doucement, ayant alors des loisirs qui lui permettront de se reposer, d'entasser ruses sur ruses et de se forlonger à son aise.

La plupart des écrivains cynégétiques prescrivent de faire quêter et chasser en plaine les chiens, les jeunes surtout ; ils ne manquent pas d'excellentes raisons pour justifier la préférence qu'ils donnent aux champs sur les bois ; mais nous en avons *de péremptoires* pour ne pas suivre leurs enseignements.

« Du Fouilloux reconnaît expressément que les chiens
« dressés en plaine ne chassent jamais aussi bien au bois,
« parce qu'il leur souviendra toujours de la plaine ; que
« dès lors ils ne quêteront pas avec entrain au bois et
« tendront toujours à aller chercher les plaines et champs.
« Puis, ainsi que Gaston Phœbus, il recommande de dres-
« ser les chiens dans le pays où on doit se tenir pour la
« chasse. »

« Le lièvre, dit Le Coulteux, aime les pays où les bois,
« les plaines et les prairies s'entrecoupent fréquemment.

« Dans ces pays, il se tient ordinairement dans les bois
« depuis novembre jusqu'en mai, n'en sortant que le soir
« pour aller au gagnage, et il fait son séjour depuis mai
« jusqu'en novembre dans les champs, où, suivant la sai-
« son, il trouve une retraite tantôt dans les blés, tantôt
« dans les prairies artificielles, ensuite dans les champs
« de légumes et les terres labourées. »

La topographie de notre région de chasse est fort bien décrite par Le Coulteux, mais, huit jours après l'ouverture, nos plaines sont à peu près veuves de lièvres, et le plus souvent on emploierait toute une journée pour en mettre un sur pied, et encore faudrait-il pour cela opérer à l'époque où la chute des feuilles, etc., en jette plusieurs hors du bois.

De plus, la chasse en plaine n'est gardée nulle part, et, malgré la rareté du gibier, les chasseurs fourmillent. On serait donc à chaque instant dérangé par leurs chiens, qu'il faudrait repousser souvent à coups de fouet; de là peut-être des discussions toujours dangereuses quand on est porteur d'armes à feu et qu'il n'est que sage d'éviter.

Aussi avons-nous pour habitude de découpler les chiens à quelque distance du bois, afin que, dans leur impatience, ils n'abordent pas la lisière avec emportement; sans quoi on a lieu de craindre qu'ils ne dépassent immédiatement le but, et ne s'enfoncent sous les gaulis.

Le chasseur de lièvre doit en effet s'efforcer de maintenir ses toutous sur la lisière du bois, de telle sorte qu'ils fassent ce qu'on appelle *les bordures*.

C'est le plus sûr moyen de ne lancer que du lièvre, car cet animal, faisant habituellement sa nuit dans les terres cultivées, rentre d'ordinaire au bois pour se giter lorsque l'aube parait à l'horizon; or, en suivant la bordure du bois, pour peu que le temps soit favorable, les chiens ont bientôt mis le nez sur la rentrée.

En opérant ainsi par les bordures, le chasseur ne perd pas sa meute de vue un seul instant; il est à même de la diriger sans cesse, il peut sans crainte encourager les chiens qui sont dans *le droit*, et enfin corriger en toute assurance ceux qui commettent des fautes. Sans compter que c'est encore un moyen d'éviter les voies de renard, que les jeunes chiens suivent trop volontiers et qui leur gâtent le nez.

Nous ne saurions trop recommander ce genre de quête au chasseur soucieux d'avoir une bonne meute pour lièvre ; qu'il veuille bien suivre nos conseils, et l'expérience ne tardera pas à lui en démontrer les avantages beaucoup mieux que nous ne pourrions le faire nous-même.

Le lecteur nous permettra sans doute ici de lui signaler parmi ces avantages celui qui se présente chaque fois et qui influe sur la chasse depuis le lancer jusqu'à l'hallali.

On dit *qu'un lièvre bien empaumé est généralement un lièvre bien chassé*. Rien n'est plus exact.

En effet, si on suit les bordures, comme nous le conseillons, les chiens ne se dispersent point ; dès qu'une voie est signalée, ils se trouvent forcément rassemblés ; ils se suivent pas à pas ; les savants dirigent l'opération, les conscrits emboîtent, le rapprocher est correctement conduit, et alors, quand le lièvre bondit, la meute tout entière s'élance *comme un seul chien*, en faisant cette délicieuse musique que vous savez.

Cet ensemble dans l'attaque aura, nous le répétons encore, la plus grande influence sur la chasse ; car, grâce à lui, vous n'aurez pas de chien distancé hurlant sur les derrières, pas de chien essoufflé ralliant avec emportement. Chacun est à son rang, l'orchestre est au complet, et il y a gros à parier qu'aucun des musiciens ne manquera à l'appel quand la bête de meute rendra le dernier soupir.

Règle générale, dans toute quête, les chiens doivent travailler *en avant* du piqueur, qui évitera de fouler les voies. Il faut aussi avoir bien soin de ne découpler la meute que lorsque la rosée est à peu près tombée, suivant le sage conseil que nous donne Gaston Phœbus, dans son

chapitre cinquantième : « Et je loue fort qu'on n'aille pas
« *trop matin* chasser, car si on y va trop matin, les chiens
« assentiront du lièvre qui s'en ira devant eux de bon
« temps ; mais, quand viendra le haut jour, alors ils ne
« voudront point en assentir parce qu'ils auront été ac-
« coutumés de chasser le matin. C'est donc une très mau-
« vaise coutume de mener les chiens à la chasse trop ma-
« tin, sauf en été, par le grand chaud, et encore dans ce
« dernier cas j'exigerais que le soleil soit d'une toise au
« moins élevé au-dessus de l'horizon. »

Nous allons, maintenant que nous sommes muni de tous les bons principes de la vénerie, aborder l'étude de la chasse à tir et à pied.

Il va sans dire qu'ici, grâce à l'emploi du fusil, bien des fatigues seront singulièrement diminuées et que souvent la plupart des longues courses se verront ou fort abrégées ou même supprimées presque entièrement ; néanmoins cela n'empêchera *pas toujours* certaines journées de mettre à une assez rude épreuve les forces et les jambes des veneurs.

Il est clair que pour chasser modestement, comme nous voulons le faire, point n'est besoin d'un nombreux équipage, et que nous fixerons le chiffre minimun de nos chiens à trois et le maximum à huit, nous basant sur ce qui se pratique partout à notre connaissance.

Repoussant les bassets comme trop lents, et laissant les chiens de grande taille exclusivement pour la chasse au forcer, nous n'admettrons dans notre petite meute que des briquets de quarante à cinquante centimètres de taille, dont le recrutement sera facile ; « car, Dieu merci, nous
« avons en France, un peu partout, d'excellents chiens de
« pays qui chassent adorablement bien le lièvre et qui
« même chassent tout, comme le dit avec tant de raison
« A. de La Rue. Nous citerons notamment les briquets
« d'Artois, les chiens légers des Vosges, des Ardennes, du
« Jura, de la Bourgogne et de la Haute-Marne, aux envi-

« rons de Chaumont. Il y faut ajouter, dans la Haute-
« Saône, les jolis chiens du docteur Coillot, qu'on a tant
« admirés à l'exposition de 1873 et qui descendent des
« chiens de lièvre de la gendarmerie de Lunéville, plus
« connus sous le nom de *chiens de porcelaine.* »

Nous aurons donc l'embarras du choix, et il faut nous en féliciter bien vivement, car plus le chiffre des chiens qui composent une meute est petit et plus on est forcé, si on veut réussir, de se montrer exigeant pour leurs qualités, chacun d'eux devant pour ainsi dire travailler comme quatre, afin d'annihiler les inconvénients, vices et insuffisances, etc., dûs au nombre exigu des acteurs.

Ainsi, comme il nous faut une musique nourrie et qui s'entende d'assez loin, force nous sera de ne prendre que des chiens bien gorgés, *hurleurs ou à peu près*, tandis que les cogneurs, *même à voix forte*, ne feraient *qu'imparfaitement* notre affaire.

Dans un nombreux équipage, deux ou trois clés de meute suffisent, et le restant suit et crie de confiance ; quant à nous, un bon chien de tête est non-seulement indispensable pour diriger notre petite meute, mais il nous faut encore que les autres chiens travaillent eux-mêmes, soient plus ou moins en état de lui venir en aide, voire même capables au besoin de suppléer à son absence. Nous ne pouvons donc admettre dans notre modeste équipage que des chiens *qui vaillent quelque chose*, et nous rejeterons impitoyablement tous ceux qui ne valent que pour suivre et faire de la musique. On le voit, dès lors bien clairement, ce sont autant dire trois ou quatre clés de meute que nous devons recruter pour pouvoir chasser avec fruit, sans oublier que les cinq chiens (chiffre habituel qu'on ne dépasse guère de nos côtés) doivent encore être rigoureusement de même pied.

Les chasseurs qui viendraient à trouver excessives nos exigences pourraient bien, s'ils venaient certains jours au bois avec nous, alors que le terrain est mauvais pour les chiens (ce qui n'arrive, hélas ! que trop souvent) et que cependant on s'entête à vouloir lancer, finir par rabattre de leur blâme et reconnaître franchement avec nous que trois ou quatre bons chiens valent mieux qu'un seul, quelque parfait d'ailleurs qu'il puisse être.

« Le premier soin du chasseur de lièvre en s'éveillant,
« nous l'avons déjà dit, est de consulter le vent, de tenir
« compte de la température, suivant la saison.

« Lorsque la voie est mauvaise, rentrez au logis; vous
« la jugerez telle à leur manière de chasser, en voyant les
« chiens faire de nombreux retours, mettre la tête à la
« queue, muser, pisser et se rouler à tout propos, lever le
« nez en l'air, etc. »

L'adresse au tir est une bonne chose, mais elle ne suffit pas; pour la manifester souvent, il faut y joindre l'entente de la chasse, qui est chose bien plus rare ; car si le bon veneur tue fréquemment, il doit ses succès non pas *à la chance,* comme d'aucuns le croient, mais bien à sa science profonde.

« Lorsque la menée marche bien, il n'est pas rare qu'une
« pièce de gibier, un chevreuil, un lièvre, un lapin, par-
« fois un renard, fuyant d'effroi au bruit des chiens, vienne
« passer sous le fusil d'un chasseur; doit-il tirer? Oui,
« quand la meute n'entendra pas la détonation, qui la
« ferait accourir et abandonner son lièvre; autrement il
« faut s'abstenir, sous peine, dit avec raison A. de La Rue,
« de transformer en rosses les meilleurs chiens. »

Posez en principe absolu que votre petite meute ne doit jamais chasser que le lièvre; cela vous permettra de ne céder que très rarement aux pressantes instances que vos compagnons ne sauraient manquer de vous faire pour attaquer un chevreuil, ce qui n'est que demi-mal, mais encore un sanglier et même un renard, les jours où le terrain est mauvais.

« Beaucoup de chasseurs ont l'habitude d'appeler, par
« des cris et de la corne, les chiens pour les mettre sur la

« voie de l'animal qu'ils viennent de manquer (1) ; c'est
« une grosse faute qui a pour conséquence d'enlever les
« chiens et de les habituer à tout quitter pour accourir
« au coup de fusil; le plus souvent ils s'emportent sur la
« voie plus ou moins foulée qu'on leur indique en gesticu-
« lant et criant, puis ils balancent, hésitent, et on perd du
« temps au lieu d'en gagner, et on y perd encore que les
« chiens ne sont plus, comme ils le doivent, collés ferme-
« ment à la voie. Le praticien consommé, en pareil cas, ne
« bouge pas ; il attend, observe, et c'est tout au plus si, à
« leur passage, il adresse au chien de tête et à ses collabo-
« rateurs un petit mot d'encouragement. S'il a tué le lièvre,
« il fait de même (2), les laisse jouir un instant sur la vic-
« time et lécher le sang, etc., puis il fait la petite curée, »
dont nous donnerons plus loin tous les minutieux et éco-
nomiques détails.

« *Trop parler nuit.* » C'est en chasse surtout que ce proverbe paraît juste.

Il est des chasseurs pour lesquels le silence est impossible ; fuyons-les comme la peste !

Par leurs causeries bruyantes et sans fin, ils troublent
les chiens et détournent le gibier; ils font parfois un tel
bruit qu'on a peine à suivre la chasse. Si donc, ami lecteur, vous désirez ne point la perdre, si vous tenez à conserver toutes les chances de faire feu, laissez ces bavards
à leurs discours intempestifs et, si toutefois vous renoncez
à leur imposer silence, n'hésitez pas à vous éloigner
d'eux.

Ces vraies commères n'ignorent cependant point qu'une
conversation continue, même à mi-voix, s'entend fort loin

---

(1) Et ce, sans même s'assurer que c'est bien la bête de
meute.
(2) Il est bon cependant de corner alors l'hallali pour aviser
et rallier les autres chasseurs, mais toujours avec grande so-
briété, bien entendu.

dans le couvert; mais la manie de parler les domine à un tel degré qu'elle leur fait oublier tout le reste. Et dire cependant, comme la vérité nous en fait une loi, qu'on rencontre quelques bons veneurs parmi ces sempiternels bavards !

Au moment du lancer, plus l'enceinte que foulent le piqueur et la meute est petite, plus sont grandes, pour les tireurs qui la bordent, les chances de faire feu, par la raison bien simple qu'ils se trouvent alors d'autant plus rapprochés les uns des autres que le buisson est moins étendu, et qu'il devient par suite à peu près impossible à l'animal de passer *impunément* entre deux fusils aussi voisins l'un de l'autre. En pareil cas, au lieu de bavarder, que les amateurs du tir à outrance resserrent donc autant que possible l'enceinte, et le succès les récompensera de leur intelligente manœuvre. C'est du reste ce qui explique pourquoi les piqueurs, *dont le métier est de serrer toujours la meute de près*, rencontrent si fréquemment l'occasion de faire feu.

Le lièvre chassé suit volontiers les chemins, les sentiers, les grandes et les petites lignes ou les charrières dans les cas que voici : Lorsque le bois est chargé de rosée ou d'eau de pluie; lorsque les feuilles desséchées font du bruit sous ses pas, et enfin lorsqu'il veut dépister les chiens en foulant la poussière d'une route.

Un lièvre vient-il à vous en suivant un chemin? Restez complètement immobile, épaulez avec lenteur, évitez tout mouvement brusque, et, si votre costume n'est pas d'une couleur éclatante, vous verrez le pauvre animal continuer sa course sans défiance jusque sous les canons de votre fusil. Venant ainsi *en pointe*, il offre peu de surface; vous ne devrez donc le tirer qu'à courte distance et, ajouterons-nous, toujours plutôt bas que haut (1).

---

(1) Mais, dans ce cas, soyez toujours prêt à redoubler.

Grâce à ces conseils, ainsi qu'à ceux que nous vous avons déjà donnés ailleurs, pour peu que vous possédiez l'entente de la chasse, il vous sera facile de faire parler la poudre et, si vous tirez droit, de satisfaire votre désir de tuer; mais, morbleu ! n'abusez pas et modérez votre rage léporicide, qui ressemble un peu trop à une passion effrénée pour le civet et le rôti, sans quoi vous vous exposeriez à recevoir en pleine poitrine quelques sanglantes boutades dans le genre de celle que nous allons vous répéter : Un certain Remondey, garde du marquis de Foudras, à Demigny (Saône-et-Loire), était tellement empoigné par la rage aveugle du meurtre, qu'il lui était devenu impossible de ne pas tirer sur tout gibier qui se trouvait à portée. Le Nestor des piqueurs bourguignons, Denis, le gourmandait sans cesse, mais sans succès, sur ce malheureux penchant au massacre; enfin un jour, dans un moment de vive impatience, devant plus de vingt personnes, il lui décocha ce terrible sarcasme : « *Mon pauvre ami, si ta mère avait* « *été une hase, il y a longtemps que tu serais mort sur l'é-* « *chafaud!* »

Il n'est pas de roses sans épines

Ce proverbe, comme nous allons le voir, est plus vrai pour la chasse aux chiens courants que pour la plus belle des fleurs.

Les chasseurs savent tous par expérience que, si un chien étranger vient à prendre la voie en avant et à poursuivre le lièvre de chasse (*à vue le plus souvent*), la meute dégoûtée ne tarde point à mettre bas.

La fréquence de ce déboire constitue une gêne sérieuse pour l'amateur de chasse; elle est due à la quantité innombrable des chiens d'arrêt et des corneaux qui foisonnent aujourd'hui dans les campagnes, au grand dommage du gibier de toute sorte, plume et poil.

D'autre part, cependant, nul veneur n'ignore qu'une meute chasse assez volontiers *en dessous* d'une autre meute qui lui est étrangère, alors même que les aboiements de cette dernière ne lui parviennent point.

Pour expliquer et concilier ces faits quelque peu contradictoires, on est obligé d'admettre que le chien courant sait distinguer la trace d'un confrère de celle d'un chien d'arrêt ou d'un corneau; qu'il a l'espoir de rejoindre le premier, obéissant en cela à son instinct, qui est de s'ameuter, tandis qu'il devine que le mâtin, qui foule la voie d'un pied rapide, ne lui laissera point le loisir de le rejoindre.

Etant très exposé à ces incidents, qui sont toujours regrettables, nous avons dû étudier les moyens d'y obvier, et voici comment, plus d'une fois, nous avons pu surmonter cette grave difficulté :

Dès que nous avons acquis la preuve qu'un chien étranger est survenu, nous nous empressons de rallier les chiens; nous les appuyons fortement, en suivant la voie et en nous efforçant de vaincre leur répugnance : nos braves toutous ne tardent pas à reprendre courage; ils suivent le pas *à la muette* et s'avancent lentement. C'est alors qu'il faut redoubler de patience et de tenacité; car le lièvre a pris beaucoup d'avance, puis, se sentant surmené par le mâtin qui lui soufflait le poil, il a dû faire crochet sur crochet, se rasant quelquefois, revenant sur ses voies et faisant en résumé tout ce qu'il est permis à un honnête animal d'essayer, en pareil cas, pour se débarrasser d'un ennemi doué d'un jarret d'acier et qui, sans aboyer et sans dire gare, arrive comme un ouragan.

Après avoir dépisté le mâtin par des ruses qui lui sont familières, le lièvre, loin de se forlonger, s'empressera de se raser en un endroit favorable. Si donc vous avez pu maintenir vos chiens dans la voie et parvenir à ce point de remise, la meute ne tardera guère à relever l'animal, dont la chasse reprendra alors dans de bonnes conditions.

Mais, disons-le bien haut, pour réussir en pareil cas, il faut pouvoir absolument compter sur l'obéissance passive des chiens.

Dans une seule journée de chasse, en novembre 1878, il nous est arrivé, non sans peine, de relever ainsi, à trois reprises différentes, un lièvre lancé par notre petite meute et que le même chien de ferme nous avait fait perdre autant de fois.

Avant de clore ce chapitre, nous croyons devoir donner quelques conseils, non pas aux vieux praticiens expérimentés qui en savent plus long que nous, mais bien aux jeunes disciples de saint Hubert.

« La connaissance des ruses du lièvre, qui varient à
« l'infini, ne s'acquiert que par la pratique; le veneur dé-
« sireux de s'instruire apprendra beaucoup de choses en
« allant, le matin, se promener par une bonne neige tom-
« bée la veille au soir (1); je ne connais pas de livre plus
« intéressant à lire. Cette étude attentive vous mettra en
« état de déjouer toutes les ruses de l'animal.

« N'abusez pas de la trompe et même aussi de la corne;
« ne sonnez qu'à propos et tout juste le nécessaire. L'ani-
« mal vient-il à passer près de vous, attendez qu'il soit assez
« loin pour sonner la vue; si vous sonniez sur son dos,
« vous l'effrayeriez, vous lui feriez peut-être faire un cro-
« chet ou doubler ses voies, enfin la peur produirait sur
« lui un refroidissement, un changement d'odeur qui met
« toujours les chiens dans l'embarras et les rend hésitants;
« ils balancent alors avant de reprendre la voie.

« On ne peut guère chasser avant la mi-septembre, en-
« core faut-il attendre que les plantes odoriférantes ne
« sentent plus rien et que la terre ait repris sa fraîcheur.

---

(1) Mieux vaudrait, selon nous, différer cette étude de vingt-quatre heures, c'est-à-dire la remettre au surlendemain de la chute de la neige, les animaux ne bougeant point la première nuit.

« A cette époque de l'année, le lièvre, en passant dans les
« chaumes et les regains (*comme dans le bois*, ajouterons-
« nous), laisse des portées; on a de plus l'avantage de
« trouver de grands levrauts faciles à prendre, ce qui four-
« nit d'utiles occasions de donner de bonnes leçons aux
« jeunes chiens.

« Autant que possible, il faut éviter de donner aux chiens
« le lièvre à vue; ils s'emportent, chassent à l'œil, sans
« goûter la voie, et puis, quand ils ne l'aperçoivent plus et
« qu'ils sont obligés de mettre le nez à terre, il s'en suit
« presque toujours un long défaut. Si donc vous en voyez
« un sortir du gîte ou d'ailleurs, conduisez doucement la
« meute sur sa piste, qu'ils empaumeront bien et avec
« sagesse.

« Ne ménagez rien pour tenir vos chiens en bon état;
« quatre chiens bien nourris valent mieux que vingt qui
« manquent de fond et de vigueur.

« Dans tous les cas, croyez-le bien, vous ne prendrez
« que par hasard, si vous n'avez pas au moins un chien
« connaissant bien les ruses du lièvre, ne comptant pas
« avec ses peines pour aller mettre le nez aux brèches des
« murs, aux coulées dans les haies, pour fouiller les ron-
« ciers, pour regarder sous les ponceaux, pour visiter les
« jardins et faire surtout bien les routes. Sans ce Nestor,
« un lièvre forlongé sur un chemin pierreux est un lièvre
« manqué. » (A. de La Rue.)

Dans un bois vif en lièvres, ne foulez jamais l'enceinte *qu'à la dernière extrémité*, par crainte du change, c'est-à-dire qu'après avoir employé en vain toute votre science pour relever le défaut et quand inutilement les chiens y auront dépensé toute leur intelligence. Si le cas s'impose impérieusement à vous, parce que c'est le seul et unique moyen qui vous reste, il est alors de la plus haute importance de procéder avec minutie, soin et méthode à cette délicate opération : 1° parce qu'il est humiliant de revenir *bredouille;* 2° parce qu'en principe jamais on ne doit donner un second lièvre à courre aux chiens quand ils ont manqué le premier ; 3° parce qu'en remettant la bête sur pied, ils sont contents, profitent de la leçon, s'en souviennent plus tard et n'en deviennent que meilleurs ; 4° parce qu'enfin, dans un relancer, les chiens chassent avec beaucoup plus d'ardeur et quelquefois même poussent si fort le lièvre qu'ils ne lui laissent pas le loisir de ruser.

Dans nos régions si pauvres en gibier, le change malheureusement n'est guère à craindre ; aussi n'hésitons-nous jamais à fouler quand tous les autres moyens de relever le défaut ont été épuisés.

Il peut arriver que des chasseurs, même très expérimentés, perdent la chasse, notamment quand le vent est élevé ; qu'ils se souviennent alors de ce passage de Le Verrier, que nous transcrivons textuellement, car il est impossible de dire mieux et plus simplement : « Défiez-vous « de la fuite du lièvre de passage, autrement vous perdrez « la chasse et on se moquera de vous. Si cet accident vous « arrive, piquez toujours *le vent au dos*, en écoutant de « temps en temps ; c'est le seul moyen de la retrouver. »

Nous ajouterons qu'il ne faut pas craindre de se renseigner auprès des gens que l'on rencontre, tout en contrôlant autant que possible la vérité de leurs indications. Il ne faut pas non plus négliger les renseignements que le sol peut fournir : la meute en effet laisse des traces de son passage si le terrain est favorable, et ces marques vous seront précieuses, en ce sens qu'elles vous indiqueront la direction de la chasse.

Lorsqu'un défaut survient dans un lieu couvert ou boisé, nous avons une habitude que nous ne saurions trop vous recommander, c'est de nous arrêter dans l'endroit même où les chiens perdent la voie ; et, tandis qu'il font l'enceinte avec le piqueur, nous formons le centre et nous leur tenons lieu de guidon, de point de repaire autour duquel ils tournent. Il importe en effet de ne point perdre *l'endroit même du défaut,* afin d'y ramener les chiens s'ils ne parviennent pas à relever la voie, car enfin il peut se faire que le lièvre soit dans l'enceinte ; sans cette précaution, le piqueur, en s'éloignant, serait fort exposé à perdre l'endroit et à ne plus pouvoir dès lors y ramener les chiens.

N'oubliez pas, pour vous comme pour votre meute, d'emporter un flacon d'alcali en cas de morsure de vipère ou de piqûre d'insectes venimeux ; ayez encore des petites pinces pour extraire les épines, etc., qui se logent dans les pattes des chiens et ailleurs chez les gens ; puis, en prévision de la curée dont nous allons vous entretenir, soyez muni d'un couteau pointu et bien tranchant, de bonnes et fortes aiguilles et de fil solide ; enfin ayez toujours quelques morceaux de pain dans votre carnier ou dans vos poches.

Lorsqu'un lièvre est tué, le chasseur, après avoir sonné l'hallali, doit : 1° désarmer son fusil, le décharger même pour plus de sûreté et le suspendre, s'il est possible, à une branche d'arbre ; 2° mettre le fouet en main, chaque veneur devant toujours en porter un en sautoir ; 3° attendre l'arrivée de ses compagnons et de la meute *à l'endroit même* où le lièvre est tombé mort ; 4° tenir les chiens en respect, afin que, s'ils foulent l'animal, du moins ils ne le déchirent pas ; 5° coupler séparément les chiens hargneux et jaloux qui sont disposés à mordre les jeunes ; 6° faire pisser soigneusement l'animal ; opération délicate qui doit être tentée à plusieurs reprises jusqu'à succès complet, car il arrive fréquemment qu'on échoue dans cette entreprise lorsque le lièvre est encore chaud. La présence de l'urine dans l'intérieur du corps donne à cette chair si fine une odeur très désagréable ; il faut donc obvier à cet inconvénient : en pressant légèrement le haut de l'abdomen du lièvre, que vous avez soin de tenir suspendu par les pieds de devant, et en faisant glisser la main jusqu'au bas du ventre, la vessie est bientôt vidée et on n'a plus d'infection à craindre.

Après cela on procède à la curée de deux façons diverses,

soit qu'on abandonne le lièvre tout entier aux chiens, soit qu'on se contente de leur livrer la ventraille.

Dans le premier cas, on déshabille l'animal, afin de n'en pas laissser manger le poil, qui est nuisible et indigeste, et on fait autant de parts qu'on a de toutous.

Si on préfère opérer de l'autre façon, il faut pratiquer en long une ouverture dans l'abdomen, par le milieu du ventre, qui puisse permettre au piqueur de saisir, entre le pouce et les deux premiers doigts, et d'arracher l'estomac et de vider complètement la poche intestinale; on doit veiller alors à ce que les boyaux ne se dégorgent pas à l'intérieur et que le sang ne se perde point.

Cela fait, on trempe des morceaux de pain dans le sang qui coule des blessures, on les agrémente avec les dedans et puis on fait le partage entre les chiens, en tenant la main à ce que les jeunes et les plus timides ne soient pas frustrés de leur droit (1). Enfin, à l'aide d'une aiguillée de fil dont le veneur, pour maintes raisons, doit toujours être pourvu, on recoud *la peau et le péritoine tout à la fois*, afin d'éviter l'effusion du sang, liquide indispensable pour faire un bon civet et pour confectionner avec succès la fameuse sauce au verjus qui accompagne invariablement le râble rôti.

Dans le cas fâcheux où en route tout le sang viendrait à se perdre, ne vous désolez pas trop ! car nous vous dirons

---

(1) Jean du Bec indique un autre genre de curée dont nous n'avons pas fait l'expérience, et que voici : « Il y a encore une
« sorte de curée qui met les chiens bien à la chair; mais elle
« donne un peu de peine; c'est de faire rôtir le lièvre et de leur
« bailler chaud; il n'y en a point une meilleure que celle-là de
« laquelle les chiens se souviennent davantage et leur fasse
« trouver la chair du lièvre plus friande.

« Le chien courant, entre tous les chiens, chasse pour manger,
« tellement que, lorsque les chiens sont bien à la chair, il n'y a
« pas de lièvre si difficile à forcer qu'il leur soit impossible de
« prendre. Voilà comment bien faire la curée aux chiens est un
« des actes principaux du chasseur du lièvre. »

en confidence que celui d'un poulet, d'un canard ou d'un dinde peut le remplacer sans trop de désavantage.

Pendant que nous causons cuisine, c'est bien le cas ou jamais de vous apprendre qu'avec une cuillerée à bouche (pour trois œufs) de sang de lièvre ou de chevreuil, on peut se procurer une délicieuse omelette. Mais assez de recettes culinaires, et passons aux sonneries conventionnelles.

Signaux pour la corne de chasse

L'auteur de l'*Antagonie du Chien et du Lièvre,* dit quelque part :

« A la chasse du lièvre, toutes les sonneries ne servent
« pas beaucoup; pour moi, je voudrais chasser un lièvre
« sans criailler, et laisser faire mes chiens sans huailler
« comme font aucuns. »

Jean du Bec a cent mille fois raison ; car c'est une bien mauvaise habitude qu'ont certains chasseurs de criailler, de huailler et de sonner *à tous propos* ; mais, à notre avis, il se trompe lorsqu'il prétend que les sonneries ne servent pas beaucoup.

Nous estimons, au contraire, que des sonneries *bien ordonnées*, faites *à propos* et *modérément*, sont de la plus grande utilité, ne fut-ce que pour éviter le tapage et les cris justement réprouvés par tous les vrais chasseurs de lièvre; mais cet avantage fort prisé par nous n'est pas le seul, et nous allons en faire toucher du doigt un autre qui ne laisse pas que d'avoir bien plus d'importance. Si Jean du Bec a si fort méprisé les sonneries, ne serait-ce pas parce qu'étant constamment à cheval, ainsi que ses compagnons, il pouvait aisément suivre la chasse et serrer les chiens de près sans avoir à compter avec la lassitude; or aujourd'hui on chasse généralement à pied, on n'a plus que deux jambes au lieu de quatre, et on doit regarder à la fatigue de la marche ; il faut donc savoir grand gré aux sonneries qui peuvent, en bien des circonstances, nous épargner des courses inutiles et, chose plus importante, diminuer singulièrement nos chances de perdre la chasse.

Depuis près d'un demi-siècle, des signaux convenus pour cornet de chasse sont en usage dans nos régions, et nous ne croyons pas pouvoir mieux faire que de mettre sous les yeux du lecteur le *fac-simile* des cartes dont chacun de nos chasseurs est pourvu, persuadé qu'en répandant l'usage si commode et si simple de ces sonneries nous rendrons service à nos confrères, qui du reste pourront les modifier dans le sens de leurs besoins.

Ces cartes, sur carton mince ou sur parchemin, imprimées au recto et au verso, ont, marge comprise, douze centimètres de longueur sur neuf de large ; rien n'est donc plus facile que de les loger dans le carnier ou même dans une poche. Ces dimensions pourraient même être réduites à 0^m10 sur 0^m07.

La dernière des observations du verso : « *Toute sonnerie doit être répétée au bout de dix secondes,* » mérite d'être rigoureusement suivie, car souvent, soit qu'on marche, soit qu'un bruit se produise dans le voisinage, on est surpris par la première sonnerie, on l'entend mal ; mais on sait que la répétition réglementaire ne tardera pas, et, en effet, elle vient bientôt vous édifier sur ce qui se passe.... à moins que l'avertisseur n'oublie la consigne !

SIGNAUX POUR LA CORNE DE CHASSE

La Vue {
- Le Lièvre. . . . . ▬
- Le Renard **(Blaireau) (haret).** ▬, ▬
- Le Chevreuil. . . . . ▬, ▬, ▬
- Le Sanglier. . . . . ▬, ▬, ▬, ▬
- Le Loup. . . . . ▬, ▬, ▬, ▬, ▬

Sortie de l'enceinte. — La Vue, plus. . . ●●
Rentrée dans l'enceinte. — L'inverse . . ▬▬▬
Sortie en plaine. — La Vue, plus. . . . ●●●
Rentrée au bois. — l'inverse. . . . . ▬▬▬
Celui qui tient la tête de la chasse appelle de
temps en temps ses compagnons par. . (●●,●●,●●) *bis*.
Le perdu, ou pour interroger ou pour dire { ●●,●●,●●
qu'on entend. . . . .

L'hallali. — La Vue suivie d'un ban. . . . (▬,●●,●●) *ter*.
A l'appel des chiens. . . . . ●●● ●●● ●●●
Chaque chasseur sonne autant de ▬ qu'il a
de chiens.
Pour réunir les chasseurs ou pour la retraite. (●●●,●●●,●●●) *ter*.

OBSERVATIONS

Entre chaque phrase, c'est-à-dire à chaque virgule, il faut marquer le temps d'arrêt en reprenant la respiration.

Pour se faire entendre distinctement, il faut prolonger les signes **longs** (▬) *et donner un fort coup de langue sur les signes* **brefs** (●).

Toute sonnerie doit être répétée au bout de dix secondes.

VII

CHASSE DU LIÈVRE EN PLAINE

Il n'y a guère en France de lièvres vivant en fin fond de forêt; presque tous habitent également la plaine et le bois; cependant, depuis septembre et jusqu'à la mi-octobre, ils se tiennent de préférence dans les champs par les beaux jours.

A cette époque, si le temps est couvert et sombre, il faut chercher le lièvre dans les terres fraîchement labourées, dans les betteraves, dans les chaumes, dans les semailles et les grosses cultures; mais, s'il fait très chaud, vous ne le trouverez que dans les luzernes, les sainfoins, les trèfles, les maïs et haricots, les grands chaumes, les hautes herbes et sur le bord des vignes.

Vers la fin d'octobre, lorsque les glands et les feuilles tombent des arbres, le lièvre, inquiété par le bruit, déserte le bois pour se gîter sur les bordures de la plaine. Par le grand vent, battez avec soin les buissons, les haies, les carrières, les revers de fossés, et vous ne manquerez pas d'obtenir la récompense de vos peines. Après une tempête de nuit, le lièvre, moulu de fatigue, tient ferme le gîte, et vous ne le déciderez à partir qu'en vous arrêtant de temps à autre, qu'en frappant du pied et qu'en battant avec force les ronciers et les buissons.

L'hiver, par les vents du nord et de l'est, quand le froid

se fait sentir, le lièvre se tient au bois. Ne perdez donc pas votre temps à le chasser en plaine.

Ne faites jamais, autant que possible, quêter votre chien qu'à bon vent, d'abord parce qu'il sentira le gibier plus aisément et ensuite parce que vous pourrez davantage vous en approcher sans être entendu.

Le lièvre tient ferme sous l'arrêt du chien, et, lorsqu'il part, il s'élance avec beaucoup de vitesse, ce qui engage les jeunes chasseurs à tirer précipitamment, défaut dont il est essentiel de se corriger.

A moins qu'il ne fasse bien chaud, il est fort rare de faire partir *à portée* deux fois de suite le même lièvre, parce qu'à la seconde recherche, comme il se tient sur ses gardes, il ne se laisse pas suffisamment approcher.

Quand le lièvre part et qu'il semble manqué, le chien d'arrêt doit-il attendre le commandement du tireur pour se mettre à sa poursuite? Avant de répondre, nous nous demanderons s'il est beaucoup de couchants qui attendent la permission de pousser l'animal, et, comme nous savons qu'on n'en trouvera peut-être pas un sur mille, nous laisserons résoudre le problème posé par qui aura le loisir de philosopher sur des exceptions. Ce qu'il y a là dedans de plus certain, c'est qu'assez souvent votre chien, qui a poursuivi *d'instinct* et sans attendre un ordre, vous rapportera, au bout d'un temps plus ou moins long, l'animal que vous croyiez bien ne pas avoir touché.

Le tir du lièvre peut en septembre se faire fructueusement avec du plomb n° 6; mais plus tard c'est le n° 4 qui devra être employé.

Si l'animal passe à portée (vingt-huit à trente-six mètres) convenable, en travers ou en demi-travers, il est facile à abattre, parce qu'alors le plomb pénètre mieux. Suivez bien le gibier en pressant la détente, et n'écoutez pas ceux qui vous conseillent de tirer *en avant;* visez du reste à la tête si vous en avez le loisir.

Tirer en cul un lièvre, dont le derrière est un vrai sac à

plomb, nous semble un coup perdu, s'il ne frappe pas entre les deux oreilles ou à la nuque; ajustez donc avec soin et un peu haut.

Quant au tir en tête, visez aux griffes de devant, mais soyez prêt à redoubler ensuite en travers.

Ne tirez *jamais* un lièvre au gîte et n'écoutez pas certains professeurs lorsqu'ils vous y engageront sous prétexte de donner une bonne leçon à votre jeune chien, qui l'arrête; car c'est lui enseigner à bourrer, juste tout le contraire de ce qu'il faut.

On sait que, lorsqu'un lièvre est au gîte, ce qu'on aperçoit ordinairement d'abord, c'est son œil, le restant de l'animal étant couleur de terre et se confondant par suite avec le sol, tandis que sa prunelle brillante attire le regard. Nous avons toujours entendu dire que, tant que les yeux du chasseur et de la bête ne se rencontraient pas, celle-ci ne bougeait point, mais que, dans le cas contraire, elle s'empressait de détaler. Nous laisserons à de plus savants que nous le soin de prononcer sur cette question, aucune expérience ne nous ayant mis à même de nous faire une opinion là-dessus.

On chasse encore le lièvre sans chien couchant, mais alors c'est à force de battre le terrain et grâce à des renseignements, observations, remarques de pas, etc., qu'on trouve l'occasion de tirer.

L'heure la plus favorable dure depuis le lever du soleil jusqu'à deux heures après. C'est le moment où les lièvres viennent de se remettre; et, avec un peu d'attention, en regardant autour de soi, pour peu que la vue soit bonne, on peut aisément les apercevoir au gîte.

Lorsque le temps est serein, par une belle gelée d'hiver, en se promenant dans la plaine, ayant le soleil en face, on peut, à une grande distance, découvrir le gîte d'un lièvre, grâce à la vapeur légère qui s'élève au-dessus. Cette vapeur, produite par la chaleur de l'animal, est d'autant plus sensible qu'il y a moins de temps qu'il est remis et qu'il s'est plus échauffé en courant.

Quelque soient la manière et la distance dont on a réussi à voir un lièvre au gîte, il est indispensable de s'en approcher avec précaution, sans marcher droit dessus, mais bien en le tournant plusieurs fois, autrement on le ferait lever avant d'être à portée.

Lorsque les plaines sont couvertes et qu'il n'est plus possible de les parcourir en tous sens sans endommager les récoltes, on peut encore tirer quelques lièvres en s'y prenant comme nous allons le dire : il faut être deux ; chacun des chasseurs longe un champ de blé d'un côté, en examinant attentivement dans les sillons s'il n'aperçoit pas un lièvre. S'il en voit un, il tâche d'en approcher ; mais si l'animal l'évente et fuit, il prévient son camarade par un signal convenu, afin qu'il se tienne sur ses gardes.

Le lièvre, s'il n'est pas poursuivi, suivra, en se sauvant, le sillon où il se trouve et ira passer à portée du second chasseur.

Cette chasse peut se faire en avril et mai, le matin jusqu'à huit ou neuf heures, et le soir depuis deux heures avant le coucher du soleil jusqu'à la nuit.

Certains maraudeurs, doués d'une seconde vue plus perçante que celle de l'oiseau de proie, découvrent un lièvre au gîte à plus de cinq cents pas, dans une plaine qu'ils ont l'habitude de parcourir, s'en approchent en le contournant, le joignent, le saisissent à la main ou le tuent d'un coup de talon sur la nuque. Ces gens-là sont pour une contrée de si grands dévastateurs, qu'ils ont fait croire maintes fois à la réalité d'une épidémie sévissant sur ces animaux.

VIII

CHASSES AUX LÉVRIERS A CHEVAL SANS CHIENS ET A L'OISEAU

La destination des lévriers est de prendre à la course le lièvre, le lapin, le renard, le chevreuil, et d'arrêter le loup. Les qualités nécessaires à cet effet sont une bonne vue, de la vitesse, de l'adresse à bien saisir l'animal qu'ils courrent, de la docilité et l'habitude de se laisser conduire en couple, soit que le veneur aille à pied ou à cheval.

On leur enseigne à marcher couplés et à être obéissants au moyen de quelques corrections données à propos.

Comme l'instinct de ces chiens est de courir les lièvres pour leur propre compte, on doit, tout en s'attachant à développer leurs dispositions, les habituer aussi à ne point en faire leur proie ; il faut donc essayer de leur apprendre à rapporter, et, malgré leur peu d'intelligence, en général on y parvient à force de soins et de patience.

On réserve plus particulièrement les lévriers de moyenne taille pour courir le lièvre ; mais cette chasse ne peut avoir lieu qu'en plaine, car si le lièvre peut se jeter dans un endroit couvert avant d'être atteint par le chien, celui-ci l'abandonne dès qu'il cesse de le voir.

Pour terminer sur le terrain et fortifier le dressage des jeunes lévriers, qu'on ne fait jamais courir qu'après quinze mois, voici comment on procède : on prend deux vieux lévriers et un jeune, ou bien un vieux et deux jeunes, que l'on conduit couplés dans une plaine où il y a du lièvre. Lorsqu'il en part un, on excite les chiens à sa poursuite, en leur criant : *Tayau ! tayau !* Il faut les lancer de très près, à cinquante ou soixante pas, afin d'être bien sûr qu'ils ne manqueront point l'animal. Lorsqu'il est pris, on tâche d'arriver assez à temps pour le leur retirer encore intact, en ayant soin de faire claquer de loin quelques coups de fouet qui les contiennent. On les remet en laisse et on leur donne ensuite les entrailles et la fressure du lièvre, en les flattant de la main, puis on les reconduit au logis.

Dans la suite, on peut leur faire prendre deux et jusqu'à trois lièvres; mais, dans les commencements, on doit les ménager, de peur de leur faire faire des chasses infructueuses et de les trop fatiguer inutilement.

Le lévrier est tellement ardent pour ce genre de chasse, qu'il est toujours prêt à s'élancer à la poursuite d'un lièvre dès qu'il le voit. Il ne faut jamais souffrir qu'aussitôt après une course les lévriers boivent et mangent beaucoup; lorsqu'ils ont fait une poursuite excessive qui les a mis hors d'haleine, il est bon de leur jeter une couverture sur le dos jusqu'à ce que leurs sens se remettent. Cette précaution vaut mieux que celle qui consiste à leur faire prendre tout de suite une charge de poudre; je n'y ai pas plus foi qu'à la méthode curative de quelques vieux chasseurs qui, dans ce cas, saisissent les chiens par la poitrine, les soulèvent et les secouent fortement afin, disent-ils, de faire sortir le sang du ventricule.

Bien que *seuls*, beaucoup de lévriers prennent fort bien leur lièvre, il est généralement d'usage d'en lancer deux et même quatre à la fois sur le même animal; mais on doit tenir ce dernier chiffre pour un maximum.

On ne pratique cette chasse avec succès que dans les

grandes plaines, et seulement alors qu'elles sont dépouillées de leurs récoltes.

Elle se fait d'ordinaire à cheval; les cavaliers marchent à une distance convenable, et non trop grande, les uns des autres, sur une ligne droite, et lorsque cela est possible sur une ligne oblique, dans les sillons des champs; et quand un lièvre vient à débouler, celui qui tient les lévriers en laisse les lâche aussitôt aux trousses de l'animal.

Lorsqu'il se trouve un bois isolé dans la plaine, on peut placer autour de ce bois les chasseurs chargés des lévriers, afin de courir en plaine les lièvres, renards et chevreuils qui viendraient à débucher, mis sur pied par des traqueurs ou lancés par quelques chiens courants.

Il va sans dire que, fatigue à part, rien ne s'oppose à ce qu'on pratique à pied cette chasse, qui est des plus amusantes, mais qui aujourd'hui n'est plus permise en France.

La chasse à cheval, sans chiens, est fort agréable pour les amateurs de grandes courses. Deux ou plusieurs chasseurs à cheval, bien montés, se rendent dans une grande plaine unie, lorsque les récoltes sont enlevées, pour courir un lièvre.

Quand le lièvre part, l'un des cavaliers se lance à sa poursuite et les autres cherchent à le tourner et à le couper de quelque côté qu'il se dirige.

Lorsque l'animal, après avoir couru environ deux à trois kilomètres, ne peut plus aller et qu'il se rase, on va au pas autour de lui pendant l'espace de cinq à six minutes. Ce repos le laisse dans un tel état de lassitude et d'épuisement, qu'on peut le tuer à coups de fouet ou le prendre à la main.

Ce déduit, usité en Angleterre et en Allemagne, ne pourrait guère être pratiqué en France à cause du morcellement des propriétés; mais on a vu de nos jours quelques amateurs l'essayer avec succès dans la Brie.

On faisait autrefois la chasse du lièvre avec des oiseaux de proie, tels que le faucon, le milan, l'autour, le lanier, le gerfaut, et principalement le grand faucon d'Islande.

Cette chasse consistait à le faire quêter par des chiens couchants, et, quand il était parti, on lâchait l'oiseau de proie qui se précipitait sur lui et le liait dans ses serres, jusqu'à ce que le fauconnier le lui eût fait lâcher par l'appât d'une cuisse de pigeon.

Aujourd'hui la fauconnerie n'existant plus, ce charmant passe-temps, spectacle agréable pour les dames, n'est point en usage dans nos contrées ; mais vous le retrouverez dans toute sa splendeur parmi les tribus sahariennes de l'Algérie.

Lisez la *Chasse au Faucon*, du général Margueritte (1), et vous verrez, dans son livre si intéressant, qu'elle est restée l'apanage des grandes familles du pays et qu'elle est un des principaux reliefs de la véritable aristocratie arabe.

(1) Chasses de l'Algérie et notes sur les Arabes du sud.

IX

L'AFFUT DU LIÈVRE

La chasse du lièvre à l'affût n'est pas la moins productive ; elle peut avoir lieu le soir et le matin, en se plaçant sur la lisière du bois, du côté de la plaine (1).

Au printemps, on se poste à portée des blés verts, et surtout lorsqu'ils sont isolés ou entrecoupés de bois.

En été, les lièvres se gîtent le jour dans les blés qui sont alors grands, et ils en sortent pour aller faire leur nuit dans les avoines, les orges, les pois, etc., qui sont plus tendres. C'est donc au bord de ces derniers champs qu'il faut alors se poster à l'affût.

Le lièvre n'allant au gagnage qu'entre le coucher du

---

(1) Beaucoup d'affûteurs ont le soin d'établir dans les carrefours une sorte d'abri, de poste, destiné à dissimuler leur présence ; ces abris sont généralement construits avec des branches d'arbres dans lesquelles ils ménagent des embrasures afin de faciliter leur tir ; des ramées ou de l'herbe sèche tiennent lieu de siége.

Ces affûts révèlent aux gardes les points hantés par les braconniers.

Pour notre part, nous en avons détruits un assez grand nombre, et nous engageons les chasseurs à démolir impitoyablement tous ceux qu'ils rencontreront.

Espérons que dans une nouvelle loi, attendue avec tant d'impatience, on interdira la chasse à l'affût, chasse ignoble, chasse d'assassinat, chasse de hibou, s'il en fut une.

soleil et la nuit, et ne rentrant au bois qu'à partir de l'aube du jour jusqu'au lever du soleil, les heures des affûts du soir et du matin se trouvent par là même déterminées d'une manière très précise pour chaque saison.

Placé sous le vent (1), on attend, immobile et en silence, qu'un lièvre passe à portée de fusil; quand on en voit un rentrer ou sortir trop loin de soi, il faut remarquer l'endroit et venir le lendemain s'y poster; on est alors à peu près certain de réussir, parce que cet animal suit toujours le même chemin.

Pour être plus sûr de se bien poster sur le passage d'un lièvre, on peut, le soir, à la nuit tombante, longer la lisière du bois avec un chien d'arrêt tenu en laisse. Lorsqu'il rencontre la voie d'un animal sorti, on fait une brisée et l'on vient le lendemain, avant le jour, l'attendre à sa rentrée. On fera, si on veut, la même manœuvre le matin, après le lever du soleil, pour le venir guetter le soir à sa sortie du bois.

Lorsque les nuits sont longues, les lièvres sortent du couvert à nuit close et y rentrent avant le jour; on ne peut donc les affûter que depuis la fin d'avril jusqu'à la mi-septembre. Mais, comme ils sont en mouvement toute la nuit, il reste la ressource, lorsqu'il fait un beau clair de lune, d'en tirer quelques-uns en se plaçant à l'affût auprès d'une clairière où aboutissent plusieurs sentiers, ou bien à un carrefour formé par le croisement de plusieurs chemins. Cette chasse peut avoir lieu en toute saison; seulement l'hiver, à cause du froid, elle est très pénible.

Quand il y a beaucoup de lièvres qui vont faire leur nuit dans le même canton et qui rentrent au bois à peu près sur le même point, ou peut aller à l'affût plusieurs ensemble. Pour cela, on reconnaît, pendant le jour, les en-

---

(1) Car autrement cet animal éventerait l'affûteur. Il a en effet plus de nez qu'on ne le croit généralement, et les colleteurs ne sont pas les derniers à le savoir.

droits convenables pour placer les tireurs ; on calcule la distance de l'un à l'autre et on prépare le nombre nécessaire de bouts de forte ficelle garnis de plumes blanches pour clore les intervalles. A l'heure de l'affût, on tend dans le plus grand silence ces ficelles d'un poste à l'autre, en les soutenant tous les quinze pas par des piquets fourchus, hauts d'un mètre et gros comme le doigt. On laisse, à chaque poste, un intervalle de trente à quarante pas. Au jour, les lièvres, et parfois même quelques renards, viennent pour rentrer au bois; les plumes les effraient, ils longent les cordes pour trouver un passage et rentrent par les trouées où les tireurs les attendent. Il faut, pour cette chasse, être rendu à son poste avant le jour.

La chasse à l'affût est principalement pratiquée par les habitants des villages voisins des bois. Elle présente des dangers pour les tireurs; plus d'une fois des méprises ont été fatales à l'un deux, et il ne se passe point d'année sans que plusieurs accidents graves ne soient signalés.

Un vrai chasseur se respecte trop pour se livrer à l'affût; mais si, cependant, par curiosité ou pour tout autre motif, il se décidait jamais à en essayer, nous l'engagerions à s'y rendre *seul* et à y être d'une prudence extrême, tant dans son propre intérêt que dans celui de ses voisins.

On prétend qu'un petit morceau de papier blanc collé sur le guidon du fusil est nécessaire pour pouvoir viser pendant la nuit ; nous le croyons d'autant plus volontiers que ce moyen ou l'emploi d'une pierre brillante sont dans les habitudes des chasseurs aux grands félins.

X

DES BATTUES OU TRAQUES

La chasse du lièvre en battue ne diffère point autant dire des chasses en battue ordinaires et se pratique au bois comme en plaine.

Lorsqu'on opère en forêt, les traqueurs doivent frapper fort et ferme sur toutes les cépées et principalement sur les ronciers, sous peine de laisser beaucoup de lièvres en arrière. Ces animaux ne marchant bien devant les traqueurs que par les temps de gelée ou de neige, on ne devra effectuer ces battues qu'aux époques de ce genre.

Quant aux traques en plaine, il va sans dire qu'ils ne peuvent avoir lieu qu'après l'enlèvement de toutes les récoltes, c'est-à-dire vers la fin de l'automne et en hiver.

Dans une vaste plaine, et au-dessus du vent, on dispose un long cordon d'hommes ou d'enfants plus ou moins éloignés les uns des autres, selon que le terrain présente plus ou moins d'étendue. A l'autre bout de la plaine, au-dessous du vent, dans les fossés, à l'abri d'un buisson, derrière une haie, on place des tireurs qui se cachent de leur mieux et se couchent au besoin sur le sol pour n'être pas aperçus du gibier.

Quand chacun a pris son poste, à un signal, tous les traqueurs partent en poussant des cris et en faisant le plus de bruit qu'il leur est possible. Effrayé par ce tapage, le gibier qui se rencontre devant leurs pas se lève et se met à fuir; mais partout derrière lui il entend les mêmes clameurs, car les rabatteurs s'étendent de chaque côté comme les ailes d'une immense armée, et marchent en se resserrant sans cesse et en convergeant vers la ligne des tireurs.

Les lièvres ainsi englobés sont donc forcés de se diriger vers le lieu où on veut les conduire. Ils arrivent jusque sous le fusil du chasseur, qui de loin les voit venir, les ajuste et les assassine. Quelques animaux, parfois remplis de défiance, hésitent à suivre la direction qu'on leur imprime; ils essaient de retourner sur les rabatteurs et de forcer leur ligne; mais ces derniers sont armés d'un bâton qu'ils lancent sur les fugitifs, tout en courant au devant d'eux et en redoublant de cris pour leur faire rebrousser chemin; si bien que les malheureuses bêtes finissent par se sauver sur le point où la mort les attend.

Cette chasse quelque peu cuisinière n'exige pas beaucoup d'art; cependant il faut connaître le pays, savoir où sont les refuites du gibier, voir vers quelle remise il se dirigera pour chercher un abri, afin de poster les tireurs sur son passage. Il faut aussi faire attention à la direction du vent, et, si la disposition du terrain s'oppose à ce que les traqueurs l'aient directement au dos, il faut du moins qu'ils le prennent d'une manière oblique, et ainsi ne l'aient jamais au nez.

En Allemagne, où le gibier est considéré comme une partie importante du revenu de certaines propriétés, on fait en plaine des battues *au chaudron*. Ce mode de chasse, qui sent fort la cuisine, consiste à entourer une plaine d'un cercle immense de tireurs, qui tous, à un signal donné, partent en se dirigeant vers un centre commun. Si le gibier qu'ils font lever ne leur passe pas à portée, il faut bien, pour sortir de l'enceinte, qu'il aille à une autre personne. Les chasseurs font ainsi tout à la fois l'office de traqueurs et celui de tireurs. A mesure que le cercle se rétrécit, ils se trouvent plus près les uns des autres, si bien que le gibier, plus resserré, est contraint de leur passer entre les jambes pour échapper à la mort.

Dans son chapitre LXXXII, Gaston Phœbus décrit un mode de traque fort ingénieux pour conduire les lièvres de la plaine dans un panneau dressé sur la lisière du bois ; voici comment il s'exprime : « Puis on doit avoir une « grande corde, la plus longue qu'on pourra, ou deux ou « troys liées l'une à l'autre, où il y ait des sonnettes ; et « doit on commencer au fons de la campaigne et venir « vers le boys et en tirant la corde pardessus les blés. Et les « lièvres, quand orront les sonnettes et la noise de la corde, « s'en viendront au boys et ferront au paniaulz. »

Remplacez le panneau de la lisière du bois par une ligne de tireurs et vous aurez une véritable battue sans grand bruit, sans grands frais et avec un assez petit nombre de fusils, laquelle se pratique telle quelle de nos jours assez souvent.

Les diverses chasses en battue que nous venons de décrire ne sont réellement amusantes pour les acteurs que dans des plaines très giboyeuses ; il ne faut pas néanmoins les répéter souvent, car elles épuiseraient vite le canton le mieux peuplé. J'ajouterai qu'un véritable chasseur ne fera que les tolérer pour des circonstances impérieuses, mais qu'il ne les préconisera jamais, les qualifiant de boucheries dans son for intérieur.

En général, les battues doivent embrasser le plus grand espace de terrain possible, pour éviter toute perte de temps. Les tireurs sont placés à soixante pas les uns des autres, le long d'un chemin, d'une haie, d'un fossé, d'un rideau ; quand la police est bien faite, nul ne doit tirer que dans l'intérieur de ses limites, c'est-à-dire à plus de trente pas à droite et à gauche. Il est des convenances que les ambitieux n'ont jamais su respecter : un lièvre s'est arrêté à cinquante pas, en face de vous ; noble et généreux, vous attendez qu'il continue sa route ; pas du tout, un enragé le tire hors de portée, le lièvre rebrousse et souvent est perdu pour tout le monde.

Il va sans dire qu'on commence les battues à l'extrémité du terroir, pour ramener le gibier vers le centre.

Règle générale, on ne doit jamais conduire de chiens d'arrêt aux battues, tant sages soient-ils.

XI

DU COLLETAGE DES LIÈVRES

―――――

« On comprend sous la dénomination générale de *collets* toutes les espèces de lacs, lacets ou nœuds coulants que l'on emploie pour prendre des oiseaux et quelques quadrupèdes.

« La plupart des collets pour le gibier à plumes se font avec des crins de cheval dont le nombre varie suivant la force du volatile, savoir, par exemple : quatre brins pour les collets destinés à prendre des bécasses et autres oiseaux de cette grosseur, et trois pour les collets à grives.

« Ces crins ont de soixante à soixante-dix centimètres de longueur; on les noue dans le milieu, on saisit le nœud avec la main droite, et, après avoir placé les crins entre le pouce et l'index de la main gauche, on les tord avec le pouce et le grand doigt de la main droite en les tenant suspendus en l'air; lorsqu'ils sont tordus, on arrête les extrémités par un double nœud et on passe le double nœud dans l'œillet qu'on a ménagé au-dessus du nœud simple qu'on a fait dans le milieu; mais ordinairement, lorsque les crins sont tordus, on les tient droit jusqu'au moment d'en faire usage, pour qu'ils ne perdent pas de leur élasticité.

« Ces collets en crins sont excellents pour presque tous les oiseaux, mais ne seraient pas de force suffisante pour certains quadrupèdes, comme chevreuils, lièvres et lapins par exemple ; aussi les fait-on en fil de chanvre, en fil de fer et, le plus communément, en fil de laiton, en ayant bien soin de recuire les fils métalliques à un feu très doux, etc. Dans les collets en chanvre, on remplace l'œillet par un anneau pour que le fil coule plus aisément.

« On donne différents noms aux collets, suivant la manière dont ils sont composés et celle de les employer ; mais, comme leur usage est plus nuisible qu'utile, dit Léon Bertrand (1), et appartient plutôt au braconnier qu'au véritable chasseur, nous ne nous étendrons pas davantage sur cet article. » Je ne partage point cette opinion ; il faut instruire chasseurs et gardes, sous peine de ne pouvoir opérer le recrutement de ces derniers que dans la tribu des braconniers de profession, *ce qui est bien chanceux.*

Je dirai donc ici tout ce que je sais sur le colletage, n'ayant qu'un regret, qui est de ne pas en savoir davantage.

Les braconniers au fusil, quelles que soient leurs rubriques pour amortir le bruit de la détonation, se font assez entendre pour donner lieu de les joindre ; mais, entre nous autres chasseurs, on se dit que la destruction du gibier qu'ils opèrent n'est nullement suffisante pour en expliquer l'extrême rareté et qu'il est bien certain que le colletage est pour presque tout dans la pénurie actuelle du gibier, des lièvres particulièrement.

Il a d'abord sur l'arme à feu l'avantage marqué de faire son coup sans bruit pour la pose, mais non pour la capture ; car les lièvres crient presque toutes les fois qu'ils se prennent aux collets. Seulement ces cris ne se font pas

---

(1) *Dictionnaire des forêts et des chasses ;* 1846. Paris.

entendre aussi loin que le coup de feu, et, si le garde, qui fait une petite guette sur le soir, n'est pas à portée du théâtre du meurtre, si à certains indices il n'en a pas soupçonné le lieu, il ne sera pas à même de prendre le colleteur, soit qu'il n'ait pas entendu les cris ou les ait entendus de trop loin.

Quelques tendeurs vont visiter leurs piéges la nuit ou le jour; plusieurs ne les placent que la nuit et les relèvent avant l'aube.

Les sentiers par où passent les lièvres, les coupées qu'ils font dans les grains, les traînées que les cultivateurs tracent (avec ou sans intention de s'en servir) avec le talon de leurs charrues lorsqu'ils passent d'un champ à un autre, les traverses qu'on fait, dans les pays où il y a des sillons, pour l'écoulement des eaux, etc., tels sont les points commodes et convenables pour le colletage, et tels sont par conséquent les points que les gardes doivent visiter avec le plus grand soin, pour peu qu'ils veuillent surprendre les braconniers.

Pour parvenir en effet à connaître si l'on y tend des collets, on n'a qu'à remarquer, lorsque la nuit il a plu, les chemins, sentiers et autres lieux; cela s'observe dès le matin et lorsque la pluie a cessé; on pourra connaître, à l'impression des pieds, les personnes qui seront allées dans les lieux suspects, et, en suivant leurs traces, savoir d'où elles viennent, à quel dessein elles y ont été, et découvrir ainsi les places où elles auront tendu. Malgré ces précautions, un garde consciencieux ne devra jamais négliger de faire sa petite guette, sur le soir, près des lieux reconnus suspects ou qu'il soupçonne tels.

A l'égard du lièvre, les braconniers sont fort dangereux, non quand ils couvrent inconsidérément les sillons et les haies de milliers de collets *plus railleurs que méchants*, mais lorsqu'agissant avec habileté ils n'en posent que quelques-uns dont le succès ne leur a jamais fait défaut. N'acceptez pas la mystification de ces collets semés avec profusion, collets destinés à servir d'épouvantail aux lièvres et de joujou au trop naïf garde. C'est une rouerie de plus et des mieux conçues. Tendre des collets dans une haie, dans la trouée d'un mur, dans un sillon, c'est l'A B C du métier ; mais, lorsqu'il s'agit d'opérer sous bois et de colleter un lièvre qui s'enfonce dans la forêt avant de se remettre, il faut être habile. Le lièvre, il est vrai, suit presque invariablement le même sentier ou la même coulée pour gagner son gîte ; mais, sous les gaulis, alors que ce sentier se divise pour se perdre peu à peu, la difficulté devient grande, et, pour s'en tirer, voici comment les malins opèrent : supposons un sentier long de cent mètres, qui soit large et souvent fréquenté par les hommes, la pose d'un collet y est évidemment impossible ; mais à son extrémité ce sentier se partage en trois directions divergentes ; le lièvre, pouvant prendre l'une d'elles au hasard, le colleteur devrait, pour être sûr du succès, garnir de pièges ces trois embranchements ; mais il trouve avec raison beaucoup plus simple, après avoir fait choix de la meilleure de ces coulées, d'embarrasser les deux autres à l'aide de branches brisées ou de bois mort ; ces petits obstacles, en effet, suffisent pour détourner l'animal des sentiers obstrués et pour lui faire prendre la coulée libre qui doit le conduire au nœud fatal.

Lors donc qu'on recherchera des collets pour les détruire, il ne faut pas se borner à enlever le laiton et le piquet que le braconnier aurait bientôt remplacés, il faut encore découvrir tous les petits obstacles qu'il a accumulés dans le voisinage du collet *pour forcer le pas* au lièvre, et puis les briser et disperser au loin, ainsi que toutes les brindilles plantées obliquement en guise de haie, etc. Cette intelligente dévastation donnera du fil à retordre au piégeur, par la raison que ces obstacles, ces haies, demandent quelque temps pour produire leur effet, le lièvre tenant tout travail nouveau pour suspect ; d'où répit d'abord pour le gibier et besogne longue et minutieuse pour le braconnier, si bien qu'il lâcherait bien vite pied pour aller chercher fortune ailleurs si ces destructions s'effectuaient assez souvent.

Les collets faits en fil de laiton recuit et noirci (1), afin de les rendre moins cassants et moins visibles, doivent être placés à seize centimètres de terre, la boucle assez ouverte pour y laisser passer presque librement la tête d'un homme. Inspectez avec attention ceux qui vous tombent sous la main, et vous remarquerez qu'aucune de ces règles élémentaires n'aura été observée. Point de publicité à appréhender à cet égard : la théorie n'est rien sans la pratique, d'autant que tout lièvre pris par le cou, criant comme un brûlé, compromet le tendeur en avertissant le garde. De plus rusés, il est vrai, au lieu de fixer le collet à un double piquet, le rendent mobile à l'aide d'une pierre dont le poids, proportionné aux efforts du lièvre, adoucit, retarde même la strangulation et ne provoque aucun cri révélateur de la part de l'animal. Ce perfectionnement d'engin, déjà vieux de plus d'un siècle, ne change rien à la question. Un fin critique a fait la remarque qu'un homme d'esprit ne met ni ne retire son chapeau comme un sot ; à plus forte raison l'habileté du braconnier se manifeste-t-elle aussi bien dans la pose d'un collet que dans la tendue la plus compliquée. Interrogez sur ce sujet un colleteur émérite et il sera certainement de mon avis.

Certains piégeurs se donnent des airs de veneurs en faisant le bois avec un limier (*petit chien muet*), lequel, flairant à chaque coulée animalisée par les voies ou les portées du lièvre, indique sa rentrée ou sa sortie et permet d'y placer un collet à coup sûr. Le fameux Labruyère posait ses collets deux à deux, l'un debout, l'autre couché à terre pour mieux déjouer l'astuce des vieux bouquins

---

(1) On recuit le laiton à un feu doux qu'on entretient avec des genêts ; il est ensuite frotté ferme avec une plante aromatique du pays, serpolet, thym, lavande, sauge, absinthe, etc.

(on soupçonne avec raison les mâles d'être plus rusés que les femelles, dont l'innocence est du reste telle qu'on en prend au moins trois fois plus que de mâles, ce qui n'explique que trop la rapidité du dépeuplement), qui grattent parfois sur la passée avant de s'y engager quand ils éventent quelque supercherie.

Le collet à rejet est employé de préférence au bois par beaucoup de braconniers. La branche à laquelle le piége est attaché enlève le lièvre en se redressant et l'étrangle assez instantanément pour prévenir ses cris. Il a l'avantage en outre de préserver le gibier pris de l'atteinte des bêtes de rapine.

Sachez encore qu'un collet est plus difficile à tendre en plaine qu'au bois, et que l'emploi d'un piquet, à défaut d'une branche de buisson, est déjà fort défavorable (1).

Le lièvre de plaine, moins régulier dans ses allées et venues, ses tours et détours, ses routes et ses nuits, est plus difficile à prendre que celui qui hante les bois.

Pour s'assurer si les couverts recèlent des lièvres, les braconniers sont dans l'usage de planter aux abords des champs une branche d'épine, certains que dans la nuit suivante tous les lièvres y viendront fienter ; c'est là un indice infaillible.

Les anciens colleteurs attiraient les lièvres en semant des pelures de pommes, dont, paraît-il, ces animaux sont très friands ; on raconte même que Labruyère, devenu un bon garde, est mort en emportant le secret d'une composition qui aurait suffi pour empoisonner en moins de quarante-huit heures tous les lièvres d'un canton et en même temps toutes les perdrix. Je n'ajoute qu'une foi médiocre à ce racontar, le braconnier ne travaillant que pour le lucre.

Si le nez du lièvre, qui est plus fin qu'on ne croit, le

---

(1) Tout ce qui est nouveau devient suspect au bouquin, qui ne se rassure qu'au bout de plusieurs jours.

préserve souvent de l'affûteur et lui fait encore éviter les piéges du tendeur, ce dernier, rusé matois, fait tourner cette qualité à son profit ; car, quand il a trouvé le lieu où un lièvre se relaisse, dit un auteur anglais, et, s'il n'a pas assez d'engins pour barrer toutes les issues, dans son incertitude, il souffle sur l'herbe, il crache sur les mottes de terre, sur les pierres et sur les branchages du voisinage. Le lièvre alors retourne et méprise les sentiers qui ont été salis, pour prendre ceux qui le conduisent à une mort certaine. L'auteur anglais est dans le vrai pour la préparation du chemin fatal, mais je le crois dans l'erreur quand il dit que ce travail du colleteur ne se fait que lorsqu'il n'a pas d'engins en quantité suffisante, cette méthode étant toujours employée sans cette raison par les malins.

Le tendeur rusé prend toujours des mesures efficaces pour dérober au lièvre son odeur naturelle. Un célèbre braconnier du Jura, auquel on vantait malicieusement les succès de quelques confrères, un jour qu'il avait caressé un peu trop la dive bouteille, répondait en effet aux railleurs :

« Vous me parlez d'imbéciles qui vont tendre, au bois ou ailleurs, avec des souliers ou nu-pieds, et qui touchent les lacets avec leurs mains, etc., comme s'ils étaient sûrs que le lièvre ne sent rien. Aussi ne prennent-ils que fort rarement et jamais le premier jour. Il est cependant si simple d'avoir des sabots aux pieds, puis les mains enveloppées ; et puis encore faut-il ajouter à tout cela, pour couronner l'œuvre et dépister l'animal, une bonne friction sur les sabots, mains et collets, faite avec une graisse particulière dont la recette..... assez ! je la garde pour moi ! et si par hasard on vous la demandait..... eh bien ! vous diriez que vous ne la connaissez pas. »

Beaucoup de chasseurs s'exagèrent l'importance des dégâts commis par les braconniers en temps de neige. S'il est vrai que, sous la pression de ce fléau, le gibier en général, plume et poil, donne plus inconsidérément dans tous les piéges, en revanche la répression en est si facile et les traces du délit sont tellement évidentes que les piégeurs émérites, les seuls vraiment redoutables, se gardent bien, durant ce temps, de tenir la campagne et n'en profitent que pour compléter leur inventaire de l'existant.

C'est le dégel qui est le plus dangereux, alors que, pressés de se refaire de leurs longues privations, les lièvres, négligeant toute prudence, s'agglomèrent sur les terrains *bien exposés* et qui ont par suite subi les premiers l'action du dégel, et s'y cantonnent jour et nuit.

La neige continue est du reste plus fatale aux lièvres que tous les piéges réunis : la neige, c'est la disette, la souffrance, la mort!... Les lapins, grâce à leurs terriers, s'en garantissent mieux.

Pour prendre les lièvres aux collets, il faut se servir de ceux faits en fil de laiton, parce que ces animaux ne les peuvent couper. Lorsqu'en visitant les haies et les buissons voisins de champs ensemencés, on s'aperçoit qu'il existe des passées, on cherche à reconnaître si c'est le chemin d'un lièvre, et pour cela on examine le terrain pour voir s'il a conservé la voie, ou les branches qui entourent la passée, parce que souvent elles ont retenu du poil. Si quelque indice porte à croire qu'on ait effectivement trouvé la passée d'un lièvre, il faut y tendre un collet. La disposition du terrain et celle de la passée décident de la meilleure manière de placer ce piége. Il faut, autant que possible, profiter, pour le fixer, d'une des branches qui se trouvent tout près et n'avoir recours à un piquet *qu'en cas d'absolue nécessité;* car le lièvre est si méfiant *(les vieux mâles surtout)* que, lorsqu'il voit sur sa route quelque chose de nouveau, il aime mieux rebrousser chemin que de passer outre.

Il faut avoir l'attention que le collet enveloppe bien la passée; et, pour déguiser l'odeur de l'homme, on doit encore se frotter ferme les mains avec des plantes aromatiques; on frotte de même le collet, autrement on courrait risque de perdre sa peine et son temps. Comme il n'est pas rare de voir des lièvres assez rusés pour gratter dans la passée avant de s'y engager, pour peu qu'ils aient le plus léger soupçon, il est fort utile de disposer à plat sur la terre un second collet au-dessous du premier ; de cette façon, si l'animal parvient à détourner celui qui est pendu, il se prendra infailliblement par les pieds.

Certains colleteurs enduisent leurs engins d'une graisse odoriférante, dans la composition de laquelle on présume que la menthe, la sauge et l'anis pourraient bien jouer un certain rôle ; mais quelques gardes affirment que cela ne suffit pas pour détruire complètement l'odeur humaine et que la recette, pour être efficace, doit emprunter (par quel moyen ? ils ne le disent pas) les senteurs vaginales de la hase en chaleur (1).

Soit que le texte de la loi ne s'y prête pas, soit qu'ils n'y attachent qu'une médiocre importance, les tribunaux ne se montrent point assez sévères dans la répression de ces délits, et cependant un collet solide dans une main exercée peut devenir une arme terrible.

Un garde de la Haute-Saône, aux environs de Luxeuil, a failli perdre la vie dans les circonstances suivantes : Il avait dressé procès-verbal contre un braconnier, tendeur émérite, qui fut condamné à un mois de prison ; de là rancune et résolution de se venger. Notre colleteur se mit donc à épier le garde, et il remarqua que ce dernier, en faisant sa tournée, avait l'habitude de s'asseoir au pied d'un gros arbre. Mettant à profit cette connaissance, il disposa habilement à cette place un collet bien caché par des feuilles sèches, et, le lendemain, à l'heure de la sieste

---

(1) Prenez les organes génitaux (ovaires, matrice, vagin et vulve) d'une hase, frottez-en le laiton, fixez-les ensuite au bout d'une perche et trainez-les, sur le passage présumé du bouquin, jusqu'au collet et même au delà, et, au dire des malins, aucun mâle ne vous échappera.

C'est ce qu'assure un ancien vétérinaire de mes amis.

du garde, des femmes entendant des cris déchirants accoururent et se hâtèrent de le délivrer ; il se trouvait pendu par un pied à un baliveau voisin qui, courbé par le braconnier et maintenu ainsi jusqu'à la détente du piége, avait dès qu'il s'était trouvé libre, formé ressort en se redressant et enlevé ainsi le malheureux garde. Le lacet entourait un de ses pieds, sa blouse et ses vêtements enveloppaient sa tête, et sa mort était inévitable s'il n'eut été secouru à temps. (On m'a cité encore un piqueur enlevé brutalement de sa selle par un collet pour cerf.)

Ce braconnier, qui s'etait si cruellement mais si adroitement vengé, se faisait fort de prendre des sangliers de tous poids, à la volonté de l'acheteur, et il les livrait au jour convenu. Comment opérait-il ? C'est ce qu'il ne disait pas. Cependant nous nous sommes laissé conter que le piége allemand, qu'on emploie pour les loups, réussissait fort bien avec les sangliers.

Les collets au bois sont fort dangereux pour les chiens et encore plus peut-être pour les chasseurs ; car les chutes, quand on est armé, peuvent déterminer de très graves accidents.

Voilà tout ce qu'il nous a été donné d'apprendre sur le colletage ; c'est bien peu, mais il faut savoir s'en contenter, par la raison que les braconniers émérites ne causent pas volontiers de leur industrie.

XII

DU PANNEAUTAGE DES LIÈVRES

Plusieurs traités spéciaux décrivant minutieusement l'organisation, la pose et la manœuvre des panneaux usités pour la capture des lapins et des lièvres, j'y renverrai le lecteur désireux de s'instruire et j'entrerai en matière, le supposant bien au courant de toutes ces opérations.

Pour prendre les lièvres au panneau, il faut toujours le tendre sur la lisière du bois, soit le soir, soit le matin, afin d'arrêter ces animaux à leur passage du bois à la plaine ou de la plaine au bois.

Le soir, le panneau doit être tendu pour le coucher du soleil, et les baguettes qui le soutiennent doivent être placées et inclinées du côté du bois, parce que c'est de là que viennent les lièvres pour aller aux champs; le matin, il doit être tendu avant le jour et pencher vers la plaine pour arrêter les lièvres à leur rentrée au bois.

Si cette chasse se fait au point de vue d'un ébouquinage (car dans un bois bien peuplé il ne faut pas trop de mâles), on assomme bien vite les lièvres, et pour cela les chasseurs doivent se tenir sur les côtés du panneau et non derrière, afin que le gibier ne les évente pas. Si au contraire on ne panneaute que pour effectuer ailleurs un repeuplement, comme il ne faut guère que des femelles, on s'empresse de les saisir et de les ensacher, tout en prenant les précautions nécessaires pour se garer des coups de griffes et surtout des dentées qui sont vigoureuses. Dans les deux cas, il convient d'agir très vite pour ne pas donner à ces nerveux animaux le temps de se débarrasser.

À l'époque où les blés sont grands, les lièvres s'y tiennent pendant le jour et vont faire leur nuit dans les avoines, les orges et les pois ; on peut alors tendre des panneaux, le soir, au soleil couchant, le long des champs ainsi couverts, pour prendre les lièvres lorsqu'ils s'y rendent et le matin lorsqu'ils en sortent. Au surplus il est indispensable, avant d'opérer vis-à-vis de ces animaux, de bien reconnaître les lieux qu'ils fréquentent pour se diriger d'après les remarques que l'on aura faites.

De quelque manière que l'on ait disposé son panneau, il faut, après qu'il est tendu, se retirer à l'écart et se cacher dans un endroit d'où l'on puisse voir ce qui se passe. Lorsque le gibier suit le chemin sur lequel on a tendu, il faut attendre qu'il ait dépassé de quelques mètres le lieu où l'on s'est tapi ; sortant alors de sa cachette, on vient par derrière et on le décide à se précipiter dans le panneau en l'effrayant, soit en frappant des mains, soit en lui jetant quelques mottes de terre.

Si plus haut j'ai parlé du repeuplement sur un point au moyen de femelles capturées au loin et à l'aide du panneau, le lecteur a sans doute compris qu'il ne s'agissait là que d'une très petite opération pour regarnir un bois de fort modeste superficie ; car, quand on veut opérer un repeuplement sur une grande étendue forestière on enveloppe de panneaux entièrement et successivement deux, trois ou plusieurs enceintes, dans lesquelles on effectue des battues, et ce jusqu'à ce qu'on ait capturé le nombre de hases dont on estime avoir besoin. La longueur des panneaux est alors de un à plusieurs kilomètres ; le personnel nécessaire, ainsi que le transport, etc., coûtent cher, et il faut être très riche pour se livrer à de pareilles opérations, tandis que le modeste panneautage dont je viens de parler n'est pas au-dessus des moyens d'un chasseur jouissant d'une honnête aisance, et qu'il se pourrait bien, par suite de la modicité de la dépense, qu'en pays mal gardé les braconniers ne vinssent à s'en servir.

Cette dernière possibilité n'est pas de nature à m'interdire quelques détails utiles ; ainsi, par exemple, il me paraît nécessaire de faire connaître ici que le panneau proprement dit se décompose en un certain nombre de pièces qui fonctionnent en toute indépendance l'une de l'autre, et que chacune d'elles peut varier de longueur depuis dix jusqu'à vingt-cinq et trente mètres, si les chasseurs le jugent à propos. La seule restriction à apporter à la longueur d'une pièce étant que deux hommes puissent toujours facilement et rapidement la retendre, une pièce trop longue étant d'un usage incommode.

Ces pièces, dont les mailles ont de 5 à 6 centimètres de largeur et une hauteur de filet de 1^m 80, sont faites de gros fil fort, retors et en trois brins.

On observera qu'on doit, pour qu'elles aient, étant posées, la longueur nécessaire, leur donner, en les fabriquant, un tiers de plus environ, parce qu'en les tendant elles perdent d'abord de leur longueur et parce qu'ensuite il est essentiel qu'elles fassent poche afin de mieux embarrasser les lièvres.

Pour monter le filet, il faut passer dans les lisières supérieure et inférieure deux cordeaux, dits maîtres, bien câblés et gros comme le petit doigt, qui doivent avoir de longueur environ deux mètres de plus que celle de la pièce tendue, afin de servir à l'attacher. Enfin les baguettes-soutiens, hautes de 1^m 80 et d'un diamètre de 22 à 25 millimètres, doivent être là en nombre suffisant et avoir un de leurs bouts taillé en pointe.

Les maîtres, à leurs extrémités, se fixent ou plutôt s'attachent aux baguettes extrêmes de chacune des pièces, ou bien, pour le panneau entier, à deux arbres ou enfin à deux forts piquets.

Je ne dirai mot ici du repeuplement d'un terrain clos de murs, la chose allant toute seule ; mais il n'en est pas de même pour une propriété ouverte de toutes parts. Il faut d'abord qu'on l'ait débarrassée avec soin des animaux nuisibles et ensuite qu'elle soit de nature à plaire aux lièvres, n'étant ni basse ni humide.

Ces précautions prises et ces conditions remplies, voici ce qui arrive : Le jour où vous ouvrirez vos boîtes pour lâcher vos prisonniers, très inquiets déjà, malades même peut-être, il se peut que quelques-uns restent dans les couverts, mais le lendemain vous n'en verrez plus un seul. Tous, à peu près, à la sortie de la boîte, vont droit devant eux jusqu'à ce qu'ils tombent de fatigue, ce qui les mène souvent fort loin. Si quelques hases restent sur votre terrain et si vous y voyez plus tard des levrauts, estimez-vous heureux ; car alors vous avez gagné un quine à la loterie, et le problème si aléatoire du repeuplement est résolu en votre faveur (1).

---

(1) « J'ai dit combien il est difficile de repeupler une terre
« au moyen de lièvres achetés ailleurs et mis en liberté ; il est
« bien certain que tout cela disparaîtrait si l'on pouvait élever
« en grand, comme il est permis de l'espérer, le lièvre en do-
« mesticité ; la solution du problème serait trouvée, celle de la
« colonisation du lièvre qui deviendrait aussi facile que celle
« du lapin.

« Mes vœux sont réalisés : J'apprends à l'instant que les fo-
« restiers allemands ont résolu le problème de la reproduction
« du lièvre en grand, et, chose surprenante, dans des lieux
« clos de peu d'étendue, qu'ils appellent hasen gœrten (jardins
« à lièvres). A Prieborn, près Brunswick, et chez M. le baron
« de Klenke, on peut voir de ces jardins.

« Il ne faut pas que le jardin soit grand ; dix arpents suffisent
« amplement, sans cela, on reprendrait moins facilement les
« animaux reproducteurs qu'on remet en liberté après une pre-
« mière portée, en ayant le soin toutefois de couper le bout de

« l'oreille aux femelles. On lâche les levrauts à l'âge de quatre
« à six semaines. Un bouquin suffit pour cinq à huit femelles.
« Sur une chasse bien administrée, on doit s'efforcer de main-
« tenir les sexes dans ces proportions. Un mois après leur mise
« en liberté, on panneaute de nouveau les vieux lièvres pour
« les remettre dans le jardin afin d'obtenir de nouveaux le-
« vrauts. »

(*Le lièvre,* par M. A. de la Rue; v. p. 214, 215 et 216.)

NOTES

—

L'habillement du veneur doit être d'une étoffe solide, offrant peu de prises aux morsures des ronces et des épines, souple et pas trop chaude, d'une couleur presque sombre. Ici nous portons la veste corse dont le carnier est si commode ; elle a de nombreuses poches, qui toutes se ferment avec des pattes, afin d'en interdire l'entrée à la pluie, aux feuilles et aux brindilles.

A la cartouchière portée en ceinture ou en bandoulière nous préférons le gilet à poches multiples.

Notre coiffure, de forme bombée, est suffisamment ferme pour amortir les chocs contre les branches, et enfin notre chaussure, toujours à très fortes semelles, est le brodequin lacé un peu haut ou le soulier avec guêtres en cuir, le pays étant assez sec ; on ne doit adopter la botte, ou tout au moins la demi-botte, que lorsque le terrain de chasse se trouve noyé ou marécageux.

Les guêtres du commerce durent peu ; fournissez un bon modèle à votre bourrelier, qui vous en fera d'excellentes, surtout en peau de chien.

Faites laver à l'eau tiède votre chaussure en rentrant ; qu'on la laisse sécher une à deux heures et qu'ensuite on la graisse avec soin. Défendez expressément tout râclage avec quelque instrument que ce soit et ne tolérez que la brosse dure en chiendent.

Que vos chaussettes soient en fil, coton ou laine ; mettez-les toujours *à l'envers*, afin que les coutures se trouvent *en dehors* et *non directement* sur la peau ; c'est dans les longues marches que vous apprécierez l'excellence de notre conseil.

Le piqueur ou celui qui le remplace doit, pour éviter les sueurs abondantes qui l'exposeraient à de graves accidents et qui de plus lui enlèveraient toute sa vigueur et toute son énergie, se vêtir assez légèrement ; mais il agira avec *sagesse* en portant dans la grande poche de sa veste un gilet de laine de renfort.

Enfin il est une excellente précaution hygiénique qu'on ne saurait trop recommander aux chasseurs, c'est d'avoir sous la main, en cas d'averses, un de ces légers manteaux caoutchoutés qu'on fabrique si minces aujourd'hui qu'ils peuvent se loger dans la poche, où ils ne tiennent guère plus de place qu'un mouchoir ordinaire.

Evitez, tant que vous pourrez, de revenir de la chasse en voiture, et, aussitôt à la maison, changez de chaussures et de vêtements.

Indépendamment de sa corne et de deux accouples en crin dont il doit toujours être muni, le veneur portera trois à quatre mètres de petite ficelle câblée, un bon couteau de chasse ou de poche, du pain et un flacon de cognac ou de café, sans omettre pour cela son permis de chasse.

Voici en général le nombre *minimum* et le détail des cartouches que chacun de nous emporte habituellement :

3 cartouches à balle franche (en prévision d'une grosse rencontre).
2 cartouches à chevrotines.
1   id.   de plomb zéro.
3   id.   de plomb n° 2.
2   id.   de plomb n° 4.

Total 11 cartouches, chiffre auquel certains chasseurs ajoutent deux coups de menu plomb n°s 9 ou 10.

Il va sans dire que ces munitions doivent être démolies et rechargées au moins deux fois dans le cours de la saison, si on veut éviter l'enrochement de la poudre qui diminue singulièrement la force du coup. Toute cartouche mouillée doit être réformée.

Dans une société de chasse bien organisée, tous les veneurs doivent n'avoir que des armes de même système et de même calibre, parce qu'alors, en cas de besoin, on peut échanger des cartouches.

Nous ne saurions trop recommander la prudence dans le maniement des armes. Un fusil chargé ne doit point, en chasse ou en réunion, être tenu horizontalement, mais bien à peu près dans la verticale. Ce sont là des habitudes qu'il faut de toute nécessité faire prendre à vos compagnons, si vous voulez prévenir d'irréparables accidents. Avez-vous un obstacle sérieux à franchir, un fossé, une haie, etc., ou bien montez-vous en voiture ? Déchargez vos armes, manœuvre devenue aujourd'hui si simple avec les fusils à bascule.

Le piqueur ou le chasseur qui dirige habituellement la meute se servira toujours du même cornet, car les chiens en connaîtront bien vite le timbre, qui doit être différent de celui de chacun des compagnons; et, de plus, il serait fort utile que les cornets de ceux-ci fussent de tonalités différentes, ce qui se peut sans peine, lorsque leur nombre n'est pas très grand.

———

Certains chasseurs n'hésitent pas à abandonner leur meute en pleine menée, laissant alors leurs chiens au bois. Pour nous, un veneur qui se respecte et qui a quelque souci de ses toutous doit tenir à honneur de rentrer avec eux chaque soir à la maison, et cela pour plusieurs motifs.

Les chiens ainsi abandonnés courent en effet de sérieux dangers; les refroidissements, la dent du loup, les collets, les voleurs, etc., peuvent vous enlever vos meilleurs toutous et désorganiser complètement votre meute.

Certains chiens sont de bonne retraite et savent très bien retrouver leur logis, quelque soit la distance à laquelle ils se trouvent quand ils mettent bas; mais il en est plusieurs qui, pour nous servir d'une expression proverbiale, *se noient dans un verre d'eau;* ce sont ceux-là précisément qu'il faut à tout prix rallier, parce qu'en général ils se donnent alors au premier venu, suivent des voitures et se perdent parfois pour toujours.

L'usage des colliers portant le nom du propriétaire est prescrit par la loi; il rend de réels services (1), mais nous croyons qu'il ne suffit pas et qu'il convient en outre, *pour gêner les voleurs*, de marquer les chiens au flanc ou sur la cuisse avec un fer chaud.

Lorsque le terrain de chasse est éloigné, ne craignez pas, en y stationnant parfois, de faire connaître à la meute soit la maison du garde, soit l'auberge du plus proche village, soit même la hutte d'un bûcheron, attendu que les chiens égarés, tirant bon parti de ces connaissances acquises, ne manqueront pas au besoin de regagner ces asiles. Et si en même temps vous récompensez généreusement quiconque vous ramènera un toutou perdu, ce qui sera de l'argent bien placé, vous aurez la *conscience tranquille*, parce que, grâce à ces diverses précautions, vous pourrez vous dire que vous avez rempli tout votre devoir.

---

(1) L'expérience, plus d'une fois, nous a démontré qu'un fort collier en cuir entravait notablement l'action strangulatoire des collets.

Il faut éviter les morsures des chiens ; car, si elles ne causent point toujours d'irréparables accidents, elles ne laissent pas que de faire naître au moins de durables et légitimes préoccupations. Nous avons connu un *grand* chasseur qui, n'ayant pas le moyen de payer un piqueur, soignait lui-même sa meute, dont la douceur n'était pas la qualité dominante ; aussi n'entrait-il dans le chenil qu'après s'être bardé de jambières métalliques et avoir fourré ses mains dans de gros gants matelassés et pourvus de longues manchettes en fort cuir couvrant les avant-bras !

Ayant eu la douleur de voir la rage sévir sur notre chenil, nous ne saurions blâmer ces mesures de prudence, et même nous déclarerons que chaque chef d'équipage devrait toujours, en prévision de pareils accidents, avoir sous la main un local *retiré et sérieusement clos* pour y séquestrer tout chien devenu *suspect*.

« Et pource quant tu as tendu ton reseul, dois tu esropier de
« ta salive à l'entrée du carrefour où il est démonstré en la figure,
« et froter ta salive de ton pied bien fort. Et est ainsi faict, pource
« que quant il aura senti là où tu auras froté ta salive, jamais
« oultre ne passera, ains pra l'autre chemin bien roidement
« soy bouter au reseul. » (Modus, feuillet LXXI.)

Ainsi déjà du temps de Modus on tablait sur *le nez du lièvre* pour de deux ou trois chemins l'obliger à prendre celui qui le menait droit au piége, Nos braconniers actuels, qui pratiquent avec trop de succès sur les sentiers ou les coulées, ne sont donc que des plagiaires ; mais ils pourraient à juste titre revendiquer un brevet de perfectionnement.

Les églantiers, les ronces et les épines tirent du poil aux lièvres et le retiennent, ce qui n'échappe point à l'œil du braconnier et lui démontre fort clairement que telles coulées sont bien fréquentées, tandis que telles autres ne le sont pas ; et il piége en conséquence.

Le transport des lièvres panneautés présente des inconvénients graves ; ces animaux en effet ne résistent presque pas aux longs voyages et succombent souvent en route. Voilà pourquoi leur prix reste toujours assez élevé.

LES VERTUS DU LIÈVRE
—

Mais quoy? de son salut seullement il n'à cure
Ains l'homme il garantit de plusieurs accidents :
Oignez moy vostre corps de sa blanche presure
Vous vaincrez le venin des scorpions ardents :
Appliquez de son sang sur rongne crasseuse,
Tant est d'esicatif, bien tost la guerira :
Vos yeux sont ils chargez d'vne taye ombrageuse?
Du sucre auec son fiel, du tout les nettoyera.
Si le flus intestin contre vous se depite
Rotissez de sa chair, elle vous aidera :
Si ton foye bouillant par mal se débilite,
Deséche moy le sien, il le r'enforcera :
Si la teste tu as horriblement esmeute
Par quelque grand'douleur, il te faut promptement
Sa cendre incorporer auec huyle de meurte,
Soudain ell't'affranchit du vigoureux tourment :
Si vous cuysez en miel sa fumée recente,
Pour souder les boyaux elle prouffitera :
Mesmes si nettement la bruslure cuisante
Ell'rase que l'endroict marquer l'on n'en pourra :
Ses rognons pris en vin font sortir la grauelle,
Son caillé vinaigré le sang estanchera :
Que si vous le meslez, ou bien de sa ceruelle,
Dans gresse d'oye, en bref vriner vous fera :
Pour les gouttes guerir des mains, et des ioinctures,
Sur elle mets son pied, il les adoucira :
Vos pieds sont ils foulez de quelques meurtrissures?
Son paulmon dehaché leur mal allegera,
Salez le et le prenez en vin blanc, par l'espace
De trente iours, d'encens y miélant vn tiers
Craindre il ne vous faut pas que le hault mal vous fasse
Pour cette fois sentir ses aiguillons entiers.
Et quoy? non seulement à l'homme il est propice,
Mais il sert à la femme : En premier son poulmon
Seché, puluerizé, pour guerir la matrice,
S'il est pris en bruvage, est prouffitable et bon.
Son foye pris en l'eau qui de terre est meslée
De l'Isle de Samos, restreint les fluxions :
De leur arrière faiz si la femme mouilliée
N'a esté, son caillé matte les passions :

Mesmes si l'appliquez sur l'aine en cataplasme,
Auec ius de poireaux, et saffran odoreux,
L'enfant qui dans le corps de sa mère a son ame
Rendue, il contraindra d'yssir hors de son creux :
L'on croit que pour tenir les tetins d'vne fille
Cours et rons, qu'il en faut aussi frotter son sein,
Bref il n'a rien sur luy qui ne soit fort vtile
Pour soulager l'humain, quand son corps est malsein.
Mais auant que les vers de mon discours je fine,
Je dirai librement, que cil qui mangera
De sa chair, nonobstant la sentence de Pline,
Par sept iours ensuiuants gayement il viura.

(*Le Lièvre*, de Simon de Bvllandre, prieur de Milly-en-Beavvoisis. A tres noble et tres docte Seigneur Jean de Boufflers, escuyer, sieur de Lyesse. — A Paris, de l'imprimerie de Pierre Cheuillot, 1585.)

Une recette contre les moustiques (M. A. de la Rue).

La recette suivante vous mettra à l'abri de toutes les piqûres de toutes les mouches de la création.

« Prenez plein les deux mains de vermouth (absinthe) que vous
« mettez dans un vase neuf ; versez là-dessus deux bouteilles
« d'eau ; faites cuire à feu doux pendant une demi-heure environ ;
« passez cette décoction avec un gros linge ou au moyen d'un
« chausson en feutre, et conservez-la en flacons. »

« Lorsque vous voudrez vous rendre à la passée de la bécasse
« le soir, à l'affût des grives au cerisier sauvage ou à toute autre
« sorte d'affût, frottez-vous les mains et la figure avec cette
« eau, et je vous réponds que pas un insecte, pas une mouche ne
« vous approchera, ni madame, ni vos enfants non plus, par
« exemple. »

Si j'avais connu plus tôt cette infaillible lotion, combien de nuits *blanches* m'auraient été épargnées pendant les quatorze années de mon séjour en Algérie où le sommeil, quelque précaution qu'on prenne, est à peu près impossible par suite des attaques des moustiques.

CHASSE DU CHEVREUIL

---

*Que chaque veneur apporte sa pierre,
et la vérité se fera.*

I

DU CHEVREUIL ET DE SA NATURE

Le chevreuil est répandu dans toute l'Europe ; il recherche les bois accidentés, se tient aussi dans les forêts des plaines, mais ne se plait pas dans celles où dominent les arbres résineux.

Plus petit que le cerf, il lui ressemble un peu ; cependant, si on y regarde de près, on lui trouvera plus de grâce, de vivacité, d'élégance, et on verra qu'il est d'une figure plus agréable, sans compter qu'il montre plus de fond, de sang froid et de courage.

Il a environ 1 mètre 15 de long et 0 mètre 74 de haut ; sa queue n'est qu'un petit moignon de 0 mètre 2 de longueur au plus. Des brocards peuvent atteindre, exceptionnellement, une longueur de 1 mètre 30 et une hauteur de 0 mètre 80.

Nous ne décrirons point ici le chevreuil, qui est trop connu, et nous nous bornerons à dire qu'en France on en rencontre de deux pelages différents, le roux et le brun, sans qu'ils soient plus estimés l'un que l'autre et qu'ils se montrent de mœurs ou d'habitudes tant soit peu dissemblables.

Au printemps, les chevreuils font leurs viandis dans les jeunes tailles dont ils broutent les premiers bourgeons avec tant d'avidité qu'ils s'enivrent et perdent alors momentanément de vue la finesse et la prudence qui les caractérisent.

Au sortir du brout, ces animaux que l'on sait très friands de pois, d'avoine et de regains, établissent leurs demeures à portée des gagnages ; en hiver, ils cherchent dans les grandes bruyères exposées au midi un abri contre le froid.

Les chevreuils, comme les cerfs, ne sont en amour qu'une fois par an. Leur rut a lieu au mois d'août, et non pas en octobre-novembre ainsi que le disent bien à tort presque tous les auteurs cynégétiques. La cause de cette erreur générale (1), c'est qu'on ne voulait point admettre qu'un animal relativement d'aussi petite taille pût porter pendant quarante semaines. Le grand veneur de Veltheim, le docteur Pockels, le docteur Ziegler et surtout l'illustre embryologiste Bischoff, ont mis ce fait curieux hors de doute en découvrant le processus réel : « L'œuf fécondé en août reste en quelque sorte à l'état de développement latent ; depuis le moment de l'accouplement jusqu'au mois de novembre, l'évolution de l'embryon s'y fait très lentement ; mais à partir de cette époque elle s'accentue. » Il résulte de ces observations rigoureusement exactes que ces animaux se peuvent sans conséquences aucunes poursuivre en novembre, voir même plus tard si l'hiver est très doux, mais alors sans se livrer à des combats acharnés comme en août, époque à laquelle, se dressant sur leurs pieds de derrière, ils se donnent des coups de tête, à l'instar des boucs, ou bien, prenant l'élan, ils se précipitent l'un sur l'autre pour se transpercer de leurs fûts.

Dans leurs amours, du reste, ils ne font ni bruit ni tapage ; s'ils raient, c'est sur un ton gros, court et sourd. Le brocard (*ou broquart*), à cette époque, pousse un cri bas saccadé, que rendent les syllabes *bê, bê ; il appelle,* disent les

---

(1) Car la chevrette ne met bas qu'en mai.

chasseurs. La voix de la chevrette a [un timbre plus criard, plus élevé (1).

Les chevreuils ne se réunissent jamais en troupes aussi nombreuses que les cerfs. La plus grande partie de l'année, ils vivent en petites familles composées d'un brocard, d'une et rarement de deux ou trois chevrettes avec leurs petits ; ce n'est que là où les brocards ne sont pas assez nombreux, qu'on voit des troupes de douze à quinze individus.

Le brocard est le guide, le gardien, le défenseur de la famille. Il ne s'en sépare que rarement, et, selon toute probabilité, dans le cas seulement où un autre mâle, plus jeune et plus fort, prend sa place, et où il croit que le meilleur parti pour lui est de se retirer. Cela arrive d'ordinaire au commencement de l'été ; mais il ne reste ainsi solitaire que jusqu'au moment des feuilles. Il rôde alors, inquiet, pour chercher une jeune chevrette, et reste avec elle jusqu'à ce qu'elle soit pleine ; puis il la quitte pour une autre, avec laquelle il demeure jusqu'au printemps, sans mal se comporter cependant vis-à-vis de la première, une fois qu'elle a mis bas. En hiver, plusieurs familles se réunissent et vivent ensemble dans la plus grande harmonie.

Quatre ou cinq jours avant de mettre bas, la chevrette s'éloigne du brocard pendant quelques heures seulement les premiers jours, puis pendant un temps plus long, jusqu'à ce qu'enfin elle s'isole complètement. La mise bas a lieu dans un endroit bien tranquille, caché, solitaire. Les jeunes chevrettes n'ont qu'un petit ; les vieilles deux ou trois. La mère cherche à mettre sa progéniture à l'abri des ennemis qui la menacent ; au moindre signe de danger, elle l'avertit en frappant le sol du pied, ou en poussant un cri particulier. Les faons, s'ils sont tout jeunes, se tapissent

---

(1) Le faon fait entendre une sorte de *piaulement* difficile à bien déterminer. La douleur arrache au chevreuil un cri semblable à celui du faon ; lorsqu'il est effrayé, sa voix devient rauque et criarde.

à terre ; plus tard, ils fuient avec leur mère. Lorsqu'ils ne peuvent l'accompagner, elle cherche à détourner l'ennemi, en l'attirant sur elle, comme font les autres cervidés. Lui enlève-t-on un petit, elle suit longtemps le ravisseur, court de côté et d'autre, appelle, montrant ainsi son inquiétude ; si, ému de ce touchant manège, on remet le faon en liberté, on la voit examiner soigneusement si rien n'est arrivé à son nourrisson et témoigner par ses caresses et ses gambades toute la joie qu'elle éprouve à le retrouver sain et sauf.

A huit jours, les petits accompagnent leur mère au gagnage et, à dix ou douze jours, ils peuvent la suivre partout. Elle retourne alors avec eux dans son ancien canton ; elle appelle le mâle et les faons bêlent de leur côté ; quand il arrive, elle le caresse tendrement, et témoigne ainsi le plaisir qu'elle a de le revoir. Le brocard reprend alors la direction de la famille.

Les faons tètent jusqu'en août ou septembre ; à deux mois cependant, ils commencent à manger des herbes, que leur mère leur apprend à choisir.

A dix mois, quand la chevrette est de nouveau pleine, les faons la quittent. Enfin, à quatorze mois, ils sont aptes à se reproduire, et deviennent à leur tour chefs de famille.

A quatre mois, le frontal du jeune chevreuil commence à se bomber ; le mois suivant apparaissent des saillies qui s'accroissent de plus en plus, et, en hiver, se montrent les premières dagues, longues de 8 à 10 centimètres. En mars, le jeune brocard les dépouille de leur peau ; en décembre, il les perd. En trois mois, le bois de seconde tête se développe ; il tombe en automne, un peu plus tôt que le premier bois n'est tombé. Les vieux brocards le perdent en novembre comme tous les cervidés. La mue est en rapport avec les fonctions génitales : elle a lieu après le rut, ainsi que la chute des bois. Le nouveau bois pousse en hiver ; il est complètement développé quand l'animal a son pelage d'été.

Durant le travail de réfection de leurs bois, alors tendres et délicats, les chevreuils recherchent de préférence les jeunes tailles peu garnies de baliveaux dont ils redoutent le contact ; mais, dès que leur tête est complètement refaite, il ne craignent plus de tenir les grands forts.

Le chevreuil devient la proie du lynx (1) et du loup ; le chat sauvage et le renard, et quelquefois même la belette, égorgent et dévorent les faons.

Les faons, pris peu de jours après la naissance, s'apprivoisent parfaitement, deviennent de véritables animaux domestiques, sans jamais cependant atteindre la même taille en captivité qu'en liberté. Mais on ne doit apprivoiser que des chevrettes parce qu'elles restent toujours douces en vieillissant, tandis qu'avec l'âge les brocards deviennent dangereux pour les enfants, et surtout pour les femmes, qu'ils peuvent blesser grièvement avec leurs bois.

Nous ne dirons rien de la chair du chevreuil, et nous nous bornerons à déclarer qu'on peut faire d'excellentes omelettes avec son sang qui est très délicat. Sa dépouille ne vaut guère pour tapis, le poil étant trop cassant, mais on tire un joli parti d'une belle tête de brocard. Mentionnons en passant qu'un mâle non vidé peut atteindre quarante kilogrammes (2), et que la chevrette, d'ordinaire moins lourde, vaut bien mieux pour la cuisine.

On cite des exemples très curieux de la vitalité du chevreuil ; ils prouvent seulement, selon nous, que cet animal, blessé d'un coup de feu, tombe parfois dans une pamoison plus ou moins longue à la fin de laquelle, reprenant ses sens, il se sauve au plus vite. Il n'y aurait dès lors point lieu d'admettre chez lui une vitalité réellement surpre-

---

(1) Nous mentionnons le lynx malgré sa rareté en France.
(2) On ne voit presque jamais en France des brocards arrivant à ce poids, et on y rencontre assez souvent de vieilles chevrettes qui, avec l'âge et la stérilité, deviennent aussi lourdes que les mâles, 29 à 36 kilogrammes.

nante, mais bien plutôt une très vive impressionnabilité, grâce à laquelle, sous l'atteinte d'une blessure fort douloureuse sur le moment, cet animal, essentiellement nerveux, éprouverait une syncope d'une certaine durée et offrant toutes les apparences de la mort.

Nez parfait, ouïe fine et vue excellente, voilà ce que la nature a donné au chevreuil pour se défendre !

II

AGES ET CONNAISSANCES

D'ordinaire le brocard et la chevrette sont seuls avec leurs enfants jusqu'à l'entrée du rut; mais, dans quelques circonstances plus ou moins exceptionnelles, on a pu s'assurer que des brocards avaient un petit sérail composé de deux, trois et même quatre chevrettes, qu'ils fécondaient et maintenaient en bon accord.

Entre sept et huit mois, les faons sont appelés chevrotins, et chevrillards par quelques chasseurs.

A six mois, deux bosses commencent à se dessiner sur l'os frontal du jeune chevreuil et forment, comme pour le cerf, les meules de ses dagues qui acquièrent leur parfait développement dans le cours de la seconde année ; de là lui vient en vénerie le nom de daguet ou brocard. A trois ans, chaque perche jette un premier andouiller, à environ huit centimètres de la meule, et un second un peu au-dessus. Durant les années suivantes, chaque perche se garnit de nouveaux andouillers, jusqu'au nombre de quatre ou cinq; alors seulement le chevreuil est réputé dix-cors en vénerie.

D'après ce qui précède, cet animal n'a guère toute sa croissance qu'à deux ans; nous en concluons dès lors que la durée moyenne de son existence doit être d'environ trois lustres.

Les connaissances qu'on tire de la tête pour juger le chevreuil, ne valent que si on le voit bien par corps, ce qui n'est pas souvent possible ; il convient donc de se baser notamment sur celle du pied. Or cette connaissance est par malheur tout ce qu'il y a de plus délicat au monde, et, même par un beau revoir, bien des veneurs ne peuvent arriver qu'à distinguer à peu près sûrement le pied d'un brocard parvenu déjà à sa quatrième tête de celui d'une chevrette.

Si vous avez devant les yeux les deux pieds au naturel ou leurs empreintes bien nettes et voisines sur le sol, avec un peu d'habitude vous en ferez assez facilement la distinction, attendu que le brocard a les pinces plus rondes et les os mieux tournés; mais, si vous ne voyez qu'un seul pied, l'incertitude vous prend ; car un pied de brocard n'a guère que deux millimètres un tiers de plus qu'un pied de chevrette, bien que cette dernière ait le pied de devant plus creux, les pinces plus aïgues, la sole moins large et les côtés plus tranchants que le brocard. Il est vrai que ce dernier a, comme le cerf, plus de pied des jambes de devant que de celles de derrière, tandis que les deux pieds correspondants de la chevrette sont, comme ceux de la biche, égaux en force.

On juge aussi les chevreuils par les allures : celles des brocards, au même âge, sont toujours un peu plus grandes ; elles se montrent en outre fort régulières parce qu'ils placent invariablement leurs pieds à une distance égale.

Une connaissance qu'il ne faut pas non plus dédaigner, c'est celle des *régalis* (traces que le chevreuil a faites en grattant la terre avec ses pieds de devant), parce que cette habitude familière au mâle ne se trouve que très rarement chez la femelle.

Les moquettes, auxquelles la plupart des veneurs n'accordent, bien à tort selon nous, aucune importance, peuvent cependant faire préjuger du sexe, puisque, chez le mâle seul, elles sont aiguillonnées par le bout.

Les chevreuils ont très communément des connaissances au pied, ce qui devient fort utile en chasse. Enfin, à l'époque du rut, les mâles, ne pouvant tenir en place, voyagent constamment, et il en résulte une usure remarquable des pinces.

En résumé, la connaissance du pied fait distinguer facilement le faon, le chevrotin, le daguet, le vieux chevreuil; mais, pour un brocard isolé, le jugement devient très difficile, et là, plus qu'ailleurs, le piqueur prudent doit dire au rapport : *Je le soupçonne* ou *je le crois brocard.*

Ce serait une grande erreur de croire que les bois sont l'attribut exclusif des mâles, car voici à ce sujet l'opinion de Hartig, le célèbre écrivain cynégétique allemand, dont en pareille matière l'autorité fait loi : « La chevrette, dit-
« il, n'a point la tête ornée de bois comme le mâle, mais
« elle porte beaucoup plus souvent que les autres femelles
« du genre cerf de petites dagues, qui se renouvellent
« comme celles du brocard. Cette circonstance constitue
« le chevreuil comme formant la transition du genre des
« cerfs au genre chèvre.

Il est enfin une connaissance qu'il est bon de signaler, aux jeunes veneurs surtout, afin qu'ils restent, malgré la conduite présomptueuse et maladroite du chevreuil au début de la chasse, bien convaincus qu'ils ont affaire à un animal des plus rusés.

Le sentiment que le chevreuil laisse après lui est goûté avec infiniment d'ardeur par les chiens ; ils préfèrent cet arôme fin et délicat à celui de tous les autres animaux ; mais ils ne tardent guère à s'apercevoir qu'ils en ont à un vigoureux quadrupède presque aussi roué que le lièvre.

Lorsque le brocard est lancé, un certain instinct d'amour propre le porte d'abord à mépriser une attaque dont il croit que sa légèreté l'aura bientôt débarrassé ; il dépense en bonds inutiles des forces qui, plus tard, lui seraient souvent précieuses. Mais bientôt cette suffisance fait place à la crainte, et, l'instinct de la conservation parlant plus haut que tous les autres, il appelle à son secours la ruse et toute sa vélocité ; il ne bondit plus, mais il court. A ce moment on dit, en style de vénerie, qu'il a perdu ses sauts. C'est alors qu'on le verra s'étudier à croiser ses voies pour en former un réseau inextricable, ou bien les doubler en faisant une pointe rapide pour gagner un peu d'avance et revenir sur ses pas ; puis quitter, par un bond, cette voie doublée qui prépare un embarras nouveau aux veneurs et aux chiens. On le verra encore aborder un ruisseau ou un fossé plein d'eau, le parcourir assez longtemps dans la partie submergée, et ôter ainsi aux chiens la possibilité de le suivre du nez. Il en agira de même pour un étang, une rivière, où il se remettra dans une île ou bien au milieu des joncs, quand toutefois il ne jugera point à propos d'en ressortir à l'endroit même de son entrée,

Les anciens veneurs français n'ignoraient pas l'astuce du chevreuil, ainsi que le prouve surabondamment ce passage de Gaston Phœbus : « Et se il fust aussi belle beste comme
« le cerf, je tiens que ce serait plus belle chasse, quar elle
« dure tout l'an ; et est trop bonne chasse et grant maistrie, car ils fuyent trop bien longuement et malicieusement » (1).

Nous finirons ce chapître par une remarque qui a son utilité. On sait d'expérience que le chevreuil, lorsqu'il est cantonné, se fait battre et même prendre dans la forêt qu'il habite pourvu qu'elle soit un peu vaste, bien qu'il pousse néanmoins, mais avec l'idée d'un prompt retour, de courtes pointes soit en plaine, soit dans les bois les plus voisins. Quand donc un brocard, après avoir bataillé quelques heures avec les chiens, prendra un grand parti et entraî-

(1) Traduisez *trop bonne* et *trop bien* par *très bonne* et *très bien*.

nera la meute à deux, trois et quatre lieues du lancer, on
pourra hardiment affirmer qu'on a eu affaire à un animal
étranger au pays, à un *pèlerin* en un mot. On nomme en
effet ainsi un chevreuil accidentellement égaré, ou qui recherche une compagne pour remplacer celle qu'il a perdue, ou qui enfin a jugé prudent d'abandonner son canton
parce qu'il y était trop harcelé, soit par les hommes, soit
par les loups.

II

AFFUTS, BATTUES, PIPAGE, COLLETAGE, PANNEAUTAGE

Les braconniers attendent le chevreuil à l'affût, le soir et le matin, sur la lisière des bois, ou auprès des clairières qui s'y trouvent. Cet affût se pratique absolument comme celui du cerf, sur lequel plus loin on pourra amplement se renseigner.

Dans les grandes chaleurs, c'est aux alentours des sources et des fontaines qu'on guette cet animal ; à d'autres époques, comme en général il boit peu et que même l'herbe humide de rosée lui suffit, cet affût n'a plus lieu.

Au printemps, alors que les bourgeons des arbres commencent à paraître, on trouve l'occasion de tirer des chevreuils en se promenant dans les jeunes taillis, le matin et le soir, parce qu'ils y vont brouter les jeunes pousses et que cette nourriture échauffante les enivre à tel point qu'ils ne savent plus ce qu'ils font.

On chasse encore le chevreuil en battue; il marche généralement assez ⸮bien devant les traqueurs, qui opèrent comme pour le lièvre. A moins d'une extrême abondance, d'habitude on ne tire pas les chevrettes; aussi n'exécute-t-on ces traques que quand ces animaux ont leurs bois.

L'excellence de leur odorat exige impérieusement que la ligne des fusils soit à bon vent.

Le pipage du chevreuil se pratique au fusil ; il a lieu sans chiens, ou du moins on ne s'en sert que pour suivre un animal blessé. Cette chasse consiste à se placer à portée de l'endroit où l'on sait qu'il y a du chevreuil, de façon à se trouver à bon vent, à être un peu caché tout en pouvant tirer dans plusieurs directions ; puis, pour attirer le brocard, on donne trois à quatre coups d'un instrument connu sous le nom d'appeau à chevreuil. A défaut de cet engin, on emploie une feuille d'arbre, raide et lisse, ou un morceau d'écorce blanche de bouleau, ce qui revient au même lorsqu'on sait s'en servir.

Le brocard se rend en courant à cet appel quand il éprouve les ardeurs du rut et qu'il n'a pas de chevrette à sa disposition, sauf le cas où il a déjà été dupe de cet artifice. Mais, s'il rumine à une certaine distance dans le fort, s'il est en train d'écouter ou de se rembûcher, on se contente de donner encore quelques sons *bien bas* pour l'obliger à s'approcher. Si, après avoir lancé deux ou trois coups du appeau, aucun mouvement ne se fait entendre, on s'avance doucement de quelques centaines de pas pour recommencer cette manœuvre, qui du reste réussit mieux le matin que dans la journée ou le soir.

Pour attirer une chevrette, on se contente d'imiter le cri plaintif du faon qui consiste, comme on sait, dans la répétition du mot : *mi, mi*, que les braconniers savent assez bien rendre. Ce pipage, qui n'a point d'heures attitrées, ne peut se faire avec succès qu'au moment où les chevrettes ont des petits.

Au chapitre du colletage des lièvres nous avons dit tout ce que nous savions sur cette désastreuse industrie, qui ne néglige malheureusement point le chevreuil ; nous ne nous répéterons donc pas ici, mais nous dirons cependant que le collet pour cet animal vigoureux est tenu très ouvert à cause des bois et est de plus disposé de façon à ce que la bête soit enlevée par le redressement du baliveau devenu libre à une hauteur qui ne lui permette pas de toucher le sol de ses pieds de derrière (1).

On panneaute les chevreuils, comme les lièvres, pour un repeuplement (opération bien aléatoire), mais jamais pour un ébouquinage qui, au point de vue de cet animal, n'est ni utile ni nécessaire. Les prisonniers doivent toujours être lachés à une assez grande distance de leur pays d'origine, sans quoi ils y reviendraient infailliblement.

Est-il enfin bien indispensable que nous disions avant de finir que la hauteur des filets pour ces panneautages sera nécessairement toujours calculée sur l'élévation des sauts énormes dont sont capables ces agiles et nerveux animaux.

(1) Sans quoi, grâce à sa nerveuse vigueur, il pourrait bien tout rompre et se dégager.

III

CHASSE A COURRE, AU FORCER

« Le brocard apporte encore plus de science et de com-
« binaison dans ses plans stratégiques que le cerf ou le
« daim. Aussi le chasse-t-on assez rarement à courre, et le
« veneur a-t-il l'habitude de recourir pour le détruire à
« l'aide du fusil. J'ai vu, dit Toussenel, forcer le chevreuil
« après quatre ou cinq heures de chasse, et même moins,
« dans des forêts où le fauve était rare ; mais dans celles
« où il abonde et où le change est facile, le courre de cet
« animal présente presque autant de difficultés que le
« courre du vieux loup. »

Cette dernière opinion semble à bon droit par trop absolue à l'auteur estimé des *Chasses de la Somme*, M. E. Prarond, qui a vu prendre plus rapidement des chevreuils dans des laisser-courre très réguliers.

Ainsi, par exemple, en 1861 et années suivantes, M. Quiclet forçait dans la forêt de Chantilly, riche en fauves, un chevreuil en trois ou quatre heures ; quelquefois en beaucoup moins de temps lorsqu'une ou deux poussées vigoureuses, presque en ligne droite, avaient épuisé, en quelques dix minutes seulement, une bonne part de la force de résistance de l'animal.

Vers la même époque, MM. de Salverte forçaient très fréquemment dans la forêt d'Halatte, où le fauve abonde.

Enfin, la société de Rallye-Ponthieu qui, à dater de 1863, a chassé exclusivement le chevreuil pendant près de dix ans dans la forêt de Crécy, est arrivée à prendre, dès que ses chiens ont été bien mis à cette chasse, en deux, trois, quatre, cinq heures, et cependant le fauve n'est pas rare dans le pays.

Aussi j'aime bien mieux Toussenel quand il ajoute :

« Le chevreuil est, après le loup, la bête de nos forêts qui
« se force le moins ; et ce n'est pas seulement la vigueur
« de son jarret qui le préserve si fréquemment du sort du
« cerf et du lièvre, c'est plutôt le sangfroid qu'il déploie
« dans la lutte et la sage distribution qu'il fait de ses
« moyens. »

Tous les écrivains cynégétiques français, comme tous les veneurs, partagent l'avis de Toussenel ; je suis donc en droit de m'étonner quand je lis dans J.-A. Clamart (*Cinquante années de chasse*) : « Rarement les chiens prennent « *le change sur le chevreuil* ; mais cela peut arriver quand « il y en a beaucoup dans la forêt. » Car l'écueil ordinaire de la chasse à courre du chevreuil, c'est la fréquence du change qui, pour se produire, n'a pas besoin que le bois soit vif en fauve. — Pour réussir là, il faut toujours serrer les chiens de près, ne jamais se départir de son attention, toujours bien examiner et écouter afin *de surprendre ou deviner le change le plus tôt qu'il est possible*, et rompre et ramener les chiens à l'endroit *connu* ou *présumé* de la rencontre des animaux.

Toussenel se montre peut-être bien un peu trop poétique quand il avance ce qui suit : « Le chevreuil persécuté par
« les chiens n'a pas besoin, comme le cerf ou le daim, d'em-
« ployer la violence pour faire bondir le change ; le change
« vient de lui-même s'offrir pour concourir au salut de la
« bête poursuivie ; et c'est merveille de voir comme tous
« ces charmants coureurs *s'entendent* pour créer des em-
« barras à la meute. »

Malgré tout notre respect pour l'auteur de l'*Esprit des*

Bêtes, nous ne pouvons croire que le change résulte de la volonté ou du dévouement de ces animaux, et, d'accord avec M. E. Prarond, nous l'expliquons de la manière suivante : Les chevreuils sont très cantonnés et ne parcourent pas volontiers de grands espaces, mais ils voisinent par hardes ; du moins tout nous porte à le croire, en exceptant toutefois expressément l'époque du rût. Or, selon nous, tout naturellement, la connaissance des petits sentiers fréquentés par eux, connaissance qui leur est de tous points commune avec les petits groupes du même canton, si on la combine avec le sentiment de la peur qui porte à recherches semblables, cette connaissance, disons-nous, amène les chevreuils poursuivis aux lieux qu'habitent leurs voisins. Ils les compromettent ainsi et les rendent victimes parfois en provoquant *inconsciemment* un change pour se sauver eux-mêmes, et nous ne croyons, dans ce cas, pas plus à la préméditation chez la bête de meute qu'à l'esprit de sacrifice chez l'animal qui se trouve substitué à elle par l'effet des circonstances et sans son aveu.

Aussi, en tout état de cause et pour en revenir à notre sujet, M. E. Prarond est-il rigoureusement dans le vrai, quand avec tous les chasseurs sérieux il proclame hautement que « quoiqu'on en puisse dire ou écrire, la chasse
« du chevreuil est une des plus difficiles, tant à cause des
« mœurs des animaux qui vont en harde et de leur habi-
« leté à battre le change qu'à cause de leur résistance aux
« longues poursuites, quand ils ne font pas bondir un
« autre animal devant eux. »

Malgré tout ce qui précède, nous persistons à croire très possible de prendre *loyalement* le chevreuil au forcer, même dans les forêts de nature difficile et même alors que le fauve y abonde ; et, si on nous objecte les nombreux insuccès qui se sont à cet égard produits presque partout, nous répondrons nettement qu'il en faut accuser :

1° Le mode d'attaque et de suite ;

2° L'emploi d'une meute trop nombreuse ;

3° Le découplement en masse des chiens, pour aller frapper aux brisées ou pour la quête ;

4° Le défaut des précautions ordinaires, de la plupart du moins, dans la conduite de cette chasse particulièrement épineuse, etc., etc., etc.

On a trop écouté pour ce déduit difficile, je le dis bien haut avec M. E. Prarond, les autorités cynégétiques les plus connues : Gaston Phœbus, Jean de Ligneville, René de Maricourt et Salnove, parmi les anciens ; La Conterie plus récent, et enfin, parmi les modernes, Blaze, La Vallée, d'Houdetot, Le Masson, Lecoulteux, etc., autorités trop pleines de déférence les unes pour les autres, posant toutes en principe les *analogies complètes du cerf et du chevreuil* et partant de là pour prescrire unanimement les mêmes pratiques pour la chasse à courre de ces deux animaux.

Du Fouilloux ne dit mot du chevreuil, tout comme s'il avait ignoré son existence.

« Il semble, dit Salnove, que ceux qui ont écrit ci-devant
« n'avaient pas encore l'entière connaissance du plaisir
« que l'on peut avoir à forcer le chevreuil avec les chiens
« courants et l'adresse de le faire, puisqu'ils en ont dit si
« peu de chose ; et néanmoins, c'est la plus considérable
« après celle du cerf. »

Salnove, pour moi, n'a jamais lu Modus, et il n'est pas le seul.

Et là dessus, nous assistons, dans la *Chasse du comte de Foix*, dans la *Meulte et Vénerie pour le chevreuil*, dans la *Chasse du lièvre et du chevreuil*, dans la *Vénerie royale*, dans l'*Ecole de la chasse*, dans le *Chasseur au chien courant*, dans la *Chasse à courre en France*, dans la *Petite Vénerie*, dans la *Nouvelle Vénerie normande*, et enfin dans la *Vénerie française*, nous assistons, dis-je, à une sorte de répétition de la chasse du cerf, où nous voyons la meute se diviser *classiquement* en quatre parties : la première pour l'attaque, la seconde ou vieille meute pour le premier relais, la troisième ou seconde vieille pour le deuxième relais, et enfin la quatrième qui est dite « *le relais des six chiens,* » les nestors de la bande.

M. E. Prarond, à propos de cette division classique, fait remarquer que M. Quiclet, qu'il aime avec raison tant à citer pour ses prises de bon aloi, menait presque toujours sans relais et que ses chiens découplés sur l'animal *bien reconnu* avaient charge *seuls* de le mettre bas. Il chassait donc de *meute à mort*, tandis que Rallye-Ponthieu gardait un relais dont on détachait de temps en temps quelques chiens, selon la méthode du Roy Modus ; mais, ajoute M. Prarond, j'ai pu constater, les jours où l'animal était pris, que presque toujours le relais n'avait pas eu ou le temps ou l'occasion d'être utilement employé.

Ceci dit en passant, revenons à notre courre du brocard.

Les auteurs précités, avant de décréter aussi lestement que le cerf et le chevreuil se doivent chasser de la même façon, auraient sagement fait d'étudier d'abord avec soin les mœurs, habitudes et circonstances qui différencient tant ces deux animaux ; ils auraient sans doute alors été conduits à se demander si un autre mode de poursuite ne devrait pas être adopté pour le brocard,

Tous les veneurs savent que le cerf, hors la saison du rût, s'isole toujours, tandis que le chevreuil reste en famille, ou tout au moins avec sa compagne (1) ; que le cerf

---

(1) Dans un article intitulé : « Doit-on tuer indistinctement brocards et chevrettes ? » qui a paru dans le *Journal des Chasseurs,* année 1869, pages 274 et suivantes, M. du Lièvre dit que le chevreuil est polygame dans certains cas, comme celui, par exemple, où il habiterait une forêt renfermant beaucoup plus de femelles que de mâles. — Il cite la magnifique forêt de Villers-Cotterets, dans laquelle, de 1839 à 1844, il a pu constater ce fait curieux, et ajoute que dans la jolie petite forêt de l'Aigue les mêmes causes ont produit les mêmes effets. Enfin, ce qui est, dit-il, plus con-

va provoquer à grands coups d'andouillers et forcer le change, alors que la chevrette, s'il elle n'a pas de petits, l'offre sans préméditation à son époux par suite de la recherche inquiète à laquelle elle se livre à son égard, alors même que le premier brocard venu se prête, inconsciemment je le veux bien, à pareille manœuvre de salut; que plus le cerf approche de ses fins, plus son odeur est forte; qu'en pareille circonstance, au contraire, le sentiment du chevreuil va sans cesse en se refroidissant, etc.

Je me bornerai à ces trois différences caractéristiques, qui me semblent très suffisantes déjà pour m'autoriser à dire bien haut que Salnove et consorts ont fait fausse route en professant l'identité de la chasse de ces deux animaux en vertu d'analogies qui ne se voient guère, et ont par là lancé les veneurs dans une mauvaise voie.

Le secret de la chasse du chevreuil est cependant dévoilé tout entier dans un livre qu'ils auraient pu consulter avec fruit, dans un livre plus vieux que les leurs, plus vieux même que Phœbus et du Fouilloux, dans le livre du Roy Modus et de la Royne Racio.

Ainsi la plupart des chasseurs qui, en France, ont cherché à prendre le chevreuil, tout en négligeant même parfois de faire faire le bois, s'en sont toujours rapportés plus ou moins exactement à la science des auteurs cités plus haut, jetant en forêt le plus de chiens qu'ils pouvaient; or « le chevreuil, dit Modus, doit être chassé à prendre à
« force avec peu de chiens. »

cluant, en 1855, une douzaine de chevreuils, panneautés dans une des forêts de la Couronne, transportée à Toulon et de là par mer dans une des îles du voisinage appartenant à M. le duc de V...., où on l'a lâchée, se composait de neuf chevrettes et de trois brocards. — Eh bien! l'année suivante toutes les chevrettes furent fécondées. (M. du Lièvre, c'est A. de la Rue).

Lorsqu'en pareille circonstance le brocard s'est formé ainsi une espèce de sérail, Joseph La Vallée croit avec raison qu'il prend les habitudes du cerf, qu'il règne en despote sur cette harde et ramène à coups de tête les chevrettes qui veulent s'écarter.

Nos veneurs découplaient indifféremment leurs vingt, trente, quarante ou cinquante toutous dans les hautes futaies claires ou dans les taillis fourrés; or, nous apprend Modus, « si on chasse le chevreuil dans des taillis assez
« épais pour qu'on ne puisse le reconnaître *au saillir*, on
« ne doit d'abord laisser aller que deux ou trois chiens pour
« la quête, et, lorsqu'on a reconnu le chevreuil, on ne doit
« laisser courre dessus que les chiens les plus sages et les
« moins roides. »

Aussi qu'arrive-t-il d'habitude à nos veneurs ?

Leurs nombreux chiens, étourdiment découplés d'ensemble, partent avec un vacarme magnifique; puis, au bout de dix à quinze minutes, se dessinent deux ou trois chasses dans des directions différentes, et enfin, moins d'une heure après, la plupart des chiens, plus surmenés que le chevreuil par leur propre vitesse, mettent bas. Le courre est alors bien compromis.

Laissons donc jeter *leur premier feu* aux disciples de Salnove et consorts, et revenons un instant à Modus :

« On doit toujours à cette chasse, dit le Roy, devancer
« les chiens, pour trois causes :

« — La première est pour s'assurer que les chiens chas-
« sent toujours le chevreuil (1) ;

« — La seconde, pour relaisser deux ou trois chiens et
« reprendre ceux qui chassent (2) ;

« — La troisième est que, si l'on s'aperçoit qu'il y ait
« change, il faut alors reprendre des chiens le plus qu'on
« peut, laisser éloigner ceux qui chassent le change jus-
« qu'à ce qu'on ne puisse plus les entendre, puis retourner
» au point où l'on suppose le change fait ; laisser aller de

---

(1) Cette condition ne serait pas une difficulté dans l'état actuel des routes, lignes et sentiers de presque toutes les forêts de France.

(2) On voit que nous sommes bien loin du système des équipages nombreux.

« nouveau deux ou trois des plus sages chiens et requê-
« ter en tournant bien à loisir. »

Le Roy, avec ce mode d'agir et avec ces précautions, promet la prise.

Le chapitre de Modus sur la chasse du chevreuil est le plus court mais le plus pratique des traités (1).

On peut d'ailleurs très bien le résumer en ces trois points :

Peu de chiens au lancer,

Quelques relais de deux à trois chiens,

Beaucoup de précautions pour le change.

Il est difficile, nous en convenons volontiers, de faire le bois pour un chevreuil, de voir suffisamment l'animal par corps pour bien distinguer le mâle de la femelle, de séparer avec un limier les individus composant une harde ou d'empêcher avant l'attaque, souvent remise à quelques heures, cette harde de se réunir. Mais enfin la chose n'est pas impossible, et c'est dès lors avec peine que nous voyons par exemple, un veneur de la taille de Jean de Ligneville dire sans grande façon et, à notre avis, trop lestement :
« Je sépare les questes à mes gens, comme si je voulais
« courre un cerf, mais nous laissons aller la meutte aux
« brizées sans le donner du limier; néantmoing autrefois
« j'en ay faict laisser courre du limier, mais c'est plustost
« faict de le lancer ave la meutte (2). »

---

(1) Aussi n'hésiterons-nous pas, au risque de faire double emploi, à donner ce texte en entier et mot à mot à la fin de ce chapitre.

(2) *La Meute et Vénerie pour chevreuil,* page 51.

Jean de Ligneville comprend du reste si bien lui-même la défectuosité de ce mode d'attaque qu'il ne peut s'empêcher (page 54) de dire : « Mais si j'ai quelques chiens de désordre ou autres jeunes
« chiens, je ne les fais découpler que le chevreuil ne soit lancé et
« bien ameutté, crainte qu'ils ne troublent les chiens sages. »

A la page 129, il dit encore : « Le seigneur Gaston de Foix ne

La preuve que Jean de Ligneville était un insouciant mal servi, c'est qu'Eusèbe Saint-Pierre, le piqueur de Rallye-Ponthieu, surmontait admirablement toutes ces difficultés et qu'on le trouvait chaque fois au rendez-vous de chasse avec son limier près de lui, ayant détourné et séparé avec persévérance son chevreuil. Il faut, il est vrai, pour arriver à ces résultats, savoir courir sous bois derrière le limier.

Mais, même en admettant les cas d'impossibilité absolue ou en tolérant ceux d'une paresse plus ou moins légitime, il conviendrait au moins de suppléer à cette précaution réglementaire de la chasse à courre par la quête à deux chiens de Modus. On devrait suivre en outre les règles que nous avons rapportées plus haut pour le lancer avec des chiens sages, pour les relais et les changes. Un ou deux relais volants suffiraient presque toujours; comme M. Prarond, bien qu'on puisse prendre de meute à mort, j'estime qu'il les faut, qu'ils seront précieux deux fois sur trois et indispensables une fois au moins sur quatre, et qu'en y renonçant ce serait de gaîté de cœur se condamner à part double de défaites.

Enfin un dernier relais, conformément à la loi qui veut qu'on garde à cet effet les chiens les plus lents, celui qu'on nomme *les six chiens*, viendrait utilement mettre fin au drame.

Quelques veneurs, et parmi eux notamment l'auteur des *Chasses de la Somme*, proposent au contraire de ne composer ce dernier relais que de chiens *sages mais très vites*,

« parle pas, en son *Traicté du Chevreuil*, s'il faisait des relays ;
« il dict seulement que celuy qui chasse chevreuil peut faire relays
« s'il veut. Le livre intitulé *Roy Modus* dict qu'il faut donner tou-
« jours quelques chiens à la voie de meutte et ne parle pas de
» relays. »

J'estime d'après cela que Ligneville n'a pas lu Modus ou bien qu'il ne l'a pas compris ; car enfin ces deux ou trois chiens que relaisse Le Roy, tout en en reprenant d'autres, et ce à plusieurs reprises, si ce ne sont de véritables relais, qu'est-ce donc alors ?

et motivant, comme il suit, cette dérogation aux règles indiquées par Modus.

« Le chevreuil, dit Salnove, est l'animal qui fait le plus « de retours et le plus de ruses sur ses fins, de tous ceux « qui ont le pied fourchu. » Ce dernier relais, soufflant au poil de la bête, préviendrait ses retours et ses ruses et l'empêcherait de battre un dernier change. Elle ne pourrait alors tromper les chiens qu'en se jetant sur le ventre par un bond désespéré qui la séparerait de quelques pas de la voie ; aussi faudrait-il dans les défauts requêter avec précaution en arrière et fouler lentement en fouettant les taillis fourrés et les ronces, sans omettre d'explorer les piles de bois ou de fagots. Le seul danger serait de mettre sur les dents les chiens déjà fatigués qu'on n'aurait pu reprendre.

Bien que M. E. Prarond dise quelques lignes plus bas « qu'il n'insiste que médiocrement d'ailleurs sur la vitesse « de ce dernier relais, » il me semble nécessaire d'indiquer nettement pourquoi je repousse ce procédé rapide et trouve plus sûre la manière de Modus.

Avec un relais final de chiens *vites,* les toutous fatigués, qu'on n'aura pu reprendre, seront forcément à la traîne et, au premier retour (car vous n'espérez pas les supprimer d'une façon absolue avec votre meute, quelque raide qu'elle soit), le chevreuil les rencontrera ; et alors, criant à vue, ces traînards brouilleront tellement votre chasse que vous ne connaîtrez plus ceux qui chassent le droit de ceux qui rebattent. Cette confusion presque inévitable pourra parfois compromettre très sérieusement le forcer, et m'est avis dès lors qu'il convient de ne pas s'exposer à pareille mésaventure.

Dans une note très récente, l'auteur des *Chasses de la Somme*, à l'opinion duquel j'attache une grande importance, m'écrit, au sujet du procédé rapide et après avoir lu mes observations, ce qui suit :

« Je n'oserais plus insister sur ce point. La théorie ne

« serait pas fausse cependant si les chiens, étant *vites*,
« étaient aussi toujours suffisamment sages, et surtout si
« l'on pouvait, en les lâchant, reprendre tous ceux que la
« chasse aurait déjà fatigués ou ralentis. Ces conditions
« étant difficiles à rencontrer, ces opérations étant difficiles
« à exécuter, je crois maintenant qu'il faut, quand on n'a
« sous la main que *le commun* des chiens et pour aides
« que des valets *d'activité commune*, s'en tenir aux règles
« du Roy Modus.

« L'opinion émise par moi, en 1858, visait une très petite
« meute, avec laquelle on ne pouvait réussir qu'en sor-
« tant des règles ordinaires ; vous avez donc parfaitement
« raison de la combattre en thèse générale.

« Le danger du chevreuil rencontrant dans un retour les
« chiens de queue me frappe moins. J'ai vu assez souvent
« des chevreuils portés bas dans des retours de ce genre.
« *Ce n'est pas très régulier*, je vous l'accorde ; mais, dans
« cette chasse difficile, on n'est pas trop honteux des bons
« hasards et il s'en rencontre heureusement de plusieurs
« sortes !... »

Le laisser-courre du chevreuil quand, comme d'ordinaire, il se fait à cheval, peut permettre l'emploi de chiens *vites*, sous la condition expresse qu'il soient très sages et bien collés à la voie ; mais si les veneurs opèrent à pied (ce qui est bien rare parce que c'est terriblement fatigant), comme le grand écueil réside dans le change, on ne devrait *théoriquement* employer alors que des chiens *lents*, qui laisseraient au chevreuil, il est vrai, toute liberté pour ruser, mais donneraient aux chasseurs le temps de les rejoindre et la faculté précieuse et indispensable, à cette chasse surtout, de serrer de près, de guider et de surveiller la meute.

Malheureusement pour la théorie, *il est impossible de forcer cet animal avec des chiens lents*, si créancés, si sages et si parfaits qu'ils soient ; les piétons infatigables *seuls* pourront donc affronter cette rude entreprise avec une meute de *moyenne* vitesse.

« De bons chiens pour lièvre, dit avec raison La Conte-
« rie, accoutumés à chasser en plaine, dans les chemins,
« les guérets et la poussière, un petit animal qui ne tou-
« che à rien de son corps et dont les voies sont si légères,
« ont bien de l'avantage à la chasse d'un chevreuil qui,
« par sa pesanteur et en touchant de son corps à la bran-
« che, leur laisse un sentiment beaucoup plus vif et plus
« flatteur; aussi le mènent-ils bien vivement. »

Convaincu que la chasse du chevreuil a des rapports intimes avec celle du lièvre, nous dirons, avec Edmond Le Masson, qu'il faut chercher les bons chiens pour chevreuil parmi ceux de moyenne taille qui excellent à la chasse du lièvre. Mais la règle toutefois, comme dit judicieusement M. E. Prarond, ne doit pas être *absolue*, et la preuve en est que les chiens avec lesquels M. Quiclet prenait si lestement à Chantilly étaient *petits;* que ceux de M. Desvignes qui, après la prise d'un cerf dans la même forêt, en guise de délassement, et de meute à mort, vers le milieu d'avril, portaient bas leur chevreuil, étaient *grands ;* et qu'enfin ceux de Rallye-Ponthieu étaient de moyenne taille, c'est-à-dire encore *assez grands*.

Il y a donc une sélection sérieuse à effectuer dans une grande meute alors qu'on veut entreprendre le forcer du chevreuil; aucun veneur en effet n'ignore que, dans un équipage de quarante à soixante chiens, c'est à peine si on en trouve une dizaine qui méritent réellement le renom glorieux *de clés de meute* et que le reste suit de confiance en criant. Or ces comparses du chœur chantant *sont de trop* à la chasse du brocard, où il ne nous faut, au dire vrai de Modus, que des chiens *sages et bons*. Partant de là, nous n'admettrons que des toutous d'élite, et nous allons rechercher quels sont les chiffres *minima* et *maxima* d'une bonne meute pour chevreuil.

Modus n'attaquant et ne relaissant jamais qu'avec deux

ou trois chiens et n'indiquant que trois ou quatre relais ou remplacements en cas de change, nous sommes logiquement conduit à dire que le chiffre *huit* est *un minimum*. Quant au *maximum*, nous devons, d'après la même règle et en supposant les relais à quatre toutous, déclarer que le chiffre *vingt*, déjà bien fort, ne saurait être dépassé sans inconvénient.

Nous ajouterons ici, pour les amateurs de musique, qu'une meute de huit à dix chiens bien gorgés suffira toujours amplement à les charmer, si on sait les choisir parmi nos races françaises si riches en belles voix et en hurleurs remarquables.

« Plusieurs maîtres de grands équipages de chasse ne manqueront pas sans doute de soutenir qu'on peut fort bien forcer le chevreuil en le chassant avec beaucoup de chiens, tout comme le cerf. En guise de preuves, en apparence irrécusables, ils exhiberont leurs carnets de courre sur lesquels figurent maintes belles prises... des chevreuils forcés, avec ou sans relais, en moins de deux heures ! Mais sans être bien malicieux et sans hésiter un instant, nous lirons, comme d'Houdetot, avec aisance *entre les lignes....* *surpris, étranglé dans un retour* par les mauvais chiens *vites* qui naturellement préfèrent toujours *la vue à la voie*, et nous serons dans le vrai quatre-vingt-dix-neuf fois sur cent ! »

Notre tâche est terminée pour la chasse à courre et il ne nous reste plus, avant d'en venir à celle au fusil, qu'à donner ici, en conformité de notre promesse, le texte complet de Modus :

Cy devise de la Chace du Chevreul à prendre à force :

En chevreul na nul jugement, pour congnoistre, s'il est vieil ou josne, ou masle ou femelle, qui ne le voit à l'œil. Et pourre qui veut laisser courre chevreul, le faut querre à rongier vers les clères fustoyes, au pays où il demeure. Et s'ilz sont en pays qu'on ne peut voir au saillir, on doit laisser aler deux ou trois chiens pour le querre, et s'ilz acueillent à chacer, on doit aler au devant, pour voir ce qu'ilz chassent, Et si on le voit, on doit laisser courre les chiens dessus, des plus sages et des moins roides : car chevreul fait ung randon, et puis se demeure comme un connil, et, pour ce, il est fort à prendre en pays où il y a foison de rouges bestes.

Si te diray comme tu le chaceras :

Le chevreul doit estre chacé à prendre à force, à peu de chiens, et doit-on tousjours aler devant ses chiens, pour trois causes : La première est pour voir s'ilz chacent le chevreul ; la seconde, pour relaisser deux ou trois chiens et reprendre ceux qui les chacent ; la tierce, si tu vois qu'ilz ne chacent mie chevreul et qu'ilz chacent autre beste, metz peine de reprendre de tes chiens tout le plus que tu pourras. De ceux qui chaceront le change laisse les eslonger si loing que tu les puisse ouyr, puis retray au pays où il te fut avvis que les chiens accueillirent le change, et laisse aler deux ou trois des plus saiges chiens que tu ayes, et les requiers au pays, en tournant bien à loisir, et tu les trouveras par telle voye.

Et si tu le fay en cette manière tu les prendras à force.

Explicit la Chace du chevreul (1).

(1) *Le livre du Roy-Modus et de la Royne Racio,* nouvelle édition ; Paris, Elzéar Blaze, faubourg Saint-Martin, 55, MDCCCXXXIX. (Voyez feuillet XXIX.)

IV

CHASSE A COURRE... AU FUSIL

« Les chasseurs au forcer, qui veulent à tout prix as-
« surer la curée (et le duc de Bourbon n'y manquait
« jamais, tout savant et tenace veneur qu'il était, parce
« qu'il connaissait bien la difficulté de prendre le che-
« vreuil), et qui aiment mieux un peu fausser le prin-
« cipe que de rentrer la trompe dans le sac, sont assez
« dans l'habitude, à cette chasse, de découpler le qua-
« trième relais, qui n'est autre chose qu'un bon coup de
« fusil. » — (Joseph LA VALLÉE.)

Lorsqu'on chasse ainsi à cheval, soit pour le motif précité, soit par goût et habitude, l'emploi de chiens *vites* et
nombreux n'offre plus au même degré autant d'inconvénients graves qu'à la poursuite au forcer. *Fusillo* est là
pour mettre ordre aux bévues et, comme avant tout on
veut tuer, nargue du change si c'est un brocard qui roule
sous le plomb ! Il advient bien parfois que c'est la chevrette... mais, si on chasse chez autrui, tout conservateur
qu'on se dise, on ne s'en inquiète guère.

Il est parfaitement vrai que plus vous donnerez de chiens
bien criants à un chevreuil, plus vous sonnerez en menant grand bruit, et plus vite l'animal percera au loin.
Mais cette considération, bonne pour le chasseur pédestre,

ne vous doit pas arrêter ici puisque vous disposez de quatre jambes alors que lui n'a que les deux siennes. Vous pourrez donc, grâce à votre vigoureux coursier, toujours serrer la chasse d'assez près et aider la meute à propos, tandis que le pauvre piéton, en pareil cas, sera fatalement distancé et la bête de meute presque toujours irrévocablement perdue quand il aura rejoint.

En général, la plupart des veneurs sont dans l'habitude de chasser le chevreuil à la *billebaude*. On sait à peu près où se cantonnent ces animaux, parfois on a reconnu leurs couches, et alors c'est aux environs qu'on découple d'un seul coup les chiens dont on dispose.

L'animal lancé, chaque chasseur tire de son côté, l'un suivant les chiens d'aussi près qu'il peut, et c'est celui qui a le plus de chance de tuer, et les autres gagnant au pied pour border les enceintes. Quelques amateurs peu ingambes, en vertu de l'axiome que tout chevreuil revient dans un temps donné au lancer, se bardent de patience pendant de longues heures pour voir quelquefois, mais pas toujours, revenir la meute avec une chevrette qu'on n'ose tirer et le plus souvent avec rien du tout.

Coûte que coûte, à cette chasse il faut suivre de près; car le chevreuil, quand il a pris de l'avance, entassant ruses sur ruses à l'accul du bois, n'éprouve pas grande peine à se défaire de la meute, quelque bonne qu'elle soit, si elle se trouve absolument livrée à elle-même. Or, pour suivre de près, de bonnes jambes ne suffisent pas; il y faut encore que la meute ne soit pas trop vite, puisque chacun sait que l'animal poursuivi règle invariablement son allure sur celle des chiens qui le mènent. On devra donc, quand on chassera à pied, n'employer que des toutous assez *lents*.

Plusieurs chasseurs au fusil s'imaginent faire merveille à cette chasse en y découplant de trois à six *corneaux* pour pousser très raide le chevreuil, pensant ainsi l'empêcher de ruser. Ça marche à peu près une demi-heure tant bien que mal, et, si au bout de ce temps on n'a pas tué, dix-neuf fois sur vingt la bête de meute est irrévocablement perdue. Nos gens s'en consolent en allant ailleurs recommencer la même manœuvre, s'ils ont pu reprendre leurs chiens.

D'autres, plus avisés et amateurs avec raison de toutous *lents*, n'en ayant qu'un petit nombre à leur disposition et voulant néanmoins se donner les meilleures chances de succès, ne découplent que deux chiens à la fois et tiennent les autres en réserve ; c'est un *en cas* dont ils ne font usage que s'ils perdent la chasse. Une pareille façon d'opérer, dit Blaze, n'est pas précisément bien régulière, mais elle est en revanche fort productive au point de vue de la cuisine.

Plus le brocard est mené doucement, plus il joue devant les chiens ; aussi Toussenel peut-il dire avec raison qu'un simple basset à jambes torses, aidé d'un bon tireur, porterait bas à lui tout seul plus de chevreuils en quinze jours qu'une meute de cent anglais en toute une saison.— On nomme cela *routailler*, et cette méthode est en effet très meurtrière.

« Le sang froid du chevreuil en face du péril le sauve
« très souvent à courre, mais lui est mortel dans la chasse
« au fusil, ajoute Toussenel. Comme il joue devant les
« chiens, rien en effet n'est plus facile que de le tuer au
« lancer ou de le tirer sous bois. »

« A la suite d'une course un peu prolongée, tout chevreuil, sentant le besoin de reprendre haleine, randonne quelque temps dans la même enceinte. Coulez-vous au plus vite sous bois, derrière la chasse ; gagnez la double voie battue et rebattue, jonchée d'herbes et de feuilles, voie aussi apparente que la route la mieux frayée. Placez-vous derrière une cépée, et attendez (toujours à bon vent) le chevreuil qui ne manquera pas, s'il n'est dérangé, de repasser dans le même endroit, pied pour pied, c'est infaillible. » Ce conseil d'Adolphe d'Houdetot est excellent et je ne saurais trop vous recommander de le suivre de point en point.

Lorsqu'on se poste pour tirer le chevreuil au passage, il est indispensable d'être à bon vent d'abord et ensuite de se tenir toujours prêt à épauler, l'animal traversant les chemins et lignes aussi vite qu'un oiseau. Lorsqu'il se voit ajuster, comme il ne manque jamais de s'aplatir, de se raser contre terre sans ralentir son allure, on doit se méfier de tirer par-dessus lui, tant son mouvement de baisse est prompt. Cette adroite manœuvre lui sauve souvent la vie.

A l'ouverture de la chasse, d'ordinaire en septembre, la chevrette, pour sauver ses chevrillards, se donne à vue aux chiens et les emmène à quelque distance ; là, comme elle ne fait que tourner et se raser, elle ne saurait échapper au coup de fusil. J'en ai vu tuer une qui manœuvrait ainsi depuis une grande heure, pendant que le brocard gagnait un bois distant de deux lieues, à ce que me racontèrent des bûcherons qui l'avaient aperçu en plaine.

A la rigueur on pourrait, si le fauve était abondant, abattre la chevrette à cette époque ; mais la tuer lorsqu'elle est pleine, de septembre à mars, c'est manger son blé en herbe !

Le chevreuil, ne perdons pas cela de vue, est déjà inconnu de fait dans plus de la moitié de nos départements ; c'est le dernier honneur des forêts de la France. Montrons-nous donc un peu plus ménagers de ces charmants coureurs !

ÉQUIVALENTS DES VIEUX MOTS

OU DES VIEILLES LOCUTIONS DE MODUS

Randon,	Randonnée.
Rouges bestes,	Fauves,
Rongier,	Ruminer.
Pays,	Endroit, lieu.
Mie,	Pas ou plus.
Querre,	Quérir, chercher.
Connil,	Lapin.
Requiers,	Fais requêter.
Metz peine,	Hâtes-toi.
Les,	Le ou la.
Accueillir à chasser,	Se mettre à chasser.
Le chevreul,	C'est le droict, la beste de meute.
Autre beste,	C'est le change.
De ceux qui,	Quant à ceux qui.
Relaissier,	Donner un relais.
Retray,	Retournes.
Josne,	Jeune.
Se demeure,	Se blottit, se rase.
Clères fustoyes,	Claires futaies.
Au saillir,	Au lancer, au saut de la reposée.
Saiges,	Sages.
Il est fort à prendre,	Il est fort difficile à prendre.
Chacer, chacier,	Chasser.
Congnoistre,	Connaitre.
Eslonger,	S'éloigner.

CHASSE DU CERF

ET DU DAIM

I

DU CERF ET DE SA NATURE

Le cerf commun en France (cervus elaphus), lorsqu'il est parvenu à son entier accroissement, a plus de 2^m 30 de long; sa queue mesure 0^m 15; sa hauteur, au garrot, est de 1^m 50; celle du sacrum est un peu plus forte. Le poids, suivant les lieux et la nourriture, varie beaucoup; il atteint en moyenne 180 à 200 kilogrammes, et exceptionnellement 300. La biche est plus petite.

Le cerf a la taille svelte et bien prise; la tête parée et armée d'un bois superbe; les membres souples et nerveux. A ces avantages, il réunit ceux d'avoir tous les sens parfaits : l'œil bon, l'odorat fin, et l'oreille délicate.

Le cerf des Ardennes, qui est presque introuvable aujourd'hui en France, est le plus grand que nous ayons et celui de Corse le plus petit (1).

Ces animaux sont, pour la plupart, ou fauves, ou roux, ou bruns; les premiers passent pour avoir la tête haute,

---

(1) Dans les Vosges, dit M. Gridel, existent deux espèces de ces animaux : Le grand cerf rouge, dit cerf allemand, et le cerf noir, dit cerf de montagne ou charbonneau ; ce dernier, moins grand, a la tête plus belle. Ils habitent surtout le versant Ouest des Vosges, près de Baccarat, et y sont assez nombreux, soit de 25 à 30. (1881)

les derniers pour être très vigoureux. On rencontre, mais fort rarement, des cerfs blancs.

En dépit de toutes les fables débitées jadis sur sa longévité, ce beau quadrupède ne dépasse guère quarante ans.

Les vieux cerfs entrent en rut à la fin d'août, et ainsi de suite par succession d'âge. Pendant les quinze à vingt jours qu'il dure pour chaque série, ces animaux courtisent de près les biches pour la possession desquelles ils se livrent entre eux des combats acharnés et fort meurtriers. Ces dernières, dit-on, préfèrent les vieux aux jeunes, ce qui n'empêche pas parfois un de ces derniers d'obtenir leurs faveurs pendant la bataille.

Le cerf est naturellement doux et timide; il craint l'homme, et, s'il lui fait du mal, c'est presque toujours par accident; mais les rencontres involontaires sont très dangereuses alors à cause de sa tête qu'il présente invariablement aux obstacles et de l'impétuosité de son élan. A l'époque du rut, cette innocuité habituelle cesse, et l'animal alors charge avec fureur les hommes, et surtout les chevaux.

Bien que cette période amoureuse ne soit pas de longue durée, son impression sur ces animaux est telle qu'il leur faut un temps considérable pour se remettre de leur amaigrissement. La nourriture qui les rétablit le plus promptement est le gland et la faîne.

La biche porte de quarante à quarante et une semaines; elle a un faon, rarement deux, et le dépose, sur une couche épaisse de mousse ou de feuilles, dans un fort qui n'est fréquenté ni par les hommes, ni par les loups. Pendant leurs trois ou quatre premiers jours, on peut prendre aisément les petits à la main, mais huit jours après il faut employer les filets pour s'en rendre maître. La mère se livre toujours à vue aux loups et aux chiens pour les entraîner au loin et sauver sa progéniture.

En France, le cerf adulte n'a guère à redouter que les

loups, et encore l'hiver seulement à cause des neiges, parce qu'alors, les poursuivant en meute, ces carnassiers infatigables, pressés par la faim, finissent par les prendre à force.

Un peu avant le printemps, les mâles mettent bas, c'est-à-dire que leurs bois tombent naturellement; il est rare toutefois que les deux côtés de la tête partent en même temps, et d'ordinaire cette mue, pour être complète, demande un intervalle de quelques jours. La chute de cet ornement (1) n'occasionne aucune douleur à l'animal; elle a lieu pour les vieux à la fin de février et en mars; mais, pour les jeunes moins avancés, elle ne s'effectue, le plus souvent, qu'en avril, mai ou même juin. Par suite de ces différences, les premiers ont refait leur tête vers la fin de juillet, tandis que cette opération chez les seconds ne se termine qu'en août.

Cet animal, durant une partie de l'année, recherche les forêts de hautes futaies, qu'il préfère aux terrains découverts; mais, par les grandes chaleurs, il se rapproche des ruisseaux, mares ou étangs, dans lesquels il se baigne longuement, pour échapper aux nombreuses mouches qui le dévorent malgré l'épaisseur de son cuir.

Au printemps, il se cantonne dans les jeunes taillis, plus précoces que les futaies, et dont il savoure les premiers bourgeons. C'est alors que, comme le chevreuil, il s'enivre, vague à l'aventure et finit souvent par s'égarer tout-à-fait.

En général, sauf les temps du rut et du refait, ces animaux aiment la compagnie et se rassemblent volontiers. On remarque néanmoins que les vieux et les jeunes cerfs, les biches avec leurs faons et les daguets, forment d'ordinaire trois hardes distinctes. Par les grands froids, *tous* se

---

(1) Le poids d'un bois de cerf est très variable; il n'est que de 7 à 9 kilogrammes chez les animaux faibles; il est de 16 à 18, chez les plus vigoureux. (*L'homme et les animaux* par A. E. Brehm).

mettent à l'abri des côtes et dans les endroits les plus fourrés, où ils se tiennent serrés les uns contre les autres pour se réchauffer.

La nourriture du cerf varie selon les saisons. En automne, après le rut, il recherche les feuilles de ronces, les fleurs des bruyères ; en hiver, il pèle les arbres et mange volontiers du lierre, ainsi que du cresson qu'il adore ; au printemps et l'été, il n'a que l'embarras du choix ; mais, à tout autre viandis, il préfère alors la bourdaine, le seigle et le sarrazin.

Il boit fort peu en hiver, et encore moins au printemps où l'herbe chargée de rosée lui suffit ; pendant l'été, il donne fréquemment aux mares et ruisseaux.

Les cerfs, comme tous les ruminants du reste, étant très friands de sel et cette substance étant ce qui leur convient le mieux, on a soin, dans la plupart des forêts qu'ils habitent, de déposer des pains salés près des lieux où on leur fournit, dans les hivers rigoureux, du fourrage abrité. On se trouverait très bien d'en agir ainsi avec les chevreuils.

D'ordinaire, en revenant du gagnage, le cerf se met au ressui, durant quelques heures, dans une clairière où il se réchauffe avant de regagner son fort.

Le bois des cerfs, depuis la seconde année jusqu'à la huitième, augmente en grosseur et hauteur ; mais il décroît, ainsi que la pesanteur du corps, lorsque ces animaux passent à l'extrême vieillesse. Buffon avance qu'ils tirent la beauté de leurs bois, de la qualité et de l'abondance des viandis, assertion qui en France n'est point d'accord avec les faits observés ; nous croyons donc qu'on serait plus dans le vrai en admettant que le bois d'un animal, qui trouve une nourriture suffisante, doit être d'autant plus beau qu'il vit dans une paix plus profonde.

Cet ornement, quoiqu'on en dise, n'emprunte pas sa couleur à la séve des arbres contre lesquels l'animal se frotte pour faire tomber la peau qui le recouvre encore après le refait, et la preuve en est qu'un cerf élevé dans une enceinte dépourvue d'arbres offre un bois teint selon la variété à laquelle il appartient. Ainsi les cerfs à pelage d'un fauve clair ont toujours la tête mal teinte; ceux d'un fauve vif l'ont rouge, tandis que les bruns l'ont noirâtre. Notez d'ailleurs qu'en général la teinte est plus pâle chez les jeunes animaux que chez les vieux.

Le cerf a, pour ornement et pour arme offensive très meurtrière, son bois, qui en vénerie se nomme tête, et celle-ci massacre.

La tête, lorsqu'elle est parfaite, est formée des meules, des merrains ou perches, des andouillers ou chevilles, et de l'empaumure appelée aussi couronnure.

La meule est le rebord annulaire qui, suivant l'âge des cerfs, entoure, à une distance plus ou moins rapprochée du massacre, l'extrémité inférieure de chaque merrain.

Les merrains sont les deux principales branches qui portent les andouillers, lesquels sont ordinairement au nombre de trois : le premier, le plus long et le plus dangereux, est dit maître andouiller; le second, sur-andouiller; le troisième, chevillure; le quatrième, quand il existe, se nomme trochure.

L'empaumure couronne les merrains des vieux cerfs seulement : elle est formée d'un nombre plus ou moins grand de cors ou épois (petits andouillers), qui représentent assez bien la paume d'une main dont les doigts seraient élevés et rapprochés. On dit que le cerf porte le chandelier quand l'empaumure est bien garnie.

On nomme pierrures, ou fraises, les petites aspérités qui entourent les meules; perlures, le grenetis qui couvre les merrains et la partie inférieure des andouillers, dont l'extrémité est toujours lisse, blanchâtre et aigüe. Enfin les gouttières sont les cannelures, plus ou moins creuses suivant l'âge des animaux, qui longent les perches.

Lorsqu'une tête offre certaines irrégularités, ce qui arrive encore assez fréquemment, on la dit bizarre ou bizarde.

Les veneurs, pour supputer le nombre des andouillers d'une tête, ont généralement adopté la règle suivante : On suppose toujours trois andouillers sur chaque merrain, et on ajoute à ce chiffre le nombre de cors qui se trouvent sur l'empaumure la mieux garnie ; puis on double ce total et le produit donne alors le nombre d'andouillers, bien ou mal semés selon que les perches présentent un nombre pair ou impair d'andouillers ou de cors. On a vu, du temps de Louis XV, un cerf de la forêt de Fontainebleau qui portait vingt-six, tandis que Espinar en cite un qui en avait trente.

On commettrait une étrange bévue si l'on comptait les années d'un cerf par le nombre de ses andouillers ; dans le chapitre qui suit, nous dirons comment, d'après la tête, on peut approximativement évaluer l'âge de l'animal.

Tous les mouvements du cerf sont légers, gracieux, élégants et nobles en même temps. Il marche lentement ; il trotte très rapidement, et court avec une vitesse presque incroyable. Quand il trotte, il allonge le cou ; lorsqu'il galope, il le jette en arrière. Il fait, comme en se jouant, des bonds prodigieux, surmonte sans difficulté les plus grands obstacles, et traverse sans hésiter des fleuves, même des bras de mer.

Les cerfs pris jeunes se familiarisent bien vite. Les biches sont toujours charmantes et obéissantes ; les cerfs, par contre, deviennent méchants en vieillissant, et dangereux pour les personnes qui les approchent.

On a plusieurs fois cherché à les dresser à la voiture et à la selle. Auguste II, de Pologne, attelait à son carrosse, en 1739, huit cerfs privés ; les ducs de Deux-Ponts et de Meiningen avaient des attelages de cerfs blancs. Cet animal a le dos trop faible pour qu'on puisse en faire une bête de selle. On réussit à leur apprendre toutes sortes de tours d'adresse, comme Franconi en France nous l'a si bien prouvé avec son fameux cerf Coco.

N'oublions pas de dire, avant de clore ce chapitre, qu'à

défaut de sa tête, cet animal se sert avec avantage pour sa défense de ses pieds de devant, contre les chiens et les loups notamment.

Il n'est pas vrai qu'il pleure quand il se voit forcé ; seulement alors il crie de la douleur que lui font éprouver les morsures des chiens, tout en se défendant jusqu'au bout avec le courage du désespoir.

La venaison des faons et jeunes cerfs est estimée ; celle des biches vaut déjà moins, et celle des adultes ou vieux ne se mange qu'avec peine.

Au total, les dégâts que cause le cerf sont loin d'être compensés par l'utilité dont cet animal est pour l'homme ; aussi a-t-il été détruit dans beaucoup de localités. Quelque élevé que soit le prix de sa chair, de sa nappe, de son bois ; quelque plaisir que l'on trouve à le chasser, le cerf sera toujours donc plus nuisible qu'utile, et disparaîtra fatalement par la raison qu'on ne saurait le conserver, à cause de ses dégâts, dans toute forêt bien entretenue.

Autrefois toutes les parties du cerf fournissaient des aliments à la superstition. Les poils, la croix du cœur, les glandes lacrymales, les intestins, le sang, les parties génitales (daintiers), les bézoards, les excréments eux-mêmes, étaient regardés comme des médicaments très efficaces pour telle et telle maladie. Avec les pinces, on faisait des bagues pour préserver des crampes, et les chasseurs portaient comme amulettes des dents de cerfs enchâssées dans l'or et l'argent.

Cet animal est exposé à plusieurs maladies. Le sang de rate frappe les cerfs épizootiquement ; la gangrène du foie, la dyssenterie, la carie des dents, la phthisie causent dans leurs hardes de grands ravages ; et, dans les mauvaises années, ces animaux périssent souvent sans causes bien connues.

II

AGES ET CONNAISSANCES

Ce beau quadrupède, jusqu'à un certain âge, change de nom tous les ans.

En naissant, il se nomme *faon* ; au bout de six mois, il quitte la livrée (1) et prend le nom de *hère* ; alors paraissent, sur l'os frontal des mâles, deux bosses qui s'allongent dans l'espace d'un an et forment deux tiges, dégarnies d'andouillers et appelées *dagues*, d'où lui est venu le nom de *daguet*, qu'il conserve jusqu'à la fin de la seconde année. Notons ici en passant que la tête d'un daguet est *la seule* qui ne puisse donner lieu à aucune méprise.

Vers le mois de mai de la troisième année, ces deux dagues tombent et sont ensuite remplacées par deux *perches*, sillonnées de gouttières ; chacune de ces perches (*merrains*) jette deux ou trois branches (*andouillers*) ; dès lors l'animal prend le nom de *jeune cerf à sa seconde tête* et, l'année suivante, de *jeune cerf à sa troisième tête* ; ainsi de suite jusqu'à l'âge de six ans, époque à laquelle il devient *dix-cors*, et au delà *grand cerf* ou *vieux-cerf*, jusqu'à la dernière limite de sa vie.

Voici quelques données qui peuvent servir à détermi-

---

(1) Taches blanches dont son corps est parsemé.

ner approximativement l'âge d'un cerf. Par exemple, si la meule d'un cerf, quatrième tête, se trouve éloignée du massacre d'environ trois doigts, celle d'un dix-cors doit s'en rapprocher à 14 millimètres : si la circonférence de la meule du premier cerf était de 0^{m}135, celle du second pourrait être de 0^{m}189, etc. Laissons là ces exercices curieux de cabinet qui ne sont d'aucune utilité à la chasse, et bornons-nous en conséquence à dire qu'en général la grosseur des pivots, des meules, des perches, des pierrures, des perlures, mais principalement le grand nombre de cors à l'empaumure et l'abaissement des meules, annoncent le vieux cerf.

Les différents âges du cerf se jugent en forêt principalement par le pied et par les allures.

Dans le pied on distingue : les pinces (extrémité antérieure du pied), la solé (dessous du pied), le talon (derrière du pied), les côtés (circonférence), et les os (sorte d'ergots que les cerfs ont à la jambe).

La biche a le pied remarquablement plus étroit et plus pointu que le cerf ; elle le place mal, se méjuge et croise ses allures. On pourrait tout au plus confondre son pied avec celui d'un jeune cerf. Il y a bien des biches, dites bréhaignes (rendues stériles par l'âge), bêtes grasses, pesantes, qui marquent à peu de chose près comme un dix-cors jeunement, mais un piqueur expérimenté, appréciant leurs allures courtes, leurs os mal tournés, leurs voies écartées, en fera toujours aisément la différence.

Ajoutons que les gros cerfs, quand ils marchent d'assurance, ont ordinairement les pinces fermées ; que les jeunes cerfs ont les pinces de devant ouvertes, mais toujours celles de derrière fermées ; et qu'enfin les biches ont les quatre pinces ouvertes.

Intimement convaincu que la science du veneur ne s'acquiert pas dans les livres, mais bien par la pratique de tous les jours au bois, nous ne nous étendrons point davantage sur l'étude du pied ; nous glisserons aussi assez rapidement, pour la même raison, sur les connaissances qu'on peut retirer de l'examen attentif des fumées, des foulées et des portées, renvoyant les chasseurs, qui veulent à bon droit tout approfondir, aux Traités si complets sur la matière de Salnove, d'Yauville et Desgraviers.

Les fumées changent de forme et de nom ; suivant les saisons, les cerfs les jettent en bouzards, en plateaux, en troches, ou fumées formées, en chapelet.

L'hiver, et même jusqu'en mai, elles sont trop pauvres et trop variables pour pouvoir être consultées avec fruit.

Au mois de mai, les gros cerfs principalement jettent leurs fumées en bouzards de la grosseur d'un œuf; en juin, elle ont pris un peu de consistance et sont en plateaux ; en juillet, elles se montrent à demi-formées ou en troches ; enfin, aux approches d'août, presque formées, elles se tiennent reliées par des glaires. On les dit alors en chapelet, et elles proviennent presque toujours de gros cerfs en pleine venaison. En général, depuis le milieu d'août jusqu'au rut, les fumées sont grosses, jaunes, dorées, bien formées, séparées les unes des autres ; les vieux cerfs alors les jettent en petite quantité et bien moulues. Pendant le rut, à cause de l'état d'échauffement des animaux, les fumées, fort petites alors et très variables, ne peuvent servir à aucun jugement ; mais, cette courte époque passée, elles reprennent promptement leur forme ordinaire et redeviennent bonnes à consulter.

Quant aux biches, nous dirons sommairement que leurs fumées sont inégales, légères, peu colorées et souvent aiguillonnées par les deux bouts,

Les foulées sont les empreintes que laisse le pied du cerf sur les feuilles ou sur l'herbe, principalement sous bois ; grâce à l'humidité ou à la fraîcheur, elles se conservent assez pour qu'on puisse bien juger l'animal et de quel côté il dirige ses pas.

Les portées sont les branches que le cerf touche et ploie

avec sa tête dans la coulée par laquelle il se rembuche ; elles ne doivent pas être formées au-dessous de deux mètres de hauteur, sans quoi on prendrait pour portée de cerf ce qu'aurait fait une grande biche.

Le frayoir, c'est lorsqu'ils frottent leur tête contre de jeunes baliveaux qu'ils couchent et plient jusqu'à terre, et ce qui fait distinguer les jeunes cerfs des biches. Quant aux gros cerfs, pour dépouiller leur tête de sa peau, ils ne s'attaquent qu'à de grands arbres dans lesquels ils enfoncent leurs andouillers avec plus ou moins de force, ce qui permet d'apprécier la tête et le corsage.

On juge encore les cerfs par les abattures, c'est-à-dire par les traces de leur passage à travers les grandes herbes, etc., et enfin par la reposée qui indique assez bien la grosseur de l'animal.

III

LA CHASSE DU CERF

La chasse à courre du cerf se fait sans armes, mais avec un grand appareil, beaucoup de relais de chiens et de chevaux, piqueurs et valets.

Elle constitue une science où il y a force finesses et difficultés, bien qu'elle soit plus aisée que pour le chevreuil. Le veneur en effet doit juger l'âge et le sexe ; il doit savoir distinguer et reconnaître précisément si le cerf, qu'il a détourné avec son limier, est un daguet, ou un cerf dix-cors jeunement, ou un cerf dix-cors, ou enfin un vieux cerf ; et, pour obtenir ces connaissances indispensables, il n'a en fait d'indices principaux que les renseignements qu'il tire de l'examen du pied et des fumées.

Les chiens pour cerf doivent être d'un grand pied et d'une forte constitution, avoir une taille de 0 mètre 67 à 0 mètre 75 et être blancs ; cette couleur étant plus brillante, plus agréable à l'œil, et s'apercevant de plus loin, sans compter qu'ils sont beaucoup plus sages, plus dociles, et qu'ils gardent mieux le change. Il va sans dire que la meute toute entière sera *bien à commandement*, ce qui, à cette chasse où les changes sont fréquents, est d'absolue nécessité.

Il est d'usage constant pour ce déduit princier d'avoir

un nombreux équipage, qui rarement est au-dessous de quarante toutous. Adoptons donc ce chiffre, et voyons ce qu'on en fait : les 16 chiens les plus vigoureux forment d'abord la meute ou chiens d'attaque ; sur les 24 qui restent, on en choisit 10 de même pied pour composer la vieille meute, laquelle se donne pour premier relais. Le surplus se partage en deux relais, l'un qui se donne après la vieille meute, et l'autre, composé de tous les vieux chiens de l'équipage et appelé les six chiens, qu'on ne donne que lorsque le cerf est mal mené et qu'il redouble de ruses pour tâcher de se sauver. Ajoutons ici que quand le chiffre de l'équipage le permettra, on se trouvera souvent bien d'avoir en sus un relais volant.

Ces relais doivent bien entendu, avant l'attaque, être envoyés aux refuites présumées ou bien connues, et il importe essentiellement qu'ils soient donnés à propos. Ce qui facilite du reste singulièrement la disposition de ces relais, c'est la parfaite connaissance que l'on a des habitudes régulières de cet animal.

Le cerf, quand il est chassé, déploie au début une vitesse prodigieuse qui, dépensée sans intelligence et sans ménagements, est une arme de plus qu'il retourne contre lui-même. Retenu d'autre part par l'amour de la forêt où il est né, il y fait mille détours, s'exposant ainsi aux relais préparés à coup sûr, tandis que s'il filait droit, comme fait judicieusement le loup, il échapperait bien souvent aux poursuites. Aussi un cerf, couru par un équipage princier, n'a-t-il pas plus de deux heures de vie ! On en cite un, il est vrai, qui a tenu six heures, mais on ne parle pas de ceux qui ont succombé en quelques minutes.

Cet animal répare-t-il au moins ces maladresses par une série de ruses savamment ourdies ? Hélas ! non, car, quand il a fait un retour, doublé ses voies, qu'il s'est jeté en dehors sur le ventre, qu'il a pris de l'avance et donné le change, son sac à malices est complètement vidé, ce qui ne l'empêche pas de triompher quelquefois. C'est surtout en se mêlant aux hardes, ou en se faisant accompagner par une biche ou par un jeune cerf (que l'on nomme écuyer du cerf) qu'il donne aux chiens à sa place, que le succès le plus souvent lui vient. On le sait et l'on y est pris ; le temps que l'on perd à redresser la voie suffit parfois pour lui sauver la vie.

Le cerf ruse souvent dans les rivières et les étangs dont il simule la traversée, bien qu'il en ressorte du même côté, à moins qu'il n'y gagne un îlot sur lequel il se remet ; cette manœuvre par malheur ne lui réussit que fort rarement.

Si encore, comme dit avec raison d'Houdetot, les armes étaient courtoises ; si, réservant à ce bel animal une seule bonne chance de salut contre tant de mauvaises, on se contentait de le chasser de meute à mort, c'est-à-dire sans faire usage de relais, ou, tout au moins, si on lui laissait le temps de s'entraîner un peu, de prendre une certaine avance ; mais non, sa perte est jurée ; trois relais successifs l'attendent, et le dernier, le plus déloyal de tous, justifiera une fois de plus le fameux *sic vos non vobis* des Latins, car ce relais aura la gloire et le profit sans avoir eu le labeur ni la peine.

Il fait mal à voir, ce noble animal, alors que bruni par la sueur, la tête basse, les flancs creux, les jambes raides, il bondit sur place, prêt à jeter aux chiens, avec le dernier souffle de sa vie, le dernier arôme de ses sens épuisés. Fatal instinct ! l'étang, vers lequel l'entraîne le feu qui le consume, est pour lui une onde empoisonnée ; il n'en sortira, s'il en sort, que pour se livrer aux chiens, dans un dernier combat à outrance. Ce n'est plus le timide animal qui défend sa vie, c'est le lion qui la vend ; il lutte ainsi jusqu'à son dernier soupir.

Les anciens veneurs acouaient bravement le cerf au couteau, après toutefois qu'on lui avait coupé le jarret ; ces opérations n'étaient pas sans danger, attendu qu'alors l'animal charge avec furie les hommes aussi bien que la meute. Aujourd'hui on sert la pauvre bête à la carabine, soit en tirant entre les deux yeux, soit en la frappant au défaut de l'épaule.

Notre tâche est terminée ; nous nous garderions bien en effet de tenter de traiter à fond de cette noble chasse après Le Roy Modus, Gaston Phœbus, Jacques du Fouilloux, Le Verrier, Salnove, d'Yauville, Desgraviers et tant d'autres maîtres, qui ont *tout* dit là-dessus, sans compter que nous nous sentirions fort mal à l'aise pour contrôler leurs dires, par la raison bien simple que l'on parle presque toujours incorrectement d'un déduit que l'on n'a jamais pratiqué et que l'on n'a pas même vu mettre en action.

IV

L'AFFUT DU CERF

Quelques veneurs redoutent de voir publier les rubriques des braconniers; ils craignent la propagation du mal. Nous pensons au contraire que la répression du braconnage ne peut être énergique et efficace qu'autant qu'elle sera bien éclairée; aussi allons-nous raconter tout au long les tristes tentatives faites contre ce noble animal, afin que les gardes, bien édifiés sur la manière d'agir de ces maraudeurs de nuit, puissent exercer une surveillance raisonnée et empêcher alors sérieusement la destruction des cerfs de leurs triages.

Lorsque, plusieurs jours de suite et toujours dans le même endroit, les braconniers ont reconnu les voies d'un cerf, à la sortie ou à la rentrée, ils cherchent tout près un poste favorable pour l'attendre à l'affût.

Ils le choisissent d'habitude sur un point écarté et solitaire où ils craignent peu d'être surpris; il faut de plus qu'il se trouve placé de telle sorte que l'animal vienne avec le vent au dos, afin qu'il ne puisse pas les éventer. Il faut encore que leur poste ne soit pas envahi par l'ombre des arbres, parce qu'elle viendrait s'ajouter à l'obscurité qui les entoure déjà; partant, ils se tapissent à quelque distance du bois, ce qui du reste leur permet de mieux voir de tous les côtés. Parfois le poste est masqué par des branchages, qui sont alors disposés de manière à ne pas gêner un tir rapide en tous sens. Les braconniers en outre calculent d'ordinaire si bien leur position que le cerf s'offre à leurs coups plutôt en travers qu'en face.

Ils ont grand soin d'être à leur poste une demi-heure au moins avant l'instant présumé du passage de l'animal, et, pour s'y rendre, ils se glissent sans bruit par le bois, si c'est le matin, et en dehors et près de la lisière, si c'est le soir. Enfin ils ont quelquefois avec eux un ou deux chiens très secrets et d'une extrême docilité. Ainsi disposés, ils attendent, immobiles et silencieux, l'arrivée du cerf.

Le soir, sa venue est presque toujours annoncée par les geais et les merles ; mais, à leur défaut, le bruissement des feuilles et des rameaux qu'il froisse en marchant, le bruit des petites branches sèches qu'il écrase sous ses pieds, signalent suffisamment son approche. Le matin au contraire on le voit venir, mais on ne l'entend pas.

Alors, l'œil au guet, l'arme prête, le braconnier attend que l'animal soit à bonne portée, et il saisit autant que possible l'instant où il présente le travers pour l'ajuster au défaut de l'épaule.

En lâchant le coup, il cherche à bien remarquer si la balle a frappé et à se rendre compte de l'effet produit ; en même temps, il s'efforce de fixer exactement dans sa mémoire la place de l'animal lors du tir et la direction qu'il a suivie après.

S'il n'entend point frapper la balle ; si le cerf ne fait aucun mouvement extraordinaire ; s'il prend sa course comme de coutume ; si même, à une certaine distance, il s'arrête, ayant l'air de chercher à découvrir son ennemi, le braconnier en conclut qu'il a manqué le but. Mais, si l'animal est tombé sur le coup, il se précipite vers lui, tout en se tenant prêt à redoubler au cas où il se relèverait ; s'il reste à terre, il l'achève avec le couteau de chasse dont il est toujours muni.

Lorsque l'animal a fléchi sur le coup d'une manière sensible ; qu'il a fui avec une vitesse extraordinaire ; qu'il a fait des mouvements peu naturels, on peut sans crainte affirmer non seulement qu'il a été atteint, mais encore qu'il est grièvement blessé. Le braconnier alors, sans sortir de son embuscade, observe avec soin la direction du cerf jusqu'à sa rentrée au bois ; puis, tenant son chien en laisse, il lui fait goûter la voie à partir de l'endroit où il a tiré jusqu'au couvert ; là, sûr de sa sagesse et de son obéissance, il le découple et le suit silencieusement et de près jusqu'à ce qu'il trouve l'animal.

Quelques braconniers plus expérimentés, au lieu de suivre sur le coup, attendent une heure ou deux, parce qu'ils ont appris à leurs dépens qu'un cerf, quoique mortellement atteint, peut parfois, s'il est poussé par le chien de suite après sa blessure, avoir encore assez de vigueur pour le gagner de vitesse et lui échapper, tandis que, s'il n'est pas suivi, il se couchera au fort, y perdra bien vite ses forces et finalement sera mort ou mourant quand on arrivera.

Maintenant que nous avons signalé de notre mieux aux gardes la manière d'opérer des braconniers, il ne nous reste plus qu'à inviter ces agents à bien prendre connaissances des lieux fréquentés par leurs cerfs, et puis à y multiplier les visites. Nous n'avons pas besoin sans doute de leur apprendre que les bas-fonds ainsi que les approches des pains salés et des gagnages sont les points sur lesquels doit surtout s'exercer leur surveillance.

Un garde sérieux ne manquera jamais de faire sa ronde aux heures de sortie et de rentrée des fauves. Il aura alors la précaution de marcher sans faire de bruit, attendu que les maraudeurs ont l'ouïe fine et exercée ; il devra en outre s'arrêter souvent pour écouter avec soin ; car, malgré toutes les rubriques plus ou moins ingénieuses des braconniers pour assourdir le bruit de la détonation, un coup de fusil, si peu qu'on prête l'oreille, s'entend toujours d'assez loin et doit par conséquent faciliter leur capture.

Nous aurions bien voulu, afin de compléter l'instruction des gardes, pouvoir les renseigner sérieusement sur le colletage des cerfs, mais malheureusement les détails y-relatifs nous font défaut. Et cependant nous tenons de source certaine que, dans la forêt de Chaux (Doubs et Jura), un piqueur, en pleine chasse, a été violemment enlevé de sa selle et suspendu par le milieu du corps par un collet établi pour cerf ; qu'il se trouvait dans l'impossibilité de se délivrer tout seul et que, s'il n'eut été secouru à temps, il aurait inévitablement succombé.

V

DU DAIM ET DE SA NATURE

Le daim a 1ᵐ60 de long, depuis le museau jusqu'à la racine de la queue, et 1 mètre de haut. Les vieux mâles atteignent une longueur de 1ᵐ65 et plus, et leur hauteur dépasse 1 mètre, surtout à l'arrière-train.

Il se distingue du cerf par ses jambes plus courtes et moins fortes, son corps moins robuste, son cou plus court, ses oreilles et sa queue moins longues, et surtout par la couleur de son pelage. Aucune autre espèce de cervidé en effet ne présente sous ce rapport autant de variations, suivant l'âge ou suivant les saisons. En été, il a le dos, les cuisses et le bout de la queue d'un roux brun ; le ventre et la face interne des jambes blancs, la bouche et les yeux entourés de cercles noirs ; les poils du dos sont blancs à leur racine, d'un brun roux au milieu, noirs au bout. En hiver, la tête, le cou et les oreilles sont d'un gris-brun, le dos et les flancs étant noirs, le ventre gris-cendré, tirant parfois sur le roux. Il n'est pas rare de voir des daims blancs, toute l'année. Leur pelage d'hiver ne diffère que par la longueur des poils. Plusieurs enfin sont jaunes dans leur jeunesse, et on en voit bien peu qui soient entièrement noirs.

Le daim, qui préfère les contrées tempérées aux contrées

froides, est abondant dans les pays méditerranéens ; il est cependant très commun en Angleterre, dans les grands parcs, pour lesquels il semble tout-à-fait approprié. En France, on le trouve rarement en forêt, car il lui faut de bons pâturages, des bois secs, aérés, mélangés de clairières, et il réclame toujours quelques soins dans les hivers rigoureux.

Moins sauvage que le cerf, cet animal s'apprivoise très facilement, et il reste doux et inoffensif pendant toute son existence, qui ne dépasse guère vingt années.

La femelle se nomme daine ; elle porte huit mois et quelques jours et produit d'ordinaire un faon, quelquefois deux, rarement trois ; elle les soigne et les protège avec autant de sollicitude que la biche.

Au bout de six mois, on les nomme hères ; ils prennent successivement, et à mesure qu'ils avancent en âge, la dénomination de daguets, deuxième, troisième, quatrième tête, jusqu'à ce qu'ils deviennent (comme les cerfs) daims dix-cors jeunement, dix-cors et enfin grands vieux daims.

Ces animaux ont tous le bois plus élevé, plus aplati, plus étendu en largeur, et à proportion plus garni d'andouillers que celui du cerf ; il est aussi plus courbé en dedans, et il se termine par une large et longue empaumure, et parfois, lorsque leur tête est forte et bien nourrie, leurs plus grands andouillers se terminent eux-mêmes par une petite empaumure.

La tête des daims tombant quinze à vingt jours plus tard que celle des cerfs, le rut est arriéré d'autant.

Bien qu'à cette époque ils poursuivent vivement les daines et livrent force combats pour leur possession, ils ne semblent pas maigrir ; seulement leur chair prend alors une forte odeur de bouc.

Moins difficile pour sa nourriture que le cerf, cet animal mange avec avidité les châtaignes, les poires et pommes sauvages ainsi que les glands. Il fait plus de dégâts dans le bois parce qu'il broute les jeunes pousses de plus près ; il n'en sort jamais l'hiver s'il y trouve de quoi vivre ; mais, en toute autre saison, il va au gagnage, et cause alors des dommages considérables dans les récoltes vertes ou mûres.

Comme les cerfs, ils se mettent en hardes dont la composition est à peu près la même. Lorsque deux d'entr'elles convoitent le même pâturage, il en résulte de vraies batailles rangées dans lesquelles chacune a pour chef l'animal le plus fort; elles durent jusqu'à ce que les vainqueurs définitifs aient relégué les vaincus dans le mauvais pays.

Il ne saurait se produire de croisements entre cerfs et daims, par la raison péremptoire que ces animaux, ne pouvant se souffrir, sont en état permanent d'hostilité.

La peau molle et souple du daim est préférée à celle du cerf; on la nomme nappe en vénerie. La viande (venaison) est très délicate, surtout depuis le mois de juillet jusqu'au rut, époque à laquelle elle devient mauvaise; mais l'odeur de bouc ne durant guère plus d'un mois et demi et les misères de la rude saison n'attaquant pas sensiblement l'embonpoint de ces animaux, leur venaison redevient et reste bonne jusqu'au printemps.

Le poids du daim varie de 125 à 150 kilogrammes.

VI

CHASSE DU DAIM

On juge le daim, tout comme le cerf, par le pied, les allures, les fumées, les portées, etc., et tout ce que nous avons dit sur le dernier s'applique exactement au premier, bien que son pied soit une véritable miniature de celui de l'autre ; un daim dix-cors en effet ne marque que comme un jeune faon de cerf ; mais, à part cela, les empreintes sur le sol ont beaucoup de ressemblance.

Une meute pour daim doit être composée de chiens très sages et surtout très collés à la voie ; aussi les bons briquets pour lièvre et chevreuil conviennent-ils admirablement à cette chasse, qui n'exige point une grande vitesse de menée.

Cet animal est bien plus méfiant et rusé que le cerf ; car, s'il a le moindre vent du trait, il change d'enceinte et reste sur pied, allant et venant cinq ou six fois dans la même route où on l'a brisé. Lors donc qu'on ira l'attaquer, qu'on ne le cherche pas en avant des brisées, mais bien au contre-pied !

La chasse prosaïque de cet animal est peu prisée par les amateurs de sport, parce qu'il n'entraine pas, ainsi que le cerf, meutes et cavaliers dans une trombe qui dévore l'espace et renouvelle, comme autant de changements à vue, les tableaux les plus variés et les plus éblouissants de nos forêts, tout en mettant parfois à une rude mais brillante épreuve les véritables hommes de cheval.

Moins résistant que le cerf, le daim se défend mieux que lui, et on peut dire de plus que lorsqu'on attaque un de ces cervidés, il y a gros à parier qu'on en prendra un autre. Cela tient d'abord à la persistance qu'il met à donner le change, puis à la grande difficulté de former des chiens qui le gardent sûrement, et enfin à ce que, cet animal ne laissant sur terre qu'une impression moins forte et plus fugace que le cerf, les défauts sont bien plus difficiles à relever.

Le daim, dès le début de la chasse, ne fait que ruser et donner le change. Ses ruses se font principalement sur les derrières ; quant au change, bien difficile à parer, on ne manquerait pas d'y tomber à coup sûr, si on pressait trop les chiens ; et alors il se forlongerait, ferait des retours, croiserait ses voies, gagnerait sa harde et reprendrait haleine, ce qui finirait par le sauver. S'il donne change, étant déjà fatigué, il se borne à retourner en arrière, et se met ensuite sur le ventre.

Quand il est près de ses fins, il ne fait plus que tourner sur lui-même dans un espace de quelques arpents ; sa course alors ne se compose plus que de bonds, de sauts, d'allées et venues perpétuelles ; c'est une série non interrompue de ruses qui dénotent chez lui bien plus d'instinct de conservation que n'en montre le cerf. Enfin il se décide à entreprendre une grande pointe qui, pour l'ordinaire, est suivie d'une mort prompte.

Le daim est, après le loup, le mieux doué de toutes les bêtes de meute sous le rapport de l'odorat ; aussi le tire-t-on fort rarement à l'affût ; malgré cela, les braconniers le guettent, comme le cerf, matin et soir, à la rentrée et à la sortie.

En plein jour, si l'on se met sous le vent, on peut assez facilement s'approcher d'un daim isolé et en train de paître ; on en tue parfois ainsi.

Si l'on en croit A.-E. Brehm, le cerf et le daim, à bon vent, pourraient sentir un homme à quatre ou six cents pas.

CHASSE DU LOUP

Comment Ovide chaçoit au Lou

———

Et quant le lou premier trouvoie,
Chiens souvent y esprouvoie,
Pour le faire cheoir es las.
Et que sa mort lors me vengast,
Afin que jamais ne mangast
Des douces brebis éureuses,
Qui du lou sont moult paoureuses.

(*La Vieille* ou les *Dernières amours d'Ovide*, poëme français (du XIV⁸ siècle), de Jehan Lefevre, traduit du latin de Richard de Fournival.)

I

DU LOUP ET DE SA NATURE

Bien qu'exceptionnellement on ait tué en France quelques loups *blancs*, *noirs* et même de couleur *nankin*, il n'existe au fond dans notre pays que deux variétés se différenciant entre elles par la taille et la force.

La plus grande comprend des individus, tantôt forts et épais, tantôt élevés sur pattes, étriqués et levrettés ; elle se tient en général dans les pays de plaines et de pâturages. On y rencontre assez fréquemment des animaux de construction et de vigueur telles que *seuls* ils ne craignent pas d'attaquer *les plus gros bestiaux*, et leur force est si grande qu'après les avoir étranglés ils peuvent souvent les traîner à cent mètres et plus de distance.

La petite espèce, qui d'ordinaire habite les montagnes, est vigoureuse, sournoise et méchante. Elle n'attaque guère que les veaux, les poulains, les moutons, les chiens et les oies, pour lesquelles ces carnassiers ont un goût très prononcé.

La hauteur de la taille, suivant l'espèce, est de 0^{m}60 à 0^{m}80 ; mais la longueur du corps (1^{m}15) demeure à peu près invariable ; la queue touffue mesure de 0^{m}35 à 0^{m}45.

Quant au poids, il se tient d'habitude entre 35 et 45 kilogrammes ; ce qui n'empêche point qu'on puisse citer quelques rares exemples de loups qui dépassent 50. Ainsi M. Le Coulteux de Canteleu en a tué un de 54, et nous savons de plus que les deux fameux loups du Soissonnais et de la Saintonge atteignaient 65, et qu'enfin celui qu'on appelait *la bête du Gévaudan* pesait 75 kilogrammes (1).

Plus grand que le mâtin ordinaire, auquel il ressemble un peu, bien qu'il y ait cependant dans toute l'attitude de son corps quelque chose de la bête féroce, le loup, qui en outre a d'ailleurs certains rapports anatomiques avec le renard, offre surtout, comparé au chien, une énorme supériorité de force dans la mâchoire et dans les muscles du cou et des pieds.

La robe du loup commun est généralement d'un noir-fauve sale avec des reflets gris plus ou moins ardoisés et parfois avec des marbrures de roux et de blanc juxtaposées.

La tête, un peu semblable à celle du chien de berger, est toutefois plus oblongue, plus grosse avec moins de dépression entre le nez et les yeux, et se termine par un museau plus effilé.

Les oreilles droites et pointues n'offrent point de prise comme celle du chien ; il ne faut donc prendre que comme signifiant *une véritable impossibilité* le fameux dicton : *Teneo lupum auribus*.

Ce qui le différencie le plus du mâtin, dont l'ouverture des paupières est horizontale, c'est la position de ses yeux qui sont placés bien plus obliquement encore que ceux du renard. L'iris est d'un jaune fauve et ses yeux très vifs brillent dans l'obscurité comme ceux du chat. Aussi les amateurs, malheureusement trop nombreux, du surnaturel n'ont-ils pas manqué d'attribuer à son regard un pouvoir fascinateur !

Sa gueule, beaucoup plus fendue que celle du chien, est armée de quarante-deux à quarante-quatre dents bien

(1) Un loup mâle de 53 kil. 500 a été tué par M. Gridel, lieutenant de louveterie à Baccarat (Meurthe-et-Moselle).

plus dures et plus fortes ; leur puissance est telle qu'il tranche *d'un seul coup* la jambe d'un poulain ou d'une génisse !

Il a tant de force dans le cou, qui est gros, assez court et puissamment musclé, qu'il emporte avec aisance un mouton et que le loup de la grande espèce renverse facilement par terre le bœuf le plus fort.

A l'œil, l'arrière-main du loup paraît toujours faible et plus basse que l'avant-main par suite de l'habitude qu'il a de trainer un peu le derrière, les jarrets se touchant. Il va presque toujours au galop, quelque lente que soit son allure. Sa queue assez touffue, chargée d'un poil droit et long, est d'ordinaire portée basse.

Pour indiquer qu'un homme n'est point agile, on dit vulgairenent *qu'il a les côtes en long comme le loup*. C'est là d'abord une erreur anatomique manifeste et, de plus, c'est une sottise ; car cet animal est très souple, très leste, et se retourne tout aussi bien qu'un chien ; n'allez donc point vous aviser, sur la foi de ce dicton, de le prendre par la queue, attendu que cette imprudence pourrait vous coûter fort cher.

Le corps du loup répand une odeur particulière qui est en horreur à tous les animaux et qui leur inspire la plus grande crainte.

La nature a doué ce carnassier des sens les plus fins : ouïe très bonne, vue perçante et odorat exquis. Elle lui a départi en outre une vigueur extraordinaire ainsi qu'un tempérament de fer. Sa marche, beaucoup plus uniforme et réglée que celle du chien, est en outre plus prompte, bien qu'à l'œil elle semble plus lente ; si, dans les accoures, des lévriers l'ont manqué dans leur premier élan, ils ne peuvent jamais le rejoindre, tant son allure est rapide. Rien ne l'arrête alors dans sa course, pas même les grands cours d'eau charriant des glaçons. Il en sort, se secoue, se roule et, s'il n'est plus poursuivi, va se coucher dans un buisson ; et cependant peu d'animaux aiment autant le soleil que lui !

Il hurle au lieu d'aboyer ; quelquefois pourtant (nous verrons plus loin dans quel but) il fait entendre un petit aboiement presque semblable à celui d'un chien qui rêve (1).

Quoi qu'on en ait dit ou écrit, il est reconnu maintenant que le loup ne boit pas en aspirant à l'instar du cheval et du bœuf, mais bien en lappant l'eau tout comme le chien.

Il mange plus gloutonnement que ce dernier, avalant d'énormes quartiers de viande sans les mâcher. Il n'y a ni boucher ni écorcheur qui dépouille un animal avec autant d'adresse que lui, surtout le chevreuil dont il redoute d'avaler le poil. S'il a dévoré sa proie en parfaite sécurité, comme en pleine forêt, on trouve ordinairement ses laissées tout auprès.

Le loup attaque et déchire des animaux beaucoup plus gros que lui ; le cheval, la vache, le cerf, le daim, l'âne, le cochon, et presque tous les autres quadrupèdes deviennent sa proie ; il ne redoute guère que le sanglier quand il est dans toute sa force ; mais il se rattrape sur les marcassins et les vieux solitaires, à la suite desquels on le trouve presque toujours et qu'il ne quitte jamais alors qu'ils sont blessés grièvement. Enfin il n'est pas rare de voir ceux de la petite espèce surtout se réunir pour attaquer un grand et vigoureux bœuf.

A défaut de ces abats plantureux, il dévore fort bien les renards, blaireaux, lièvres, lapins, hérissons, volailles, ainsi que tous les oiseaux qu'il peut saisir.

Il suit la piste de la proie qu'il convoite, sentant, quêtant et remuant la queue comme le chien d'arrêt ; arrivé assez près, il tente de l'atteindre par quelques élans ; s'il échoue, il la mène comme un courant, mais sans donner de la voix,

---

(1) « Et canis in somno leporis vestigia latrat, » dit Pétrone.

jusqu'à ce qu'il la saisisse ou qu'elle lui échappe définitivement ; s'il la prend, il l'étrangle sur place, l'emporte, s'en repait et enterre les restes à la manière du chien ; mais, comme ce dernier, il semble ne pas trop se ressouvenir de ce garde-manger et ne pas en faire souvent la recherche ; car on trouve assez fréquemment des restes plus ou moins volumineux qu'il a enfouis et auxquels il n'est pas revenu.

Le loup dévore volontiers les chiens qu'il peut saisir. Son manége, pour attirer à distance convenable d'une maison un jeune chien inexpérimenté, est fort curieux. Il s'en approche avec effronterie, prend diverses attitudes, fait des courbettes, des gambades, en poussant des petits cris de joie qui sont étouffés comme ceux du chien qui rêve ; il se roule même sur le dos, le tout afin de l'inciter à jouer. Quand la victime entraînée par ces perfides avances vient d'elle-même jusqu'à l'endroit choisi par son bourreau, ou bien encore si elle se laisse suffisamment approcher, elle est saisie au cou, étranglée, sans avoir le temps de crier au secours, et prestement emportée dans le couvert voisin.

Alors que la faim le presse, le loup sautera audacieusement sur un chien assis à la porte d'une maison, sur une oie au beau milieu d'un village ou sur un mouton près d'une bergerie, et les cris des habitants ne l'empêcheront point d'emporter sa proie ; car il est venu là en tapinois, reconnaissant bien les lieux ; il a saisi le moment favorable et il sait d'ailleurs que sa retraite est assurée. C'est le louvart surtout, quand la nourriture lui manque, qui exécute ces tours d'audace, rôdant alors, soit au bois, soit en plaine, jusqu'à dix ou onze heures du matin, après quoi il se remet au liteau pour le restant de la journée.

La nuit, si ce carnassier rencontre un voyageur avec son chien, il les suivra en se rapprochant petit à petit, et finira, pour peu qu'il ait faim, par venir gueuler le quadrupède jusqu'entre les jambes de son maître, et il sera déjà loin avec sa capture avant que ce dernier se soit bien rendu compte de cet audacieux enlèvement.

Lorsque, pressés par la famine, les loups se décident à attaquer un parc de moutons gardés par des bergers, un ou plusieurs d'entre eux se font charger par les chiens et, l'attention des bergers distraite ainsi, les autres se ruent sur les claies qu'ils bousculent, et alors chacun d'eux saisit prestement un mouton qu'il se hâte d'emporter au bois.

Cet animal rôde presque toutes les nuits autour des habitations, cherchant à entrer dans les bergeries et grattant dans ce but sous toutes les portes. S'il parvient à s'y glisser, il y fait un terrible massacre, quitte parfois à n'avoir que le temps d'emporter une ou deux des victimes de sa rage meurtrière.

Il donne au carnage, comme et plus que le renard, mais par prudence il n'y mord que la troisième nuit, et encore même lui faut-il que des mâtins l'aient fréquenté auparavant. Toutefois, quand il s'agit d'un abat qu'il a fait luimême, il n'y met point tant de circonspection et s'attable d'assurance bien vite, sans jamais manquer néanmoins de saisir hâtivement un morceau et d'aller s'en repaître à cent ou deux cents mètres de là pour plus de sécurité (1).

Ainsi que le renard, il explore les bords des rivières et des marais dont il retire les animaux crevés qu'on y jette trop souvent pour ne pas prendre la peine de les enfouir. Si on les a enterrés peu profondément, il fouille le sol pour les dévorer. Si enfin ces ressources viennent à lui faire défaut et si la chasse ne lui fournit plus sa pitance journalière, il se rattrape sur les rats, les mulots, les taupes, les grenouilles ; mais jamais, quoi qu'on en ait écrit, il ne mange de la terre, et si parfois on en a trouvé trace dans son estomac, c'est qu'il ne lave pas avec soin les quelques

---

(1) Beaucoup de mâtins agissent de la même façon, par peur très probablement des autres convives.

racines sauvages qu'il déterre et que la faim lui fait avaler gloutonnement.

En France le loup n'attaque autant dire jamais l'homme, malgré qu'on puisse néanmoins citer quelques très rares exemples d'agression ; mais nous ferons observer à ce propos que, comme le chien, le chat et le renard, cet animal est sujet à la rage spontanée et que, dans cet état de maladie, il se jette indistinctement sur les bêtes et sur les gens. Nous ajouterons à cela que, chez le chien la rage ne peut durer plus de huit jours, tandis qu'on voit le même loup enragé désoler un pays pendant plusieurs semaines ; et l'on comprend d'autant plus combien pendant ce temps il peut causer de malheurs, qu'il agit principalement dans les campagnes où les secours de l'art sont toujours assez éloignés, alors qu'il faudrait un traitement immédiat sous peine de voir la blessure devenir mortelle. Le seul remède efficace consiste à cautériser bien vite et profondément les morsures avec un fer rouge en attendant la venue du médecin. Surtout qu'on se garde bien des fameuses recettes des bonnes femmes, des empiriques et des rebouteurs de villages : car leur emploi mènerait infailliblement à la mort et à une mort horrible.

Parfois les proverbes sont faux : On dit par exemple que *les loups ne se mangent pas entre eux*. Eh bien ! des témoignages assez nombreux ont prouvé non seulement qu'un loup mort était parfaitement dévoré par ses semblables, mais encore que quand un de ces animaux, blessé et faisant sang, ne pouvait se défendre, il devenait souvent la proie des autres, alors surtout que dans les hivers rigoureux la faim les talonnait par trop fortement. Je ne crois pas néanmoins qu'un vieux loup affamé se jetterait sur un confrère adulte pour s'en nourrir, mais je ne serais pas loin de penser qu'il le pourrait très bien faire vis-à-vis d'un louvart.

Le loup, comme certains quadrupèdes et volatiles, possède *un sixième sens*, auquel on n'a point encore donné de nom et qui fait absolument défaut à l'homme; c'est le sens divinatoire de la direction: *le sens-boussole* si on veut; c'est la faculté de s'orienter et de reconnaître sa route à travers des pays nouveaux pour lui. Les pigeons voyageurs par exemple, bien que transportés dans des cages couvertes qui les empêchent de rien voir pendant un trajet de cinquante lieues et plus, regagneront sans hésiter leurs colombiers que, malgré leur vue perçante et la grande hauteur à laquelle ils s'élèvent au départ, il leur est matériellement impossible de découvrir d'emblée, sans compter en outre que le brouillard le plus épais n'y fait rien du tout. Le cheval et le chien, placés au milieu d'une vaste plaine rase et recouverte subitement d'un linceuil de neige effaçant dès lors toutes traces, de jour comme de nuit, quelque brumeuse que soit l'atmosphère, se dirigeront du premier coup vers la demeure de leur maître, fut-elle à une très grande distance. Mettez un homme dans les mêmes conditions, et il ira au hasard ! Certains animaux, comme je l'ai avancé plus haut, ont donc pour se diriger un sens qui manque à l'espèce humaine; or ici, je le dirai nettement, la qualification du mot usuel: *instinct*, me semblerait pour caractériser cette remarquable faculté tout au moins futile. Un nom de baptême convenable s'impose donc aux princes de l'histoire naturelle des animaux, s'ils ne veulent pas des miens, *sens-boussole*, *sens de direction* ou *sens d'orientation*.

Il est surabondamment prouvé aujourd'hui non seulement que le loup produit avec la lice et que le chien féconde la louve, mais encore que les hybrides provenant de ces unions possèdent la faculté de se reproduire entre eux. Des expériences décisives ont prononcé là-dessus et il n'y a plus lieu à controverse. En présence de ces incontestables résultats et des nombreux traits communs existant entre ces deux sortes d'animaux, il n'est donc plus permis d'hésiter à cette heure et on doit sans tergiversation aucune admettre le loup dans la race canine à titre de variété du chien sauvage.

Mais, si le loup et le chien appartiennent à la même famille, il n'en existe pas moins entre eux une antipathie et une haine qui sont *les résultats artificiels* de la domestication et surtout de l'éducation de ce dernier qui, subissant tout à fait la volonté de l'homme, a dû déclarer au premier une guerre implacable. D'autre part, et par une réciproque instinctive, les animaux sauvages répudient, chassent, maltraitent et tuent ceux de leur race qui font commerce d'amitié avec l'espèce humaine, et ce, lors même que ces derniers voudraient sincèrement et ardemment reprendre leur indépendance (1).

Le loup étant toujours plus fort que n'importe quel chien, ce dernier a fatalement fini par le considérer et le redouter comme son plus cruel ennemi. Il frémit donc à son seul aspect; l'odeur même du loup suffit pour que la plupart fuient en tremblant près de leurs maitres. Aussi pour chasser cet animal, tous les chiens ne conviennent-ils pas, et bien qu'on en trouve de bons dans toutes les races courantes de France, le mieux qu'on puisse faire c'est encore de créer petit à petit (il faut pour cela de l'intelligence, de la peine et du temps) une race *ad hoc* qu'on affectera *exclusivement* à la poursuite du loup, la *spécialisation absolue* de chaque genre de chasse étant *à mon avis* le *seul* moyen d'amener une meute à pousser un animal *donné* dans toute la perfection désirable. Je reviendrai plus loin bien entendu sur cette théorie, que j'essaierai de justifier complétement, mais je tiens à établir dès maintenant ma première assertion, à savoir qu'on peut trouver de bons chiens pour loups dans presque toutes les races courantes de France ; je me baserai pour cela sur des faits de chasse qui se sont passés sous mes yeux et que voici :

(1) La domestication doit se trahir par des habitudes, des allures et une odeur particulière, qui ne sont pas du goût des animaux sauvages.

A l'époque déjà assez éloignée (1845 à 1849) où mon frère Charles forçait le lièvre *(et rien que cet animal)*, avec des briquets de la Haute-Saône (race Dubuisson), au nombre de six à huit, maintes fois dans la réserve de Flammerans (partie de bois située sur la gauche de la route départementale n° 9 d'Auxonne à Pesmes), sa petite meute est partie franchement sur un loup, malgré tous nos efforts pour rompre. Voilà donc déjà des toutous qui tous sans exception poursuivaient cet animal sans la moindre hésitation et même avec entrain.

Enfin, en 1875, si ma mémoire ne me trompe pas sur la date, nous avions donné rendez-vous à M. Royer, de Moissey, dans la Crochère, forêt communale d'Auxonne, pour essayer deux chiens (dont il voulait se défaire) avec trois des miens. A peine découplés, ces animaux attaquaient vivement une louve sur laquelle tenaient avec vigueur trois d'entre eux qui, après une poursuite acharnée de cinq heures, étaient repris, non sans peine, entre Pontailler et Vonges, au moment où ils allaient se jeter dans la Saône que venait de traverser la louve.

Avant de faire plaine pour gagner les bois bas de Soissons joignant ceux de Vielverge et de Pontailler, tous en bordure de la rive gauche de la Saône, mon plus jeune frère Albert avait tiré cette louve à une trentaine de mètres au moins avec du plomb n° 2, au moment où elle franchissait une grande ligne gazonnée et fort herbeuse, se rasant et profitant si bien d'une petite dépression de terrain et des quelques menues plantes qui le couvraient, qu'il avait cru faire feu sur un renard et nous en avait corné le passage. Ensuite de ce signal, je courais dans l'autre enceinte à la sortie habituelle du renard sur la grande ligne perpendiculaire à la première. Guidée sans doute par l'état des lieux, sentiers, coulées, frayées de la nouvelle enceinte, la bête venait en effet sur le débouché habituel du renard; mais, à sept ou huit mètres de la grande ligne où je me tenais ventre au bois, elle rebrous-

sait chemin (m'avait-elle aperçu ou éventé?) si brusque-
quement et si vite que je la perdais de vue avant d'avoir
pu épauler. J'ai toujours regretté de ne pas avoir jeté au
juger mon coup de plomb zéro, et de ne pas, ce qui aurait
mieux valu, l'avoir tirée de mes deux coups dès je que l'en-
trevoyais. Ah! si j'avais su que c'était une louve et non
un renard!!!

En 1876, avec mes cinq chiens, dont quatre ont tenu jusqu'au bout et avec une grande animation, j'ai mené un
loup à quatre kilomètres du lancer où je l'ai ramené pour
le perdre aussitôt. Cet animal avait été tiré avec du gros
plomb par moi à quatre-vingt ou cent mètres de distance
dans un pré dès le début.

Je pourrais citer bien d'autres cas du même genre, mais
je m'arrête, estimant qu'en voilà assez pour établir que
beaucoup de chiens courants ordinaires empaument volontiers la voie du loup et le chassent avec ardeur spontanément, c'est-à-dire sans aucune préparation préliminaire,
ce qui justifie mes affirmations précédentes.

II

AGE ADULTE, DURÉE D'EXISTENCE,

REPRODUCTION,

ÉLEVAGE ET ÉDUCATION DE LA PORTÉE

Le loup ne devient guère adulte, c'est-à-dire en état d'engendrer, avant quatorze ou quinze mois ; mais sa croissance n'est en réalité complète qu'après la seconde dentition, et même qu'à deux ans révolus. D'où il faut conclure que, comme chez le chien, la durée moyenne de son existence varie de quatorze à quinze années.

C'est au mois de février que les louves entrent en chaleur, et alors que les mâles adultes chassent, pillent et mordent les jeunes qui se séparent, et qu'enfin les vieux loups se livrent entre eux de cruels combats.

L'accouplement se fait de la même façon que chez les chiens ; comme ces derniers, les loups ayant la verge osseuse et environnée d'un bourrelet qui se gonfle, *restent liés avec les louves* pendant un certain temps. Louis Grau, curé de Sauge, raconte en effet tout au long qu'un paysan surprit deux de ces animaux accouplés et tua le mâle à coups de bâton.

La gestation, ainsi que chez la lice, est de soixante-deux

à soixante-cinq jours, et le chiffre de la portée, qui va très exceptionnellement à huit ou neuf, se borne d'habitude à cinq, six ou sept.

La louve choisit pour déposer ses petits la gueule de quelque terrier dont elle élargit l'entrée. Parfois elle préfère le dessous d'une roche ou bien une souche creuse; souvent elle se contente de l'abri d'un buisson épais, ou même elle dépose sa progéniture dans les champs au milieu des blés. Elle porte beaucoup de mousse pour garnir le fond de son liteau et rend cette couche plus moëlleuse en y mêlant le poil qu'elle s'arrache.

Les louveteaux, comme les jeunes chiens, naissent les yeux fermés et ne les ouvrent qu'au bout de neuf jours. Ils ressemblent alors aux renardeaux dont ils ont la couleur; mais leurs pieds et leur museau sont toujours plus gros, et on ne leur voit point un bouquet de poils blancs à l'extrémité de la queue.

Pendant les premiers jours, la louve ne quitte pas ses petits et se montre terrible pour les défendre, ce à quoi le mâle ne l'aide guère, bien que peu éloigné du liteau. Si la position lui semble menacée, elle les transporte ailleurs en les prenant à la gueule, comme fait une lice qu'on inquiète.

Après un allaitement de cinq à six semaines, elle commence à leur vomir de la viande à demi-digérée pour les habituer à manger; plus tard, elle leur apporte du gibier vivant avec lequel elle prend plaisir à les voir jouer; enfin elle leur montre à étrangler. On prétend qu'à ces deux époques de l'élevage un ou plusieurs vieux mâles viennent en aide à la bonne mère; je demande la permission d'en douter.

Quand les louveteaux ont deux mois, si la louve a des raisons pour leur faire quitter l'enceinte qui les a vu naître, c'est en jouant avec eux qu'elle les emmènera plus loin.

Afin d'étancher la soif qu'une substantielle nourriture animale provoque chez ses petits, elle doit souvent les mener boire ; aussi le liteau est-il toujours choisi à proximité d'un ruisseau, d'une source ou d'une mare où ils puissent se rendre sans être obligés de se mettre à découvert.

Vers la fin d'août et en septembre, elle les mène et laisse sur le bord des champs et hors du buisson qui les a vus naître, et là, n'osant pas encore *seuls* sortir du couvert et s'y tenant tapis, ils attendent qu'elle leur apporte une proie ; mais à cette époque, à la moindre inquiétude, elle se dérobe invariablement avec eux jusqu'à une distance de quatre à dix kilomètres.

En novembre et décembre, les louvarts se séparent déjà la nuit pour battre seuls la campagne, mais, tant qu'ils n'ont pas douze mois révolus, ils ne manquent jamais de se réunir chaque matin pour passer la journée ensemble.

Fin janvier ou à la mi-février, époque du rût qui dépend de la rigueur de la saison, chassés et maltraités par les loups adultes, les louvarts quittent définitivement leur mère ; ils sont alors assez vigoureux pour pourvoir *seuls* à leur subsistance et assez instruits pour se garder de toutes les embûches.

Si la louve vient à être tuée avant que ses petits soient d'âge à se suffire, ils sont fatalement condamnés à mourir de faim, attendu qu'ils ne doivent autant dire rien espérer du loup pour leur nourriture ; car ce dernier ne semble se souvenir pas plus d'eux qu'un chien n'a cure des êtres dont il est le père.

La louve a l'intelligence, pour ne pas décéler son liteau, de respecter le bétail du voisinage immédiat, ce que ne fait pas souvent le renard avec les volailles de la ferme la plus rapprochée de son terrier. Mais que ses petits viennent à lui être enlevés, et elle attaquera de suite les troupeaux qu'elle avait ménagés à cause d'eux.

En mère prudente et rusée, elle dresse ses louveteaux à emboîter le pas, c'est-à-dire à marcher exactement à la file les uns des autres en posant leurs pattes aux mêmes points, si bien qu'on ne voit qu'une seule piste là ou plusieurs animaux, voyageant de compagnie, ont passé toujours à la queue l'un de l'autre. Les loups adultes, surtout en temps de neige, opèrent de la même façon pour rentrer ensemble au bois ; mais si on continue à suivre la piste, on finit par arriver à un grand passage, proche du lieu de leur retraite, où ils ont coutume de se séparer pour flairer s'il n'est rien passé qui puisse leur nuire, et lors le piqueur verra aisément le nombre de la bande.

Après avoir lu ce qui précède, tout le monde, je pense, sera d'accord avec moi pour décerner au loup sur le renard le prix de la finesse et de la rouerie, voire même du calcul raisonné.

III

AGES ET CONNAISSANCES DES LOUPS

Cet animal est dit *louveteau* tant qu'il conserve ses dents de lait qui durent six mois environ. Après on le nomme *louvart*, et il garde ce nom pendant quatorze ou quinze mois, terme ordinaire du travail de la seconde dentition. Arrivé à cette époque, il est adulte, en état d'engendrer et de pourvoir à sa nourriture ainsi qu'à sa défense : il s'appelle alors *loup* tout court, et ne devient *vieux loup* que lorsqu'il a pris toute sa croissance, c'est-à-dire lorsque sa deuxième année est accomplie.

Au premier abord, le pied du loup ressemble à celui d'un mâtin, mais un examen quelque peu attentif conduit bien vite à constater entr'eux des différences notables. Ainsi chez le loup le talon affecte la forme d'un cœur, les deux doigts latéraux plus courts s'écartent davantage et ceux du milieu sont plus projetés en avant et resserrés l'un contre l'autre, de sorte que cette empreinte ne figure pas mal la fleur de lis des armoiries, tandis que le pied du chien au contraire donne une trace sensiblement ronde dans laquelle les doigts du milieu ne paraissent pas beaucoup plus longs que ceux des côtés. Les ongles du loup en outre se montrent plus gros et beaucoup plus usés. Enfin la différence de grosseur entre le pied de derrière et celui de devant est bien plus prononcée chez le loup que chez le chien. D'autre part encore, le premier dans ses allures ne se méjuge jamais, tandis qu'elles ne sont rien moins que constantes chez le second.

Le pied de la louve diffère de celui du mâle en ce que ses doigts sont moins charnus et que ceux de droite et de gauche se resserrent davantage, de sorte que le pied paraît plus allongé, ce qui fait dire *qu'elle est mieux chaussée*. Ses ongles se montrent d'ailleurs moins usés et partant plus aigus. Elle se méjuge rarement; mais, lorsqu'elle est pleine ou nourrice, force lui est bien d'écarter les cuisses, et alors elle place le pied de derrière un peu en dehors de celui de devant. Enfin chez elle la différence des deux pieds est bien moins sensible que chez le mâle.

Le louveteau, quoiqu'ayant le pied fort semblable à celui d'un chien ordinaire, s'en distingue facilement parce qu'il ne marque presque jamais ses ongles ou ne les marque que comme de fines aiguilles.

Le louvart, au premier coup d'œil, semble souvent avoir autant de pied qu'un vieux loup ; mais, si on se rappelle bien la trace de ce dernier, on remarquera vite que le premier présente un pied un peu ouvert et presque aussi long que large, sans compter qu'il se méjuge assez fréquemment, que ses ongles sont plus menus et pointus et qu'enfin il ne les marque pas la plupart du temps, à moins que le terrain ne se trouve très mou.

Plus avisé que le louvart, le loup adulte marche très rarement dans la boue ; il recherche au contraire avec soin le terrain sec et les feuilles pour poser sa patte parce qu'elle n'y laisse pas d'empreintes ; aussi, grâce à cette précaution, qui lui est commune avec tous les animaux à pied fourchu, est-il en général très difficile d'en bien revoir même par les temps les plus propices, la neige exceptée !

L'examen des laissées, qui contiennent constamment du poil, surtout lorsque l'animal a été pressé pour manger sa proie, procure des données déjà assez exactes pour distinguer le mâle de la femelle. Le loup les dépose en effet presque toujours sur une pierre ou sur une petite butte de terrain, tandis que la louve les jette indifféremment le long de sa route. Enfin celles d'un grand loup ont un aspect particulier et ne ressemblent point à celles du mâtin ; constamment dures et toujours blanches ou blanchâtres, elles renferment des os et, la plupart du temps, du poil ou de la laine.

Ces animaux, à l'instar des chiens, rejettent en arrière avec les pieds la terre sur leurs excréments ou, comme c'est le terme consacré, *ils se déchaussent*. Les déchaussures de la louve sont plus superficielles que celles d'un vieux loup, parce que ses ongles plus minces et plus aigus égratignent le sol, mais ne le labourent pas comme fait ce dernier. Quant aux égratignures du louvart, plus faibles encore que celles de la louve, c'est à peine si elles sont visibles.

Les allures sont en réalité la partie la plus importante de la connaissance du pied du loup; répétons donc ici que toujours chez cet animal elles se montrent plus allongées, bien mieux réglées, plus pareilles et plus assurées que celles de quelque grand chien que ce soit.

Pour manger, comme pour guetter sa proie, le loup se couche sur le ventre, les quatre pattes plus ou moins allongées ; l'empreinte qu'il laisse alors sur le sol peut par suite mettre un bon piqueur parfaitement à même de juger de l'âge et du sexe de l'animal; c'est là donc une connaissance dont il ne faut pas faire fi, le cas échéant.

IV

DEUX MOTS SUR LA REMISE DU LOUP

Le loup étant un animal nuisible au premier chef, tous les moyens de le détruire peuvent légitimement et doivent être employés contre lui.

Avant de décrire les divers modes usités pour atteindre ce but, il convient, à mon avis, d'entrer d'abord dans quelques brefs détails sur la remise de ce carnassier, cette opération préliminaire étant à peu près indispensable à leur réussite, sauf peut-être à celle des affûts, et encore souvent même pourrait-elle les précéder utilement!

Pour bien rembûcher un loup, œuvre des plus délicates et des plus difficiles (1), il faut un piqueur hors ligne d'abord et puis un excellent limier.

Le choix et l'éducation de ce chien, la manière de le conduire et les qualités indispensables à un bon piqueur sont

---

(1) La plupart des bêtes de meute, on peut même dire *toutes* (sauf l'exception bien rare du reste de sangliers essentiellement *fuyards*), lorsqu'on les met debout avec ou sans intention à l'aide du limier, se rassurent très vite et ne vont guère loin avant de se rembûcher, tandis que le loup, pour peu qu'il ait entendu le reniflement du chien, voire même seulement le pas du piqueur, se lèvera de suite, videra l'enceinte, et, s'il a déjà été l'objet de poursuites, ne se croira en sûreté que quand il aura mis une distance de plusieurs lieues entre lui et son agresseur présumé.

choses parfaitement définies et expliquées tout au long par Clamorgan (1), et l'on peut sans médisance affirmer que ceux qui après lui en ont traité n'ont guère fait que répéter ses dires sans y ajouter beaucoup de nouveau.

Lisez donc les deux courts chapitres que je lui emprunte, et leur étude vous en apprendra bien plus que je ne saurais le faire, sans compter qu'après vous proclamerez hardiment avec moi que le rembûchement d'un vieux loup exige, pour être bien exécuté, tant du piqueur que du limier, une grande science et des qualités fort remarquables.

---

(1) *La Chasse du Loup*, par Jean de Clamorgan, seigneur de Saane, premier capitaine de la marine de Ponant, dédiée au roy Charles IX avant l'année 1566, a été rééditée en 1866 par Mme veuve Bouchard-Huzard, à Paris, imprimerie rue de l'Eperon, n° 5.

On pourra consulter encore avec fruit *La noble et furieuse Chasse du Loup*, composée par Robert Monthois, arthisien, et rééditée en 1865 par Léon Techener fils à Paris, suivant l'édition imprimée à Ath en 1642, chez Jean Maës, imprimeur juré.

Enfin on fera bien, pour se mettre tout à fait au courant, de lire les ouvrages cynégétiques plus modernes des Le Verrier de la Conterie, Elzéar Blaze, Joseph La Vallée, d'Houdetot et Le Coulteux de Canteleu.

V

LA *CHASSE DU LOUP*

PAR JEAN DE CLAMORGAN

CHAPITRE III

Comment on doit dresser le limier pour la chasse du Loup

Le veneur doit choisir de sa meute un chien le plus beau, hardy, ardent, gaillard et baut, c'est-à-dire secret, qui n'ait encore chassé, si faire se peut, afin que d'une gayeté et ardeur, il porte mieux le traict auquel il le mettera : le mignardera, le flatera, et donnera à manger plusieurs petites friandises, afin qu'il prenne le traict plus volontairement, sans le rudoyer ne harasser en façon quelconque, de crainte qu'il ne le fuye et abhorre du tout. Et si d'aventure il a veu rembuscher ou entrer quelque loup dans un bois ou taillis, ne faudra à mener le chien sur les erres et voyes du loup sans l'exiter parler à luy aucunement : mais prendra garde quelle mine et contenance le chien tiendra, comme s'il a peur, s'il se hérisse, s'il va bien aux branches, ronces et herbes, s'il porte le nez haut, si bas. Car les uns le portent haut, les autres le mettent bas : et est meilleur qu'il porte le nez haut que bas, parce qu'il y a plus de jugement pour le loup. Lorsqu'il porte bien son traict, et tire dessus, le veneur lui en doit lascher davantage, l'exitant et parlant à luy de cette façon en voix basse : « Vail-là, vail-là dy, vail-là, Pillaut (outre son nom de chien). » Et s'il s'en rabat et en veut, et que le veneur apperçoive par le pas, lesses, pissat, traces ou autres signes, que le loup y ait esté, il doit approcher son limier, l'applaudissant de la main, et lui donnant quelque friandise : puis l'exiter, et parler à luy en voix basse, disant : Ha, ha, tu dis vrai Compagni : Voile-cy aller ; » et suivre son limier jusqu'à ce qu'il le lance, et trouve la couche du loup : sur laquelle il doit fort flatter son limier, et dans icelle espandre quelques restes de table, comme osselets, fromage, pain et autre chose, afin qu'il en mange (toutefois j'ay des chiens qui ne veulent manger, d'ardeur qu'ils ont de chasser) et l'ayant fort caressé, doit parler au plus haut et frapper en route (ayant sur la couche sonné le gresle de sa trompette), criant : « Harlou, harlou, harlou. Après, Campani (ou le nom de son chien). Après, après, à route, à route, à route ! »

Et si on n'avait veu rembuscher ou entrer le loup dedans le bois (car il est aucune fois rare), le veneur, pour bien dresser limier et jeunes chiens pour loup, doit attendre le temps des louveteaux (environ le commencement de juillet, qu'ils commencent à courir par les bois) et aller en quelque bois ou buisson où il y en ait, et là mener le chien qu'il avait choisi pour limier, le brosser, percer et traverser, tant qu'il trouve les couches, et le lieu où hantent les dits louveteaux : lors façonner son limier, et comme l'ay dit cy dessus, et chasser en route les dits louveteaux. Et si le veneur avait quelque gentil lévrier, qui fust jeune, le faisant bien fouiller au limier, il pourrait estre facilement dressé : après celà, retirer le limier tout doucement en le caressant et flattant.

Autrement on pourra dresser le limier. Quand il y a des neiges, le veneur soit diligent aller au matin à l'entour de quelque buisson avec son limier, pour se donner garde si quelque loup rembuschera : et s'il en rencontre, doit suivre le trac, et mettre son chien dessus, en le flattant et caressant tousiours, jusques à ce qu'il le lance, et trouve la couche, et après le courre en route, faisant ce que j'ay dit. Ce qui sera facile au veneur, car il gardera bien que son limier ne change les voyes, estant balancé de costé ou d'autre : et ainsi on pourra bien dresser le limier.

CHAPITRE VI

Comme le veneur doit aller en queste et faire le buisson pour la chasse du Loup

Le veneur donc qui veult aller pour le loup, se lèvera avant le poinct du jour, et partira du logis pour estre incontinent après le poinct du jour au carnage. Arrivé là, tiendra son limier de court, et s'approchera du carnage. S'il voit que la charogne ait esté traînée hors du lieu où elle estoit, il se peult assurer que le loup ou loups y ont mangé, cela en est la vraye cognoissance : car les mastins et autres chiens ne traînent point le carnage, mais le mangent en la place où ils le trouvent. Le veneur donc pourra juger le nombre des loups à peu près, par ce qu'ils auront beaucoup ou peu mangé. Puis, s'il y a terres labourées à l'entour, cognoistra le quartier où les loups se retirent après avoir mangé, par ce moyen on pourra en asseurance lascher son limier sur les voyes, sans le trop rebaudir.

Quand il sera arrivé auprès du bois, si son limier n'est secret, le tiendra plus court, et fera toutes les sentes, chemins, et advenues de la lisière du dit bois ou buisson : et là où son limier trouvera le rembuschement, et qu'il se voudra présenter aux branches, ronces ou herbes, n'entrera plus avant, et festoyera son limier en le retirant de là, sans le permettre entrer plus avant : car j'ai veu beaucoup de loups qui n'estoient la longueur du traict loing du bord du bois : de faict que si c'est un vieil loup, il sera quelque temps à escouter au bord du bois, et s'il a esté austres-fois chassé et il ait le vent du limier, ou bien qu'il l'ayt ouy, s'enfuira de grand effroy à plus d'une lieue ou deux de là. Ayant donc le veneur trouvé le rembuschement des loups, il mettra à l'entrée du bois une brisée par terre : et plus avant une autre brisée pendante, puis ira faire son enceincte, et prendra les devants en quelque grand chemin, ou petit vallon s'il y en a. S'il trouve que les loups soient passez, ne fera bruit ny poursuite grande, mais brisera comme devant, pour aller encore par autre endroit plus avant faire les devants. Aussi s'il ne trouve point qu'il soient passez, doit regarder s'il y a des forts, ou quelque beau costau qui soit vers le midy ou soleil levant, plein d'herbes et de mousses ou brières principalement en temps d'hyver, alors il se pourra bien asseurer que le loup fait là sa demeure. Autrement en est-il en esté, car durant les chaleurs, il se retire ès bois taillis assez clairs, à l'ombre de quelque hallier, ou ès-bois de haute futaye, et alors le veneur pour le prendre usera des mesmes moyens que dessus, en conduisant son limier comme avons dit. Et si d'aventure n'avaient esté au carnage, ou qu'on ne leur en eust point baillé, ceux qui mènent les limiers doivent dès le soir départir leurs questes, et avant le jour se lever, et s'en aller chacun à son quartier, et n'approcher du bois qu'il ne soit grand jour : parce que bien souvent m'estant arresté assez loing du bois à une haye, ou au bout d'un village, je les ay veu aller à leur buisson et rembuschement. Estant donc ainsi arrivé avant le jour, fault escouter les abbais des mastins et chiens des villages : car si le loup a passé près de là, ils se tourmenteront d'abbayer avec grand effroy, d'autre façon qu'ils ne font aux gens : et alors chacun pourra bien estimer qu'il y a des loups en ces quartiers là. Le jour venu, fault s'acheminer vers le bois, tousiours ayant l'œil en terre, pour recognoistre les traces et pas de quelque loup qui aura passé par là, comme s'il a pleu une heure ou deux avant le jour, on pourra facilement recognoistre que le loup n'est pas allé loing : et si on voit sus quelque terre, chemin ou taupière, que ses pas ou voyes sont pour aller droit au bois, alors fault se mettre en queste le long dudit bois ou buisson, et ne faudra lon à voir par le moyen du limier bien dressé, le rembuschement d'un ou de plusieurs loups. Cependant on fera toute diligence de briser, faire ses enceinctes, et prendra les devants, comme avons cy dessus déclaré.

Le buisson fait, se retirera le veneur au lieu fixé pour l'assemblée où fera son rapport.

VI

LES AFFUTS DU LOUP

« La nature, dit Marion (1), se plait aux contrastes, et le vrai chasseur est un peu l'homme de la nature; sans quoi comment expliquer que certains individus, chasseurs si emportés, si remuants et si actifs, puissent s'adonner avec une véritable passion à la chasse à l'affût, c'est-à-dire à une chasse toute de patience, d'immobilité et de silence.

» Chaque chasse à l'affût n'est à la rigueur qu'un guet-apens basé sur la venue régulière ou provoquée de l'animal cherchant sa subsistance; mais, lors même qu'elle réussit, elle coûte toujours assez cher; car, outre la contrainte et la résignation, il y a encore l'humidité, le froid, les crampes, les courbatures et coups d'air provenant de l'immobilité forcée qu'on doit conserver. »

Quelques affûts en effet sont indignes d'un véritable chasseur et doivent dès lors être laissés aux maraudeurs de profession; mais en revanche il serait injuste de marchander nos louanges aux rares fanatiques qui se vouent à ceux dont le but est la destruction d'animaux aussi nuisibles que les loups.

L'affût du soir à la sortie du bois n'est pas habituel-

(1) *La Chasse aux environs de Bayonne.*

lement pratiqué, parce que le loup, à l'inverse du renard, n'émerge point du fort d'une façon régulière ; ce sont le vent régnant et son odorat qui seuls règlent chaque jour son chemin ; le point précis de sa sortie est donc des plus variables.

Quant à sa rentrée, au petit jour, on tombe dans la même incertitude, aujourd'hui là, demain ailleurs. Je connais de longue date un chasseur habitant la campagne qui a vu bien des fois, à l'aube et d'une hauteur voisine de sa ferme, des loups revenant des bords de la Saône et regagnant, à travers champs et prés, la forêt communale d'Auxonne, qui s'en trouve distante d'environ trois à quatre kilomètres. Eh bien ! mon homme a tout fait, tout essayé, pour se mettre à portée de fusil sur leur passage, et il n'a jamais pu y parvenir, quelque minutieuses que fussent ses précautions au point de vue du vent et quelque bonne que fût sa cachette improvisée.

En présence de pareils mécomptes, m'est avis que ces deux affûts ne sont pas pratiques et que dès lors on agirait avec sagesse en y renonçant pour toujours.

L'affût à la hutte (ainsi nommé parce qu'on improvise dans le bois même une espèce de cachette avec des branches d'arbres, de façon à avoir sous le fusil une charogne qui s'y trouve par hasard ou qu'on y a conduite) doit avoir été précédé d'une traînée, soit d'un morceau de viande faisandée, soit d'un chat rôti et enduit de miel, qu'on jette près du carnage ou de l'appât vivant, si on y a recours de préférence. On ne peut compter alors sur le succès que par des froids très rigoureux et que par une belle lune. Quant au choix de l'emplacement, il se trouve presque toujours déterminé par l'intersection de quelques lignes offrant, en pleine forêt, un espace découvert suffisant. Il va sans dire que les chemins fréquentés devront être proscrits d'une manière absolue parce que l'affût y serait dérangé par la circulation et parce que des accidents graves pourraient s'y produire.

En somme, déjà presque intolérable par des froids excessifs, cet affût, pour comble de malheur, ne donne que de bien rares réussites ; aussi fort peu d'amateurs s'y adonnent-ils !

La cause de ces échecs décourageants, c'est la subtilité de l'odorat du loup qui lui permet (quand de loin et avec grand soin il fait suivant son invariable habitude le tour de l'appât avant de se mettre à table) de reconnaître qu'aux émanations tentantes qui s'échappent du carnage vient s'ajouter une odeur de chair humaine dont cet animal n'a point coutume de se nourrir. D'autre part, il n'est pas du tout établi qu'un appât vivant puisse par son fumet faire disparaître cette cause d'insuccès, puisque l'expérience démontre que son emploi ne réussit pas mieux que celui d'un cadavre. De là l'idée bien naturelle de supprimer l'homme et de le remplacer par un fusil ou même par une batterie disposée de façon à faire forcément feu lorsque, suivant sa constante habitude, le loup tire sur le carnage et tente d'en enlever un lambeau pour aller le dévorer à une certaine distance. Ce piége automatique bien facile à organiser réussit le plus souvent ; mais il offre, en rase campagne comme au bois, des dangers tellement graves pour les gens et les bêtes qu'il est peu de personnes qui se risquent à l'employer, même sur un terrain très éloigné des habitations et à peine fréquenté de jour comme de nuit.

VII

DES BATTUES AUX LOUPS

Les battues, quand elles sont bien conduites, offrent un des meilleurs moyens de détruire les loups ; mais on ne doit les tenter que sur des animaux bien détournés au limier ou vus par corps rentrant dans une enceinte.

Si, au traque du renard, nous avons prescrit quelques mesures de prudence quand on se proposait de battre successivement plusieurs enceintes rapprochées les unes des autres, de combien de précautions ne faudra-t-il pas s'entourer avec le loup, qui toujours vide le buisson au moindre bruit insolite !

On doit autant que possible tâcher d'abord que les traqueurs et les tireurs se rendent silencieusement à leurs postes et puis que cette manœuvre s'exécute simultanément de tous les côtés à la fois du massif qu'on veut fouiller ; la raison en est que le loup, par suite de l'incertitude forcée dans laquelle le laissera le bruit qui lui parviendra ainsi de tous les points, sera évidemment alors moins disposé à fuir qu'à se raser.

Les tireurs auront, *pour ce traque surtout*, à se placer *à bon vent*, vu l'extrême finesse de l'odorat de ce carnassier ; le ventre bien au bois, ils se cacheront de leur mieux sans perdre de vue que les fourrés et les fossés ronceux sont en effet de bonnes places, mais que, malgré cela, il leur faut ouvrir l'œil plutôt que l'oreille ; car le loup arrive si prudemment pour sauter la ligne qu'il ne fait autant dire aucun bruit perceptible et qu'on le voit bondir et disparaître avant de l'avoir entendu. Attention donc et l'arme prête !

Bien qu'on ait rarement l'occasion de tirer le loup dans l'enceinte, c'est-à-dire presque devant soi, on ne devra pas le faire si les traqueurs sont proches, parce qu'on s'exposerait à les blesser grièvement, vu la grosseur des projectiles qu'on emploie d'habitude.

Enfin les tireurs laisseront en poche leurs pipes et cigares ; mais, malgré la finesse du nez du loup, ils pourront sans le moindre inconvénient chiquer et priser tout à leur aise.

Les rabatteurs, qui ne se mettront jamais en marche qu'au signal indiquant que tout le monde est placé, conserveront avec soin leurs distances, en veillant de plus à ce que les deux ailes dépassent légèrement le centre. Quant à la conduite à tenir, les avis sont bien partagés ; car les uns veulent qu'ils fassent force tapage et qu'indépendamment des cris, vociférations, sifflements aigus, coups de bâton sur les baliveaux, cépées et ronciers, ils aient recours aux instruments qui sont d'usage dans un charivari bien conditionné, tandis que les autres soutiennent qu'il n'est ni nécessaire, ni même utile, de mener si grand bruit pour réussir. L'expérience seule, bien mieux que les plus beaux raisonnements du monde, tranche la question sans faire de jaloux, puisqu'elle prouve que l'un et l'autre moyen conduisent aux mêmes résultats et qu'à de très rares exceptions près le loup marche bien devant les traqueurs, qu'ils soient braillards ou non ; que dès lors il arrivera franchement sous le fusil des tireurs s'ils sont silencieux, bien cachés, et si en outre toutes les dispositions et précautions en usage dans les battues ont été minutieusement prises.

Il n'est cependant point à dire pour cela qu'un vieux

loup échappé à plusieurs traques ne se souviendra pas que le vrai danger n'est pas du côté du bruit et ne s'esquivera point, soit latéralement, soit en forçant la ligne des rabatteurs, qui, à un moment donné, offre toujours quelque vide, défaut grave qu'un ou deux chasseurs armés marchant *en défenses* un peu en arrière ne parviendront pas toujours à corriger. Mais une pareille mésaventure se produira fort rarement et ne sera, je le répète encore, qu'une exception à la règle générale.

Lorsqu'un loup aura été tiré sans succès à la sortie du buisson, il ne faudra jamais essayer d'en reprendre les devants; ce serait peine perdue, et nous ajouterons même que c'est tout au plus si pareille tentative offrirait quelques chances de réussite avec un louvart.

Enfin le directeur de la battue agirait avec sagesse en tenant en réserve un bon chien pour suivre et faire achever un loup qu'on jugerait aux rougeurs et autres indices avoir été grièvement blessé, ainsi du reste que cela se pratique presque toujours au traque des sangliers. A la rigueur, on pourrait y mettre le limier.

On chasse encore le loup en entourant de panneaux le buisson dans lequel on le sait rembûché; il va sans dire qu'on doit procéder à leur pose dans le plus grand silence et avec des précautions minutieuses.

Ces panneaux simulent des enceintes fermées dans lesquelles on exécute des battues qui amènent inévitablement la prise de l'animal.

Ceux qu'on emploie d'habitude sont de grands pans de filets hauts de 2^m50. Ils se fabriquent avec de la cordelette de 0^m008 de diamètre et on donne aux mailles une largeur de 0^m13 à 0^m15. Ils sont montés par en haut et par en bas sur deux cordes de 0^m12 à 0^m15 de circonférence qui portent les noms de *maîtres* et parfois de *landons*. Le panneau se dresse à l'aide de fourches enfoncées dans le sol et placées alternativement en dehors et en dedans de l'enceinte ; puis le maître inférieur est maintenu par des crochets de bois fichés en terre par leurs pointes.

Lorsqu'un buisson a été discrètement garni de panneaux sur tout son parcours, le loup ne saurait guère s'en échapper, et alors on peut facilement le détruire, soit qu'on introduise dans l'enclos des chiens ou des rabatteurs ; car l'animal, dès qu'il se sent pressé, veut fuir et donne par suite forcément dans les rets. Les fourches, qui ne sont guère enfoncées, tombent sous le choc avec le filet ; celui-ci recouvre entièrement la bête, qui s'en dégage avec d'autant plus de difficulté que dans son élan impétueux elle a bien souvent engagé sa tête dans une maille. Quoi qu'il en soit, du reste, les chasseurs se hâteront d'accourir et d'assommer le captif qui, avec ses bonnes dents, ne serait pas long à en finir avec le chanvre du filet.

On a vu, bien rarement il est vrai, un vieux loup arriver avec tant de roideur qu'il traversait le panneau comme s'il eût été de gaze ; mais sa vitesse, forcément ralentie alors par la résistance du premier obstacle dont il venait de triompher, ne se trouvait plus assez grande pour lui permettre de percer un second panneau établi à quelques mètres en arrière. Il ne faudrait pas croire d'après cela que l'enceinte est d'ordinaire ainsi doublée partout ; car, dans la pratique et encore seulement lorsqu'on le peut, on limite cette excellente précaution à quelques points connus pour être des refuites d'habitude.

Cette chasse, très amusante et fort destructive en même temps, est par malheur des plus coûteuses, parce que la remise quasi-exacte d'un loup comporte presque toujours un buisson assez étendu sous peine, si on le serre de trop près avec le limier, de faire vider l'animal. Or un buisson de quarante à cinquante hectares exige au moins deux kilomètres de panneaux, si bien qu'alors pareille opération, tous frais compris, n'est en réalité permise qu'à des veneurs plusieurs fois millionnaires. Mais, si les dégâts causés par ces carnassiers dépassent en certaines contrées les dépenses de création, de manœuvre et de transport d'un matériel aussi important, pourquoi donc les communes et départements intéressés ne prendraient-ils point ces frais à leur charge ? Car enfin un couple de loups, lorsqu'il a ses petits au liteau, ne détruit guère moins d'un mouton par jour, sans compter les chiens, chevreuils, lièvres, lapins, etc., ce qui représente un assez lourd total annuel d'animaux perdus pour tout le monde.

VIII

CHASSE DU LOUP AU FORCER ET A TIR

Peu de veneurs s'adonnent à la chasse du loup à force de chiens, parce que d'abord aucun animal n'est aussi difficile à détourner, et ensuite et surtout parce qu'en général on n'aime guère les parties cynégétiques qui vont prendre fin à trente, quarante ou même cinquante lieues du lancer.

Un vrai loup, en effet, au lieu de randonner, perce droit devant lui. Les monts, les vallées, les rivières, ne le font dévier en rien de sa route qu'on dirait tracée à l'avance sur la carte. Parvient-on à lui donner un relais, soudain il met un espace considérable entre lui et la meute, attendu qu'il craint que ses nouveaux adversaires, frais et ardents, ne se ruent sur lui et n'entraînent tous les autres à l'attaque ; mais, lorsqu'il juge à la voix moins impétueuse des chiens que leur ardeur commence à se calmer, il ralentit insensiblement sa course, ne les dépasse plus ensuite que de quelques longueurs et finit même par se laisser rejoindre tout à fait.

Enveloppé ainsi de toutes parts, il domine ce cercle mouvant de la puissance de son regard oblique et surtout de sa formidable mâchoire et le maintient constamment à distance par la simple raison qu'aucun des toutous ne se soucie d'attacher le grelot. Et ce débûcher ne s'arrête qu'à la nuit ! Puis à cette journée en succède une seconde semblable, une troisième peut-être, à la fin de laquelle haletant, épuisé, mourant de faim, rendu, le vieux loup s'ensevelira dans sa gloire ! à quarante ou cinquante lieues et plus de la première brisée (1).

Ce rapide exposé exempt d'exagération suffirait à lui seul sans doute pour refroidir le zèle des chasseurs si déjà de nombreux mécomptes ne leur avaient fait pressentir l'impossibilité de triompher d'un vieux loup à force ouverte, surtout dans les pays où il trouve fréquemment à boire et à se baigner, l'eau lui redonnant une nouvelle vigueur. On peut donc en thèse générale le déclarer *imprenable*, non pas qn'on ne puisse absolument le forcer (2), mais parce que ce sera toujours par hasard et parce qu'on pourra fort bien ne jamais recommencer, le succès pour être obtenu demandant un concours de circonstances que l'on rencontre rarement à cette chasse.

« Jean de Clamorgan dit bien, dans son remarquable ouvrage, que, si on entoure l'enceinte de gens armés de trompes et de tambourins, le loup n'osera point en sortir ; qu'on pourra dès lors lui donner un relais d'heure en heure et qu'au bout du cinquième il sera bel et bien forcé ; il ajoute même que ce moyen lui a toujours réussi. »

Malgré ma profonde confiance dans ce maître éminent, je ne puis, je l'avoue, me résigner à admettre l'excellence absolue de sa méthode, convaincu que je suis qu'un vieux loup, en pareil cas, percera quand même pour gagner au large.

---

(1) On brise le loup le soir et l'on recommence l'attaque le lendemain. On raconte comme un fait authentique que le Grand Dauphin lança à Fontainebleau un loup qui ne fut pris *que le quatrième jour* aux portes de Rennes.

(2) Presque tous les grands veneurs ont eu cette rare chance une fois ou deux dans leur vie.

Renonçant au loyal forcer de ce carnassier, quelques chasseurs tentent de l'arrêter avec des lévriers qu'on tient hardés aux accoures, qu'on découple à vue et qui ont pour unique mission de l'occuper et de donner ainsi aux chiens de force le temps de l'atteindre et d'entamer avec lui un combat à mort. Mais, si les lévriers ne l'enveloppent pas d'emblée et ne le gagnent point de vitesse dans leur premier élan, la chasse sera manquée parce qu'ils ne réussiront plus à le rejoindre ensuite, tant son allure peut devenir rapide à un moment donné,

La poursuite du loup ne présente aucun danger pour les chasseurs, à moins qu'on ne découple sur un animal atteint de la rage (1).

Quant aux chiens, sauf le cas précité, il est fort rare qu'il se retourne contre eux, quelque faibles et peu nombreux qu'ils soient ; on dirait que, se sentant découvert, il ne songe qu'à fuir. Toutefois on a vu des loups guetter une meute au passage et enlever prestement soit un traînard, soit un chien de tête ayant beaucoup d'avance, et ce à dix pas des veneurs ; l'animal saisi alors à la gorge ne jette qu'un seul cri et est étranglé en un clin d'œil, au dire de la plupart des écrivains cynégétiques. Je ne nierai point la possibilité de ces audacieux méfaits, pourvu qu'on veuille bien m'accorder qu'ils ne sont ordinairement commis que par les loups de la grande espèce.

Si, comme nous l'avons reconnu plus haut, la chasse à courre du loup est impraticable, on peut modestement du moins se rabattre avec confiance sur celle des louveteaux et louvarts, qui est des plus amusantes quand le loup et surtout la louve n'ont pas réussi à emmener la meute au

---

(1) Dans ce cas le loup se jette avec furie sur les bêtes et les gens. Nous croyons fermement qu'un piqueur attentif aux allures et autres indices n'exposera jamais son maître à une pareille malechance ; car il nous semble impossible qu'il ne s'aperçoive point qu'il détourne un animal ne se conduisant pas comme ses pareils.

loin suivant leur tactique favorite. Aussi, connaissant cette manœuvre, ne doit-on jamais omettre, avant le découpler, de placer les tireurs afin que ces grands parents ne puissent impunément sortir de l'enceinte. Cette première précaution prise, on en prend une seconde qui consiste à ne lâcher que deux ou trois chiens, qui sont bien suffisants pour leur faire vider le buisson et qu'on se hâte de rompre lorsque ces animaux n'ont pas été abattus à la sortie. Si on échoue dans leur reprise, le restant de la meute tenu prudemment en réserve suffira à la besogne.

Une fois débarrassé de ces deux pierres d'achoppement on découple, et les louveteaux sont bien vite mis sur pied. N'ayant point atteint toute leur force, ils s'éloignent peu et se font battre comme des lapins. Mais ne vous étonnez point d'être longtemps à en forcer un, quoiqu'ils n'aient que trois à quatre mois (1). Un louveteau, une fois sorti du liteau devant les chiens, se fait battre jusqu'à ce qu'il se sente fatigué. A cet instant il revient à l'endroit d'où il est parti retrouver ses camarades et donner change, en fait partir un autre et ainsi de suite jusqu'au dernier ; lors donc qu'ensuite vous forcez le premier, tous les autres le sont d'avance ; je veux dire par là que le premier *pris*, vous en *rattaquez* un second, qui ne court que cent pas, et ainsi de suite du reste de la portée. Quelques-uns sont facilement étranglés par les chiens, mais les plus vigoureux, après avoir fait une défense plus ou moins longue, s'acculent dans quelque cavité ou sous une souche, montrant déjà des dents redoutables. Il faut alors les serrer de près et les daguer au plus vite afin d'épargner de graves blessures à la meute.

De juin jusqu'en août, pour réduire ainsi une portée sans faire usage d'armes à feu, on devrait, à cause sur-

---

(1) Leconte-Desgraviers, *Essai de Vénerie* ou l'*Art du Valet de limier* ; Paris, 3ᵉ édition, 1810, pages 59 et 60. Imprimerie de Levrault.

tout de la fréquence inévitable des changes, l'attaquer avec des chiens doués de grands moyens ; mais passé cette époque et dès que ces animaux ont mis le pied dans les chaumes, on les trouverait d'une vigueur telle qu'ils pourraient tenir des heures entières devant un équipage de premier ordre. Dans ce dernier cas, il n'est pas permis d'hésiter à se servir de la carabine contre ces jeunes bandits.

Revenons maintenant aux vieux loups, et disons vite qu'au lieu de chercher laborieusement à les réduire, les veneurs bien avisés se borneront à en triompher avec le seul concours d'un bon limier, de deux à trois chiens de bonne suite au plus et de quelques tireurs d'élite.

Ainsi, quand on n'aurait au rapport du piqueur de remis qu'un loup adulte, les tireurs étant judicieusement placés, on l'attaquerait avec une couple de vieux chiens, lents et faciles à rompre, et si, d'aventure, il venait à être manqué à la sortie, tiré ou non, on conserverait encore la chance de le remettre de nouveau et pas très loin, tandis qu'il n'en serait pas de même si l'animal avait senti à ses trousses une meute nombreuse et le menant rondement ; car, dans ce dernier cas, il ne se croit tant soit peu en sûreté que lorsqu'il a changé de pays. Quand on n'aurait au contraire devant soi qu'une portée de louvarts, il est bien clair, l'arme à feu étant de mise, que la louve tomberait bientôt victime de son dévouement et qu'après sa mort, malgré leurs changes répétés, ses petits ne tarderaient pas à succomber jusqu'au dernier.

Avant de clore ce chapitre, j'estime qu'un mot sur les chiens pour loup ne sera pas déplacé ici.

La plupart des louvetiers voudraient nous faire accroire qu'on ne saurait convenablement chasser cet animal qu'avec des chiens issus d'une race ayant toujours exclusivement été tenue au loup ; c'est là une prétention par trop absolue, à mon humble avis. Je n'ignore certes pas que l'odeur du loup dégoûte et effraie la moitié au moins, les trois quarts au plus, de nos courants ; mais tous les veneurs savent comme moi que le restant s'y met fort bien et qu'avec un peu de finesse de nez, condition que remplissent les chiens de lièvre, la meute se peut aisément recruter, sous la réserve indispensable que tous les animaux choisis soient de même pied.

J'accorderai volontiers à ces veneurs récalcitrants qu'on fera sagement d'exiger de ces braves toutous pour leur admission qu'ils soient hardis, vigoureux et très mordants, mais ils me concéderont bien en retour qu'on peut, sans autre inconvénient que celui de choquer la vue, tenir fort peu de compte de la taille, de la robe, etc., quand il s'agit de composer la meute qui, soit dit en passant, n'a nullement besoin de dépasser le chiffre vingt.

Si j'ai plus haut réclamé pour les chiens de loup une certaine finesse d'odorat, c'est que je me basais sur ce fait acquis que la voie de cet animal est très froide. J'ajouterai par occasion que pour tenir la meute en haleine, il conviendrait de ne lui laisser poursuivre que des animaux à voies légères, ce qui revient à ne découpler que sur le lièvre et *tout au plus* sur le chevreuil ; mais je ne voudrais jamais sous aucun prétexte la voir mettre sur le sanglier et le renard, les arômes grossiers et pénétrants exhalés par ces animaux ne pouvant que nuire à l'excellence du nez qu'on exige avec raison chez les chiens qui la composent.

Règle générale : les chiens de loup n'en vaudraient que mieux si on pouvait ne leur donner jamais à poursuivre que ce carnassier ; mais nécessité fait loi et force à des exceptions qu'il faut subir quand on ne se trouve pas dans un pays permettant de découpler, une ou deux fois par semaine, la meute sur des loups ou louvarts ; car enfin elle ne saurait autrement manquer de s'engourdir, de devenir mauvaise, et alors mieux vaudrait mettre bas franchement.

IX

DES PIÉGES POUR LOUP

———

De tous les piéges pour loup, aucun n'a jamais valu un bon piqueur avec un bon limier, deux ou trois bons chiens, de bonnes armes et quelques bons tireurs. Cela dit pour l'acquit de notre conscience, exposons brièvement les divers procédés qu'on emploie d'habitude pour détruire ces redoutables ennemis publics.

Le piége ordinaire à palette et le piége allemand de fortes dimensions sont les engins en fer les plus usités. S'il me fallait opter entre eux, je pencherais vers le système à palette, parce qu'il me semble bien plus maniable que l'autre.

Tout le monde connaît ces piéges ; il est donc fort inutile de décrire leur mécanisme ; mais je dois déclarer qu'ils sont toujours d'un usage assez dangereux et qu'à moins de précautions extrêmement minutieuses, on court souvent le risque de tendre pour hommes ou d'estropier des animaux domestiques.

Plus ici encore que pour le renard, vu l'extrême finesse du nez du loup, il faut bien se garder de toucher ces instruments avec les mains nues, sans quoi l'animal éventerait de suite l'odeur communiquée par le contact de l'homme. On les masquera d'ailleurs absolument comme je le dirai au chapitre du renard, et on les amorcera de la même façon.

Enfin j'ajouterai qu'un piége ne doit jamais être attaché, sans quoi l'animal, qui n'a d'autre pensée que de s'échapper, ferait de tels efforts qu'il finirait par arracher du piége le membre pris ou même par le couper avec les dents ; il faut donc se borner à lier à la chaîne du piége un fort bâton de 0^{m}50 à 0^{m}60 de long qui dans le fourré laissera des traces faciles à suivre et qui de plus entravera énormément la fuite du prisonnier.

Tendre sur la passée d'un loup est bien chanceux, vu le peu de fixité de l'animal dans ses voies de sortie et de rentrée et vu d'ailleurs le peu de temps qu'il reste dans le même buisson. C'est donc à la traînée qu'on doit avoir recours pour amener au piége ce rusé carnassier, et on n'y réussit pas toujours, malgré toutes les précautions prises. Si le chasseur fait à cheval cette opération, laissant choir de temps en temps quelques lambeaux de la charogne, cela n'en vaut que mieux ; s'il opère à pied, il lui faut mettre des sabots ou bien frotter soigneusement les semelles et les quartiers de ses souliers avec la graisse d'appât dont je donne deux recettes dans la chasse du renard (1).

La corde qui sert à traîner doit être aussi soigneusement enduite de la susdite graisse d'appât.

Lorsque la traînée aboutit, soit à une charogne, soit à un abat fait par le loup, on retire la corde et on laisse le lambeau joint au cadavre autour duquel on tend trois, quatre ou cinq piéges qu'il est alors inutile d'amorcer.

Sauf le cas précédent, on doit toujours, ainsi que je l'indique au chapitre du renard, employer comme amorces

---

(1) En voici une troisième plus simple et tout aussi bonne : Faites fondre du vieux oing très rance et délayez dedans de la farine de fenugrec ; puis, presque à froid, ajoutez quelques gouttes d'huile de spic et mêlez bien : Cette graisse se conserve aisément.

pour les piéges, soit des croûtons préparés à la graisse, soit un lambeau de viande, soit un morceau de lièvre, soit un oiseau tué, etc.

Règle générale, il est toujours fort difficile avec la traînée de conduire le loup où on veut et la réussite de cette manœuvre, quelque bien exécutée qu'elle soit, n'est rien moins que certaine. Du reste, comme malheureusement c'est *le seul moyen connu*, c'est encore à lui qu'il nous faudra recourir pour amener à la fosse ou à la chambre à loups ces cauteleux animaux.

La fosse constitue, dit-on, un procédé de destruction très efficace, et cependant on l'emploie peu. Ne serait-ce pas parce que sa construction exige encore une assez grosse dépense?

Cette excavation profonde offrirait de sérieux dangers pour les hommes et les animaux domestiques si on ne l'entourait pas d'une barrière suffisante pour les arrêter, mais pouvant laisser passer le carnassier; on l'établit dans le genre de celles qu'on emploie dans bien des pays pour la clôture des prairies et qui consistent en quelques pieux bien solides percés de trous à 0^m75 ou 0^m80 de hauteur par lesquels on tend des fils de fer de 0^m004 à 0^m005 de diamètre. Cette indispensable mesure de précaution prise, voyons comment se fait la fosse :

On creuse dans un terrain sec et non susceptible d'être submergé, une fosse de quatre à cinq mètres de profondeur et on donne à cette excavation la forme d'un tronc de cône ou d'une pyramide quadrangulaire tronquée, c'est-à-dire que la base du fond est plus longue et plus large que l'entrée ou ouverture, de manière que les parois surplomblent très sensiblement afin que les captifs ne puissent pas les escalader. On soutient ces parois à l'aide de planches sur lesquelles on cloue des feuilles de zinc ou de tôle. De cette façon on empêche les éboulements et les ongles des animaux glissant sur le métal n'y peuvent trouver aucun point d'appui.

Au milieu de la fosse on plante un pieu ; sur sa tête, que l'on tient un peu plus basse que le sol naturel, on cloue une petite plate-forme carrée en planches ayant 0^m50 de côté ; sur le bord de cette plate-forme on appuie de longues baguettes, très sèches et très minces, partant très fragiles, dont l'autre bout repose sur le bord de la fosse ; sur ces premières baguettes on en place d'autres en croix, puis on recouvre le tout d'une couche de paille, ou mieux de gazon sec.

Cela fait, on va (à l'aide d'un madrier qui porte sur les deux côtés de l'excavation et qu'on retire ensuite) attacher avec des mains ou gants bien enduits de la graisse d'appât une cane ou une oie à l'anneau fixé au milieu de la petite plateforme. Ce prisonnier-amorce est retenu par un corselet semblable à celui que les chasseurs aux filets mettent aux oiseaux qu'ils font voltiger.

Le loup, conduit jusqu'à la fosse par la traînée, aperçoit la proie vivante et s'élance dessus ; mais les branches cassent sous son poids et il tombe au fond du trou.

Cet animal cependant ne donne pas de suite à ce piége, parce que les exhalaisons qui s'échappent de la terre fraichement remuée suffisent pour l'effrayer les premiers jours et parce que, par les temps de gelée, qui sont cependant les meilleurs pour la capture à cause de la plus grande faim de la bête, il s'élève constamment de cette excavation un petit brouillard qui met en éveil sa prudence. Mais peu à peu son extrême circonspection va en diminuant et un beau jour maitre loup poussé par la fringale succombe à la tentation et passe alors à l'état de victime, d'ailleurs fort peu digne de pitié.

Il va sans dire qu'on a éparpillé au loin la terre provenant de la fouille de la fosse.

Il est encore un autre moyen de prendre ces animaux, moyen qui a l'avantage de n'offrir aucun danger pour les hommes et les animaux domestiques et qu'on appelle la chambre aux loups ; voici comment elle s'établit :

On forme avec des pieux de cinq à six centimètres d'équarissage, une enceinte carrée de deux mètres de côté, en les plantant à seize centimètres les uns des autres et de façon qu'ils soient au-dessus du sol d'au moins 1ᵐ60; on doit, pour en empêcher l'escalade ou la rendre moins facile, les incliner en dedans du dixième *au plus* de leur hauteur. Sur une des faces on pratique une porte à claire-voie qui, abandonnée à elle-même, se ferme tout naturellement et bien.

Ces dispositions prises, vous placez au fond de cette espèce de chambre un morceau de charogne ou une volaille vivante, appât auquel est lié une ficelle passant dans un anneau en fer planté sur un pieu du même côté et allant de l'autre bout s'attacher à un bâton de 0ᵐ65 qui sert à maintenir la porte ouverte; ce bâton, cela va sans dire, tient assez pour ne pas choir par suite des légers chocs de l'animal à l'entrée ou d'ébranlements accidentels comme ceux d'un fort coup de vent par exemple, etc.; mais il doit pouvoir tomber au moindre tirage de la ficelle.

Le loup, toujours conduit par l'indispensable traînée, est attiré par l'appât; il rôde autour de la chambre et finit par découvrir l'entrée qui lui est offerte; le voilà dans l'intérieur : il saisit la proie convoitée et, en voulant l'emporter pour la dévorer plus loin, il tire forcément sur la ficelle qui fait choir le bâton, et alors la porte non retenue se ferme toute seule; l'animal est pris, mais on ne devra point tarder trop à venir le tuer, car, les premiers moments de surprise passés, il ne lui faudrait pas longtemps avec sa bonne mâchoire pour démolir la frêle prison qui le renferme.

Il est un autre piége-chambre dont le but est le même que le précédent, mais dont les dispositions en spirale offrent une notable différence. Toutefois, bien qu'il nous semble plus ingénieux que l'autre et presque aussi simple, bien même en outre qu'il paraisse apte à procurer la capture d'un nombre presque indéfini de loups *à la fois*, nous ne le décrirons pas ici parce que son intelligence exigerait un dessin que ne comporte pas notre simple opuscule. Mais nous n'en engagerons pas moins les amateurs à étudier ce piége dans l'ouvrage que nous leur signalons ci-dessous (1), et cela d'autant mieux qu'il offre selon nous aux départements où les loups sont communs un moyen efficace de les détruire l'hiver sans danger pour les bêtes et les gens et que sa construction ne serait pas très coûteuse, bien que cependant la dépense en soit un peu plus élevée que celle de la chambre à loups ordinaire. Disons pour finir qu'ici encore la traînée sera indispensable.

(1) Voir le *Traité général des Chasses à courre et à tir*, par une Société de chasseurs, sous la direction de M. Jourdain, inspecteur des forêts et des chasses du roi (tome 1er, pag. 109 et 110). Paris, 1822, Audot, libraire-éditeur, rue des Maçons-Sorbonne, n° 11.

X

EMPOISONNEMENT DES LOUPS

Je signale plus loin, dans la *Chasse du renard*, le danger des gobes de viande, des pruneaux, des taupes et des oiseaux farcis de poison (1), et j'en conclus que tous ces modes de destruction devraient être sévèrement interdits, quelque fût la matière vénéneuse employée. Je n'y reviendrai donc plus.

Mais, dans le même chapitre, je constate le fait de l'empoisonnement de onze loups sans qu'aucun accident se soit produit sur un animal domestique quelconque, et je préconise par suite l'emploi de la viande du chien à laquelle il est certain que les mâtins ne donnent pas, quelque avancée que soit sa putréfaction.

Voilà donc jusqu'à présent *le seul* carnage qui puisse sans inconvénient être servi aux loups avec une dose de strychnine, et je ne vois guère qu'une seule objection à faire à cette méthode sûre, c'est l'impossibilité ou la difficulté au moins de se procurer partout où besoin en est des cadavres de chiens. La chose, selon moi, n'est pas si difficile qu'on veut bien le dire et m'est avis que, même

---

(1) Sans oublier les petits poissons qui constituent de parfaits récipients, mais qui sont très bien mangés par les toutous.

dans les petites villes et dans les bourgs, avec un peu d'activité on en trouverait encore assez aisément.

J'ajouterai d'ailleurs que le nombre des cadavres qu'il faudrait se procurer n'est pas aussi grand qu'on semble le croire, et que six à huit chiens suffiraient, et au-delà, pour purger de loups un canton entier, fût-il même des plus boisés.

Quant aux diverses précautions à prendre, au choix des emplacements et des époques les plus favorables, pour ne pas me répéter inutilement, je renverrai le lecteur à la *Chasse du Renard*.

Je signale aussi dans cette chasse, au point de vue de la strychnine en particulier et des autres poisons en général, la remarquable faculté que possède la race canine et ses dérivées (elle lui est nécessaire parce qu'elle avale gloutonnement et sans les mâcher de très gros morceaux de viande), c'est de pouvoir, pour ainsi dire à volonté, soit pour soulager l'estomac trop chargé, soit pour se rendre plus leste à la course, etc., dégorger leurs aliments, de telle sorte que la plupart du temps, au moindre malaise, ces animaux, malgré le poison ingurgité, en seraient quittes, grâce à cette recette, pour quelques nausées et coliques insignifiantes ; mais aussi, pour parer à cette grave chance d'insuccès, je n'ai pas manqué d'ajouter qu'il était absolument indispensable de placer le carnage empoisonné près d'une mare, d'un cours d'eau, d'une source, d'un étang, etc., parce que le premier mouvement de l'animal, avec la strychnine surtout, qui produit de suite une chaleur très irritante à la gorge (plus peut-être que les autres poisons et toujours plus vite), est d'aller boire. L'eau calme la douleur, suspend l'envie de vomir, mais elle facilite d'autre part la prompte dissolution de la substance vénéneuse, partant son absorption et son entrée dans la circulation, et alors les vomissements sauveurs venant trop tard ne préservent plus l'animal de la mort, et ne lui permettent que bien rarement d'aller mourir au loin.

Règle générale, presque toujours avec la strychnine les animaux tombent foudroyés à une très faible distance de l'abreuvoir.

Delisle de Moncel, dans son ouvrage sur la destruction des loups, affirme en avoir fait disparaître un nombre considérable par l'emploi du poison ; « et cependant, dit-il, il était très rare qu'on pût retrouver leurs corps. » Cet étonnement cesserait sans doute pour nous avec la connaissance du toxique qu'il employait, mais qu'il ne désigne point. Car si c'était de l'arsenic, par exemple, nous ne serions pas le moins du monde surpris d'apprendre qu'alors les animaux vont presque toujours mourir au loin et, comme en pareille occurence ils semblent instinctivement vouloir cacher leurs cadavres et rechercher dans ce but pour leurs derniers moments des retraites à peu près inaccessibles, nous comprendrions fort bien que la découverte des morts ait toujours été très rare.

Remarque importante : à l'exception de l'acide hydrocyanique et de la strychnine qui deviennent généralement foudroyants lorsque l'animal peut boire de suite avec avidité, les autres poisons en usage sont d'un effet beaucoup plus lent ; la bête en meurt d'habitude, mais elle souffre plus longtemps avant de périr, et elle peut dès lors avoir assez de force pour s'en aller au loin et échapper ainsi aux recherches.

XI

DEUX MOTS SUR LA LOUVETERIE (1)

Pour prévenir ou du moins pour diminuer les ravages de ces féroces animaux, nos anciens rois avaient organisé une puissante institution, celle de la Louveterie.

La première disposition qu'on rencontre à cet égard dans nos lois est celle des Capitulaires de Charlemagne : ils ordonnent aux Comtes d'entretenir dans le chef-lieu de leur juridiction deux veneurs chargés de se livrer à la destruction des loups ; d'aider et de favoriser toutes les entreprises qui auraient pour but la poursuite de ces carnassiers. Une prime était payée par le domaine royal pour chaque tête qui était apportée.

Plus tard, lorsque l'administration des provinces eût

---

(1) Ce chapitre est presque tout entier copié dans la *Chasse à courre en France*, par Joseph La Vallée, à l'exception toutefois des appréciations sur Napoléon Ier, qui sont personnelles à l'auteur.

Joseph-Adrien-Félix de La Vallée, marquis de Bois-Robert, mort le 30 avril 1878, à l'âge de 77 ans, dans sa terre du Vernet, était un écrivain cynégétique remarquable et de plus un érudit sérieux. La cécité complète et les douleurs dont il était atteint longtemps avant sa mort ne l'empêchaient point de travailler constamment et de me donner des conseils dont je me suis toujours bien trouvé. (*L'auteur reconnaissant*).

changé de forme, des dispositions analogues continuèrent à exister, et l'on trouve encore dans les registres des dépenses publiques de cette époque un chapitre intitulé : *Pro lupis et lupellis captis.*

Quelques historiens attribuent à Philippe le Long une ordonnance qui autorise les louvetiers à percevoir, sur chaque ménage résidant dans le rayon de deux lieues de l'endroit où ils détruiraient un loup, une taxe de deux deniers parisis pour chaque loup et de quatre deniers pour une louve avec ses petits n'étant pas encore en âge de nuire. Mais les auteurs de droit, en général, ne font remonter cette institution qu'au temps de Charles VI, et la charte qui l'établit porte la date de 1404. Cette charte est relatée dans un arrêt du Parlement de Paris, en date du 7 décembre 1584.

Souvent les populations ingrates essayèrent de se soustraire à la perception du droit. On trouve dans le *Dictionnaire des Arrêts* une sentence rendue contre les habitants de Villenonce, sous la date de 1559, qui les condamne à payer.

Il faut avouer, cependant, que la perception de cette taxe donnait lieu à des abus. On accusait les louvetiers de propager l'espèce au lieu de la détruire, afin d'augmenter la somme des deniers qu'ils avaient à recevoir ; on se plaignait aussi de ce qu'ils fissent payer plusieurs fois le droit pour la même bête. Il intervint donc, le 18 mai 1610, un arrêt de règlement de la Table de marbre, qui leur prescrivit les formalités à remplir pour lever cet impôt, dont la cueillette ne devait être faite que par les receveurs ordinaires des deniers publics. Cet arrêt ordonnait aussi, pour obvier à tout abus, que la tête de chaque loup dont on paierait le droit fut clouée à la porte indiquée par le magistrat qui aurait dressé acte de sa capture.

Les louvetiers étaient soumis à la juridiction du grand louvetier, dont ils tenaient leur commission ; le grand louvetier faisait partie des grands officiers de la couronne, et le P. Anselme nous a transmis le nom des seigneurs qui furent investis de cette charge. Supprimant cette longue liste avec dates, je me bornerai ici à dire qu'avant 1471 le premier fut Pierre Hannequeau et que, nommé en 1780, le comte d'Haussonville occupa cette charge jusqu'en 1789 et en fut le dernier titulaire (1).

La charge de grand louvetier fut emportée par la Révolution française avec celle de tous les grands officiers de la couronne; mais, comme on avait détruit l'institution des louvetiers sans rien mettre à sa place autres que les lois du 11 ventôse an III et du 10 messidor an V, accordant différentes primes (2) pour la destruction des loups, lois

(1) Voici à titre de curiosité cette longue liste :
Pierre Hannequeau ; puis viennent, en 1471, Pierre-Jacques de Rosbarch ; en 1477, Antoine de Crèvecœur ; en 1479, François de La Boissière, et en 1520, son fils ; en 1534, Jacques Mornay, qui eut pour successeur Antoine de Hallewin ; puis Jean de La Boissière, seigneur de Montigny-sur-Loing ; en 1575, François de Villers ; en 1582, Jacques le Roy ; en 1598, Claude de Lisle ; en 1606, Charles de Joyeuse ; en 1612, Robert de Harlay ; en 1626, François de Silly, comte de La Rocheguyon ; en 1628, Claude de Saint-Simon, duc de Saint-Simon, qui, à la fin de la même année, renonça à sa charge en faveur de Philippe Anthonie, seigneur de Roquemont. Cette charge passa ensuite, en 1643, à Charles de Bailleul, qui eut pour successeur, en 1655, son fils Nicolas Bailleul, seigneur du Perray, lequel se démit, le 3 mars de la même année, et fut remplacé par François-Gaspard de Montmorin, marquis de Saint-Hérem. Puis nous trouvons, en 1701, Michel Sublet, marquis d'Heudicourt et de Saint-Paer, qui eut, en 1731, son fils pour successeur ; en 1753, la charge échut au comte de Flandre ; enfin, en 1780 et jusqu'en 1789, elle fut occupée par le comte d'Haussonville, son dernier titulaire,

(2) La loi du 11 ventôse an III, article 1er, alloue une prime de trois cents livres pour une louve pleine : de deux cent cinquante livres pour une louve non pleine ; de deux cents livres pour un loup, et enfin de cent livres pour un louveteau au-dessus de la taille du renard.

La loi du 10 messidor an V, dans ses articles 1 et 2, abroge d'abord la loi du 11 ventôse an III et décrète ensuite que la prime allouée sera de cinquante livres pour une louve pleine, de quarante livres par chaque tête de loup et de vingt livres par louve-

dont les effets furent insensibles, les loups déjà très nombreux ne tardèrent pas à se multiplier. Il fallut obvier au mal, et un arrêté du 13 pluviôse an V, qui reproduit en partie les dispositons de l'article 6 de l'ordonnance de 1602, ordonne de faire, *dans les forêts royales et dans les campagnes,* tous les trois mois, et plus souvent s'il est

teau. Enfin elle décide qu'une prime de cent cinquante livres sera donnée à celui qui aura tué un loup, enragé ou non, pourvu qu'il soit prouvé que cet animal se soit jeté sur des hommes ou des enfants.

Quant aux conditions du paiement, elles étaient les mêmes dans ces deux lois et les mandats n'étaient ordonnancés par qui de droit que sur la présentation de la tête du loup et sur le vu du certificat de la commune où l'animal avait été tué ; on coupait de plus les oreilles de la bête pour éviter toute fraude.

Des décisions ministérielles ont depuis notablement abaissé le chiffre de ces primes qui, aux termes de l'instruction du ministre, du 9 juillet 1818, se trouvent réduites à dix-huit francs pour une louve pleine, à quinze francs pour une louve non pleine, à douze francs pour un loup et six francs pour un louveteau : mais ces primes peuvent être augmentées d'après les circonstances qui ont accompagné la destruction de l'animal. L'augmentation, dans ce cas, est réglée par le ministre de l'intérieur, sur la proposition du préfet.

La demande de la prime doit être faite au maire de la commune, qui dresse le procès-verbal constatant la destruction du loup ; cette pièce envoyée à l'administration départementale suffit pour qu'elle ordonnance le paiement. Nous croyons donc pour notre part que le maire, sous prétexte d'éviter la fraude, n'a pas le droit de faire mutiler l'animal présenté et d'annihiler ainsi la valeur de la dépouille ; sans compter que cette mutilation inutile et inintelligente empêcherait en outre les tueurs de loups, comme cela se fait dans plusieurs contrées, d'accroître d'une façon parfois notable leurs profits en promenant les animaux grossièrement empaillés et en quêtant à domicile dans les villes, bourgs et villages. Disons toutefois que dans bien des pays cette perception volontaire est souvent trop peu fructueuse pour compenser les pertes de temps des quêteurs.

De ce qui précède, il nous faut bien conclure que le chiffre des primes officielles est tout à fait insuffisant et qu'il conviendrait, dans l'intérêt de l'agriculture et des populations rurales, de le doubler au moins.

nécessaire, des chasses et battues générales, ou particulières aux loups, aux renards, blaireaux et autres animaux nuisibles.

Cet arrêté n'est point abrogé, quoiqu'il s'exécute rarement. Les battues doivent être ordonnées par le préfet, de concert avec les agents forestiers, sur la demande de ces derniers et de l'administration municipale. Les maires et adjoints municipaux sont tenus d'y assister; ils indiquent dans chaque commune les habitants qui prendront part à la battue, et jusqu'à concurrence du nombre requis par l'arrêté du préfet; ils nomment enfin ceux qui la dirigeront.

Lorsque les habitants sont arrivés au rendez-vous, le commandant fait un appel pour constater le nom des personnes présentes. Après l'expédition, il procède au réappel pour constater le nom de celles qui se sont absentées. La liste des personnes qui n'ont pas obéi aux prescriptions de l'arrêté du préfet est transmise au procureur du roi, qui les traduit en police correctionnelle. Un arrêt du conseil du 25 janvier 1697 prononçait une amende de dix francs contre chaque contrevenant, et la Cour de cassation, le 13 brumaire an X, a décidé que les mesures prescrites par ledit arrêt du 25 janvier 1697, n'ayant été révoquées par aucune loi particulière, devraient recevoir leur pleine exécution. Les dispositions du 19 pluviôse an V ne sont pas abrogées par la loi sur la police de la chasse; mais elles peuvent être modifiées par les arrêtés des préfets. Quant à l'arrêt du conseil du 25 janvier 1697, il se trouve remplacé par le paragraphe II de la loi de 1841, qui prononce une amende de seize à cent francs pour contravention aux arrêtés relatifs à la destruction des animaux nuisibles.

Quand Napoléon I*er*, usurpant le pouvoir, entreprit de rétablir ce qu'il appelait *l'ordre* dans nos institutions, il releva les grands offices de la couronne, et la charge de grand veneur fut donnée par lui au maréchal Berthier. Jugeant insuffisantes les mesures adoptées pour la destruction des animaux nuisibles, il chargea le grand veneur de nommer dans chaque département des personnes qui se livreraient à la poursuite des loups et auxquelles on donna le nom de lieutenant de louveterie.

L'acte qui les a institués leur prescrit d'avoir un piqueur et deux valets de chiens, d'entretenir une meute de dix chiens et quatre limiers. Pour tenir cet équipage en haleine, on leur donna l'autorisation de chasser deux fois par mois dans les forêts de l'Etat. Enfin, comme on ne pensait pas qu'il fût juste de leur faire payer le droit de porter une arme employée par eux au service du pays, les piqueurs des louvetiers furent dispensés d'acquitter le droit de port d'armes, et le port d'armes des louvetiers eux-mêmes ne fut taxé qu'à un franc. Par la suite cette petite faveur disparut et leur port d'armes fut élevé au même prix que celui des autres citoyens.

La Restauration modifia peu cette organisation ; seulement elle règlementa de nouveau le costume des officiers de louveterie. Mais la Révolution de 1830, en amenant la location de la chasse dans les forêts de l'Etat, priva les louvetiers de la faculté qu'ils avaient d'y chasser deux fois par mois, et c'était le seul avantage qui leur eût été accordé. Cependant plusieurs d'entre eux persistèrent, les uns par amour du bien public, les autres par passion pour la chasse ; quelques-uns par vanité.

Voilà de nos jours mêmes où en est la louveterie, qu'on trouve encore assez facilement à recruter dans tous les départements, parce que, etc.

Il se détruit annuellement en France, au dire d'Adolphe d'Houdetot, dans sa *Petite Vénerie*, environ 1,200 loups ainsi répartis :

Vieux loups. 300
Louves 200
Louveteaux (1) . . . . . . , . 700

(1) Ce chiffre de 700 comprend aussi les louvarts.

Ce relevé a été établi sur une moyenne de vingt-cinq ans. Moitié de ces animaux est tuée par les seuls lieutenants de louveterie; ainsi, dans les chasses de 1835 et 1836, il résulte des relevés officiels qu'ils ont détruit :

Loups.	216
Louves . . . . , .	122
Louveteaux.	303
Total. .	641

Certes, se sont là de réels services gratuitement rendus à l'agriculture, et cependant il nous faut malgré tout déclarer que dans les campagnes il existe contre cette institution utile quelques tenaces préjugés. On croit, sans doute à tort pour la pluralité des lieutenants, que beaucoup de louvetiers, tout en s'occupant de la chasse des louvarts, ont soin de négliger celle des vieux loups, afin d'avoir des portées pour l'année suivante. Ce serait là, si l'accusation était vraie pour quelques-uns, et nous l'estimons malheureusement fondée, un égoïsme bien aveugle, car le loup est le plus redoutable des braconniers. Il détruit plus de gibier que les chasseurs ; et d'ailleurs quand cela ne serait pas, est-il donc permis de se préparer quelques instants de plaisir au prix de la désolation des campagnes ? Est-il licite de ne pas remplir consciencieusement des fonctions qu'on a acceptées librement ou même qu'on a sollicitées quelquefois avec ardeur (1).

---

(1) La morale de ce chapitre nous est fournie par un vieux quatrain trouvé dans un vieux livre et que voici dans toute sa naïveté :

« Le grand viel loup et la louve nuisante,
« L'homme ne doit abattre seulement,
« Mais aussi doit la race si meschante
« Des louveteaux estaindre entièrement. »

CHASSE DU SANGLIER

I

DU SANGLIER ET DE SA NATURE

Le sanglier est un vigoureux animal, de près de deux mètres de long, sans compter la queue qui mesure plus de 0m30 ; il a un mètre de hauteur au garrot ; son poids, selon qu'il habite tel ou tel canton, et selon la nourriture, varie entre 100 et 250 kilogrammes (1). Les sangliers des marais sont plus grands que ceux des forêts sèches, et ceux des îles de la Méditerranée ne sont pas à comparer à ceux du continent.

Cet animal ressemble beaucoup à son descendant domestique, le cochon ; il a le corps plus court, plus ramassé ; les jambes plus fortes, la tête plus allongée et plus aiguë ; les oreilles plus droites, plus longues, plus pointues ; le boutoir plus développé. Sa couleur varie : elle est en général noire ; les sangliers gris, roux, blancs ou tachetés, sont rares. Les jeunes sont gris-roux, avec des raies jaunâtres, dirigées d'arrière en avant, et qui disparaissent dans le cours du premier mois. Le corps est recouvert de soies longues, roides, souvent divisées à leur pointe ; entre elles se trouve un duvet plus ou moins abondant, suivant les

---

(1) Le sanglier ne dépasse 200 kilogrammes que fort rarement en France.

saisons. Sous le cou et au bas-ventre, les soies sont dirigées en avant; elles se dirigent en arrière sur tout le reste du corps, et forment, sur le dos, une sorte de crinière. Les oreilles sont d'un brun noir; la queue, le boutoir, la partie inférieure des jambes et des sabots sont noirs.

On regarde généralement les sangliers roux, tachetés, ou mi-partie noirs, mi-partie blancs, comme des descendants de cochons domestiques conduits souvent au bois, ou lâchés autrefois pour augmenter le nombre de ce gibier. On sait en effet que le cochon et le sanglier produisent ensemble des métis qui sont féconds entr'eux.

Le sanglier recherche les grandes forêts qui lui offrent des fourrés à sol humide. Là, il se creuse un trou assez grand pour pouvoir s'y loger tout entier; il tapisse même, s'il le peut, cette bauge de mousse, d'herbes et de feuilles sèches et vient y passer le jour. Si c'est un vieux mâle, sa bauge est solitaire; mais les autres, généralement sociables, la tête tournée vers le centre, se vautrent ensemble, voisins les uns des autres jusqu'au soir. A ce moment, ils se lèvent et restent d'abord sous bois où ils vermillent; puis ils courent à un étang ou à une mare pour se baigner, et ensuite, lorsque tout est tranquille, ils entrent dans les champs, et, une fois installés, ils ne les quittent pas facilement. Quand les blés commencent à mûrir, on a bien de la peine à les en éloigner; ils mangent encore moins qu'ils ne détruisent sous leurs pas. Ils saccagent souvent ainsi de grandes étendues de terrain.

Dans les forêts et dans les prairies, ils cherchent des truffes, des vers, des larves d'insectes; en automne et en hiver, des glands, des faînes, des noisettes, des chataignes, des pommes de terre et des raves. Ils mangent de tout: des animaux morts, et même les cadavres de leurs semblables; mais jamais ils n'attaquent ni mammifères, ni oiseaux vivants pour les dévorer. Il ne faudrait pas conclure de ce qu'il donne au carnage que cet animal ait un goût dépravé, car, lorsqu'il a de la nourriture en abondance, il sait toujours choisir les meilleurs morceaux.

Naturellement, le sanglier est un être plus parfait que son parent dégradé par l'esclavage. Tous ses mouvements sont rapides et impétueux, quoique un peu lourds et maladroits. Sa course est assez vive, et il va ordinairement droit devant lui ; grâce à sa conformation et à sa vigueur, il circule rapidement dans des fourrés où un autre animal ne saurait trouver un passage.

Tous les sangliers sont prudents et vigilants, mais ils ne sont pas craintifs ; ils peuvent en effet se fier à leur force et à leurs armes formidables. Ils entendent et flairent très bien ; seulement ils voient mal, comme on a souvent occasion de le constater à la chasse.

Le sanglier est doux, mais harcelé par le chien, son ennemi le plus acharné, il lui tient tête et le charge. Quant à l'homme, il ne s'en inquiète nullement s'il passe tranquille près de lui ; mais si on le provoque, si on le blesse, oh ! alors il fond sur l'agresseur avec une vitesse surprenante. Ses tranchantes défenses font dans ce cas des blessures dangereuses ; mais rarement il s'arrête, et plus rarement encore il revient sur ses pas. Si l'on ne perd pas la tête, il faut laisser le sanglier arriver tout près de soi, puis se réfugier derrière un arbre, ou seulement faire un saut de côté ; car, n'étant pas habile à se retourner, le sanglier d'ordinaire passe outre. S'il venait par hasard à persister dans ses assauts, l'homme désarmé n'aurait plus que la ressource de se jeter par terre, l'animal ne pouvant frapper que de bas en haut. Cette suprême manœuvre ne réussirait pas avec une laie furieuse, qui s'arrête devant l'objet de sa colère, le foule aux pieds, le mord et lui enlève ainsi des morceaux de chair. C'est surtout quand elle a de jeunes marcassins qu'il faut la redouter.

Le sanglier est (avec le cochon) presque le seul animal qui ait des défenses ou dents canines très allongées : elles diffèrent des autres dents en ce qu'elles sortent au dehors et qu'elles croissent pendant toute la vie (1). Il en a aux deux mâchoires, mais celles de la mâchoire inférieure sont les plus utiles ; parce que c'est avec elles qu'il blesse. On en a vu qui atteignaient jusqu'à vingt-cinq centimètres de longueur et plus, tout compris bien entendu (2).

Le rut commence à la fin de novembre et dure au moins un mois ; pendant cette époque, les vieux mâles se livrent des combats acharnés, mais rarement mortels.

Dix-huit ou vingt semaines après l'accouplement, la laie met bas, la jeune de quatre à six, la vieille de onze à douze marcassins ; elle reste cachée quinze jours avec eux, ne les quittant que juste le temps qu'il faut pour manger ; puis elle les emmène partout avec elle.

Les jeunes sangliers peuvent se reproduire à dix-neuf ou vingt mois, et on estime à vingt ou trente ans l'âge auquel ils atteignent.

Leur chair a la succulence de la viande de cochon et le goût du gibier. Les marcassins et les laies surtout sont excellents. Les morceaux les plus recherchés consistent dans la hure et dans les jambons. Enfin la peau et les soies du sanglier trouvent aussi leur emploi ; mais, quelque grande que soit l'utilité de cet animal, elle n'égale jamais les dégâts qu'il cause.

---

(1) Particularité remarquable : ces animaux ne perdent aucune de leurs premières dents, pas même celles dites de lait.
(2) Dedans et dehors comptés ensemble.

II

ÂGES ET CONNAISSANCES DES SANGLIERS

Le sanglier, en venant au monde, est marqué de bandes longitudinales, nuancées alternativement de fauve et de brun sur fond presque blanc ; c'est *la livrée*, et, tant qu'il la porte, on le nomme *marcassin*.

A quatre mois environ, la couleur de sa robe étant devenue uniforme, l'animal est dit *bête rousse*.

A un an, il devient *bête de compagnie*, et ce n'est qu'au bout de dix-huit mois, c'est-à-dire quand il se sent de force à suffire *seul* à ses besoins et à sa défense, qu'il reçoit la qualification de *sanglier* (singulus).

A deux ans et demi, il est *ragot ; tiers-ans*, six mois plus tard ; une année de plus et on le dit *quart-an* ou *quartanier* ; passé cet âge, il devient *grand vieux sanglier solitaire* ou *sanglier miré* pour toute la durée de son existance, qui est de cinq lustres environ (25 ans) (1).

Quant aux femelles, on ne les distingue qu'en *jeunes* et *vieilles* laies.

Ne pas prendre un pied de porc pour un pied de san-

---

(1) A.-E. Brehm dit de 25 à 30 ans.

glier, c'est déjà quelque chose en vénerie ; car, pour éviter cette confusion, il faut savoir que le pied du cochon est en dessous garni de chair *tendre*, tandis que la trace du sanglier est sèche et ferme ; que le premier écarte toujours ses pinces en marchant alors que le second les maintient serrées ; que l'un appuie constamment du talon et l'autre de la pince seulement ; et qu'enfin les espèces d'ergots, qui se trouvent derrière la jambe et qu'on nomme *gardes*, s'écartent peu et piquent en terre chez le porc, tandis que, plus larges, plus grosses et plus écartées chez l'animal sauvage, elles s'impriment sur le sol comme deux portions de croissant.

Ajoutons encore (sans trop nous arrêter à l'empreinte laissée à terre par les rides transversales qui se forment entre les gardes et le talon chez les vieux animaux) que le pied du porc est plus usé, plus rond et plus petit que celui du sanglier ; que celui-ci a plus de pied devant que derrière, ce qui n'existe pas chez l'autre ; et qu'enfin le sanglier, à l'inverse du porc, ne se méjuge pas et met constamment la trace de derrière juste sur le talon, mais un peu en dehors de celle de devant, *à cause des suites*.

La laie, qui en temps ordinaire n'est pas obligée comme le mâle d'écarter les jambes postérieures, pose au contraire sa trace un peu en dedans et juste sur le talon ; mais, quand elle est pleine, force lui est bien alors de marcher comme le sanglier. Dans ce dernier cas, on pourrait la confondre avec lui si on ne se rappelait point qu'elle a presque autant de pied derrière que devant, que son pied est plus long, que ses pinces sont toujours ouvertes, que ses gardes ne donnent presque pas en terre et qu'enfin d'habitude les femelles se tiennent toujours en compagnie.

Lorsqu'une des pinces est plus longue que l'autre et se contourne en forme de croissant, on dit que le sanglier est *pigache*. Cette connaissance ne laisse pas que d'avoir son utilité en cas de change ou de défaut.

Le sanglier aimant à se vautrer dans la vase, on parvient quelquefois à y revoir l'empreinte entière de son corps, ce qui permet de le bien juger ; il faut donc toujours examiner la bauge avec soin.

En sortant du souil, si l'animal s'est frotté comme d'ordinaire contre les baliveaux voisins, on peut sans peine apprécier exactement sa taille.

Lorsqu'un sanglier a frappé les arbres avec ses défenses, a vermillé tard et ne s'est remis qu'après le jour, on doit le présumer hardi et dangereux ; mais, s'il est rentré au fort alors qu'il était encore nuit, s'il s'est recelé dans des endroits découverts où il peut aisément avoir vent du trait, ou enfin s'il s'est arrêté dans des cantons que ne hantent jamais les sangliers du pays, on affirmera, sans crainte de se tromper, qu'on a affaire à un animal timide et *fuyard* ou à une bête de passage.

L'allure, c'est-à-dire l'amplitude du pas, ainsi que la profondeur des boutis et la grosseur des laissées, permettent approximativement de juger de l'âge et de la force ; l'urine jetée sur les fientes prouve qu'on a une femelle devant soi (1).

---

(1) Voir, pour plus amples détails, l'*Ecole de la Chasse*, par Le Verrier de La Conterie ; — *La Chasse à courre et à tir en France*, par Joseph La Vallée ; — *La Petite Vénerie*, par Adolphe d'Houdetot, et presque tous les auteurs cynégétiques anciens et modernes.

III

DES BATTUES OU TRAQUES

Il n'est point de chasseur en France qui n'ait assisté à une opération de ce genre et qui n'ait pu dès lors se bien rendre compte de tous les détails de ce mode particulier de destruction. Je n'en parlerais donc pas s'il ne me semblait nécessaire de signaler les diverses causes qui, la plupart du temps, font avorter ces utiles tentatives.

Les préfets, lorsqu'ils autorisent des battues sur les demandes motivées des maires, me paraissent se préoccuper fort peu de l'état des bois sous le rapport de la végétation ; et cependant quel veneur ignore que ces opérations sont presque toutes condamnées d'avance à ne pas réussir si le massif forestier qu'elles concernent ne se trouve pas alors entièrement dépouillé de ses feuilles !

D'autre part, il est d'expérience certaine que par la gelée ou la neige le gibier marche mieux devant les traqueurs ; ce qui logiquement devrait d'une façon invariable faire préférer ces temps-là à tous autres.

On comprend à la rigueur qu'harcelés de plaintes à des époques intempestives les préfets ne soient pas toujours moralement libres de choisir les instants les plus favorables ; mais ces raisons n'existent pas pour les propriétaires de bois, et ces derniers seraient inexcusables s'ils ne tenaient pas plus grand compte des données de l'expérience. Je me hâte de le dire ici bien haut, tous ou presque tous en font état : aussi le succès leur manque-t-il rarement !

Le directeur d'une battue ne saurait ignorer l'habitude *constante et incurable* qu'ont tous les traqueurs de négliger les ronciers *trop difficiles à fouiller;* pourquoi donc alors ne tenterait-il pas d'y remédier autant que faire se peut en leur laissant prendre avec eux quelques roquets, qui, s'écartant à peine, se glissant partout, ayant du nez et donnant de la voix, les aideraient à mettre debout des animaux sur lesquels trop souvent on marche sans qu'ils daignent se lever ?

Les traqueurs, au lieu d'être pour ainsi dire livrés à eux-mêmes, ne devraient-ils pas se voir toujours conduits et surveillés par des gardes forestiers et par deux ou trois chasseurs expérimentés qui, restant un peu en arrière, maintiendraient l'ordre de marche prescrit, les empêcheraient d'emboîter le pas, renverraient les fainéants et enfin refouleraient à coups de fusil les animaux si naturellement enclins à forcer la ligne des rabatteurs, pour peu qu'elle leur offre des vides favorables et qu'ils éventent les tireurs postés ?

Enfin le directeur d'une battue officielle ferait bien, selon moi, de s'enquérir un peu plus de l'habileté et de la prudence des tireurs qui s'y présentent; en tout cas, il devrait au moins leur imposer une discipline très sévère. Par ces moyens on assurerait le succès de la traque et, du même coup, les chances d'accidents redoutables seraient singulièrement diminuées (1).

---

(1) Il serait avantageux également de proscrire les mauvais *flingots*, plus dangereux pour les voisins que pour le gibier, et de n'admettre en général que les fusils doubles.

IV

L'AFFUT DANS LES BOIS ET LES CHAMPS

Suivant les saisons, l'affût des sangliers se pratique de diverses manières ; je vais les décrire très brièvement ici, quitte à renvoyer le lecteur, pour plus amples détails, à la source même où j'ai puisé (1).

Il est dans presque tous les bois une ou plusieurs mares, qui ne tarissent jamais et dans lesquelles, pour peu qu'un taillis épais les environne, ces animaux aiment l'après-midi à venir prendre le souil. Le chasseur qui aura bien constaté cette habitude, pourra en profiter, moyennant d'assez minutieuses précautions, soit que par de petits sentiers ménagés à loisir il vienne surprendre ces bêtes entrées au bain d'assurance, soit qu'il les guette du haut d'un arbre voisin. Ce dernier mode me semble le plus sûr de tous.

Quand un chêne laisse choir des glands précoces et qu'on y a remarqué la venue des sangliers, vous n'avez qu'à gauler l'arbre dès le matin et à vous poster auprès un peu avant le coucher du soleil.

Les braconniers, alors que ces pachydermes ne trouvent plus rien à manger aux champs et aux bois, les appâtent avec quelques poignées de pois gris qu'ils sèment plusieurs jours de suite, dans les parties de forêt bien hantées par

---

(1) *La Chasse au fusil,* par Magné de Marolles. Nouvelle édition de 1836 ; pages 162 à 170.

ces animaux, et viennent après les y guetter le soir. Ce moyen ne me paraît susceptible de réussir que dans les hivers très rigoureux.

A l'époque de la maturité des grains, on peut de nuit affûter les sangliers qui viennent faire leurs mangeures dans les récoltes voisines des bois. Vous ne compterez pas d'abord sur leur venue avant onze heures ou minuit, et ensuite vous ne perdrez pas de vue, en vous rendant au poste, qu'à l'instar du loup et du renard, cet animal, quand les plantes sont hautes, reste très bien couché tout le jour dans les champs et qu'une rencontre de ce genre peut faire échouer complétement votre projet.

J'entends bien dire qu'on pratique fréquemment ces divers affûts dans nos environs, mais je sais aussi qu'on n'y tue guère de sangliers. Et cependant je connais, parmi les gens qui s'y adonnent plus ou moins, quelques gaillards qui *n'ont pas froid aux yeux*, qui tirent bien un coup de fusil et qui certes ne manquent ni de ruse ni de patience. Force m'est donc d'en conclure que ces divers modes d'opérer ne sont pas si productifs que Magné de Marolles veut bien le dire.

Je connais encore une manière assez originale d'affûter la nuit dans un bois où on a pu de jour constater la présence des sangliers. Elle consiste, en suivant les lignes et chemins dudit bois, à essayer de se placer sur leur passage alors qu'ils voyagent en vermillant d'assurance dans le fourré ; mais, dit M. Jourdeuil (1), qui a pratiqué cette chasse avec un certain succès en Bourgogne, il faut que le veneur, pour pouvoir tirer avec quelque précision, soit favorisé par une belle lune déjà haute à l'horizon et puis encore qu'il ait bien soin de se tenir au-dessous du vent, d'abord pour mieux entendre l'animal vermillant et ensuite pour échapper à son flair si subtil.

(1) Voir la *Chasse illustrée*, année 1868-1869, p. 20, 21 et 22. M. Jourdeuil a écrit un excellent traité sur la *Chasse à la Bécasse*. (Lamarche, éditeur, place Saint-Etienne, Dijon.)

V

LE ROUTAILLEMENT DU SANGLIER

Cette chasse, beaucoup plus pratiquée en Allemagne qu'en France, a été décrite tout au long par le célèbre Hartig, dans son *Traité*.

Elle se fait à l'aide d'un roquet ou d'un courant *quasi muet* (espèce de demi-limier) avec un homme *seul* ; mais, si dans ce cas elle ne laisse pas que d'être fort destructive, nous devons dire qu'elle le devient encore plus quand le piqueur opère en compagnie de bons tireurs postés autour des enceintes. En France, nous nommons cela *routailler le sanglier*.

Le chasseur, qui opère *seul*, se sert d'un basset ou d'un simple roquet ; comme alors le sanglier, méprisant un si chétif adversaire, s'émeut fort peu de ses cris plus ou moins étouffés et ne daigne pas même souvent sortir de sa bauge, on comprend fort bien qu'on puisse parvenir ainsi à le fusiller à bout portant. Mais cette manière d'opérer ne pouvant aboutir qu'avec des animaux *hardis*, il a bien fallu en trouver une autre qui fût de mise avec toutes les bêtes noires, et c'est alors qu'on a imaginé de se servir d'un courant quasi muet, ne précédant son maître que de peu et se bornant à faire vider l'enceinte garnie de bons tireurs en nombre suffisant.

Si le sanglier n'a pas été tiré à la sortie, comme il ne s'épouvante guère des cris d'un seul chien, il franchira une ou deux enceintes, puis se rembûchera dans un fort où il sera facile de le cerner de nouveau et de recommencer le routaillement.

Par la neige, un homme *seul* suffit souvent pour tuer le sanglier qu'il suit au pas, pourvu qu'il ait la précaution préalable de se lier à la jambe, au-dessus du genou, une sonnette pareille à celles qu'on met au col des vaches et chevaux pâturant dans les forêts. Accoutumées en effet à entendre nuit et jour ces tintements, les bêtes fauves et noires ne s'en épouvantent point ; ce qui donne beaucoup d'avantage au chasseur pour les approcher, d'autant plus que ces sons argentins couvrent le bruit qu'il ne peut se dispenser de faire en marchant sur la piste.

Gaston Phœbus dit encore qu'on peut prendre les sangliers *en ventriant*, c'est-à-dire en prenant le vent ; mais peut-être aussi, ajoute non sans raison Joseph La Vallée, ce mot signifie-t-il bien *se traîner sur le ventre* pour rejoindre et surprendre le gibier. Dans ce dernier cas alors le chasseur, à l'instar des sauvages, ramperait sur la piste et, avec la sonnette à bétail en moins, ce serait là à peu près le même mode d'approche et de surprise que celui que nous venons d'indiquer plus haut.

VI

CHASSE DU SANGLIER AU VAUTRAIT

Les veneurs dans toute l'acception du mot ne courrent d'ordinaire que les vieux sangliers et plus particulièrement les mâles. Dans ce but, dit Adolphe d'Houdetot, ils entretiennent un équipage spécial que l'on nomme *vautrait*.

Cet équipage, composé d'un nombre assez grand de chiens de 54 à 56 centimètres de hauteur, bien hardis, vigoureux et très mordants, a pour dangereuse mission de forcer l'animal conformément aux règles classiques de la vénerie, et le couteau ou la carabine du piqueur ne doivent mettre un terme à la lutte sanglante et inégale que lorsque la bête ne peut absolument plus courir et n'emploie plus le reste de ses forces qu'à détruire la meute.

Une opération de ce genre est généralement très meurtrière ; car un ragot à son tiers-an ou quartanier possède la force et les armes nécessaires pour découdre successivement une centaine de chiens, et puis on rencontre bien souvent encore des vieux sangliers qui, dès le début, refusent de courir et entament de suite le combat ; si bien qu'au lieu d'avoir un laisser-courre, c'est à une véritable boucherie qu'on assiste.

Aussi est-ce avec un réel plaisir que nous constaterons qu'aujourd'hui on ne pratique pour ainsi dire plus ce courre si fatal aux chiens et si dangereux pour le piqueur, et que les cavaliers munis *tous* d'armes à feu n'attendent plus pour s'en servir que la bête soit réduite. Malgré cela, nous pensons avec Clamart que la chasse des bêtes *lourdes et dangereuses* devrait être d'une manière exclusive *réservée aux mâtins* dont nous parlerons bientôt.

A notre sens et pour obéir en outre à l'esprit de la loi Grammont, le vautrait ne devrait être employé qu'au courre des animaux d'un an qui, d'après Domenico Boccamazza dans ses *Chasses de la Transtévérine*, peuvent être forcés *et même étranglés* par les chiens; dans le cas d'ailleurs où la meute ne serait pas assez vigoureuse pour accomplir *sans aide* ce dernier exploit, rien n'empêcherait de se rabattre alors sur les bêtes rousses. Enfin, bien qu'elles mordent et piétinent ferme, nous ne verrions pas de bien graves inconvénients à tenter aussi de réduire les laies, même celles de forte taille.

Nous n'ignorons certes point la difficulté de remettre de jeunes bêtes si promptes à s'alarmer et à fuir au moindre vent du trait; mais nous croyons que le piqueur avec du tact et de la prudence pourra très bien y parvenir.

Nous savons en outre qu'il ne sera pas facile d'éviter au début de faire plusieurs chasses, ces jeunes animaux se tenant presque toujours en bande; et cependant nous estimons qu'avec l'aide intelligent et actif des veneurs on réussira en peu de temps à rallier tout le vautrait sur une seule bête.

Enfin nous ne nous dissimulons pas qu'à moins d'avoir une meute *exceptionnellement vite* les bêtes de compagnie, par exemple, pourront tenir quatre ou cinq heures et même davantage; mais cette considération ne saurait arrêter les veneurs alors que leurs chevaux sont bons et que le vautrait est alerte et robuste.

Avant de clore ce chapitre, il convient d'indiquer qu'on rencontre *parfois mais rarement* de gros sangliers qui, quoique bien armés, se montrent *fuyards et ne se retournent jamais contre les chiens ;* ce sont là de vrais porcs pour la douceur et on peut sans crainte de carnage les livrer au vautrait. Un piqueur habile les devinera bien vite à leurs allures, et surtout à ce fait qu'ils se rembuchent invariablement de très grand matin, quelquefois même avant le petit jour.

J'en ai vu un de cet acabit, qui pesait cent vingt kilogrammes ; il fallut une douzaine de balles pour le jeter bas, et, à chaque coup de feu, il criait absolument comme un porc qu'on maltraite.

VII

CHASSE DU SANGLIER AUX MATINS

―――――

« Je serais disposé, tout au moins à l'égard du sanglier,
« dit Adolphe d'Houdetot dans sa *Petite Vénerie*, à imiter
« l'exemple des chasseurs des Ardennes qui, depuis long-
« temps renonçant aux chiens d'ordre persistants, cou-
« rageux et de grand prix, les remplacent par des mâtins
« et des roquets... des roquets ramassés dans le voisinage,
« chiens alertes, agiles, se faisant piétiner, mais non
« éventrer, et rendant encore de meilleurs services que
« les mâtins dont les attaques sont trop franches. Fina-
« lement, une meute de trois mâtins et de cinq roquets,
« faciles à remplacer, ferait tuer, et à moins de frais, plus
« de sangliers que les meilleurs chiens de pure race. »

Sans aller du reste chercher des exemples ailleurs, rappelons-nous que dans les anciennes véneries l'équipage du vautrait était formé de chiens bâtards, de mâtins et de quelques corneaux, afin sans doute de ne pas trop chasser à la muette.

Nous avons feuilleté en vain le Roy Modus, Jacques du Fouilloux, Le Verrier de la Conterie, et sans Gaston Phœbus nos recherches n'auraient point abouti. Ce qui prouve que de son temps on avait des chiens exprès dans les meutes pour arrêter et coiffer, c'est d'abord la surprise nocturne dont il parle et que nous avons renvoyée à la fin de cet article, et puis ensuite c'est le passage suivant que nous extrayons de son chapitre LIV :

« Ci devise comment on doit férir le sanglier. Et s'il vuelt
« descendre de cheval, aux abais en mi les fortz, ce ne
« sera mie de mon conseil, si n'i ha lévriers ou alans, ou
« mastins ; quar s'il faut à le bien férir, ce que on fet
« bien voulontiers, quar il se cuevre trop bien de sa teste,
« le sanglier ne le faudra pas à tuer ou blessier. »

Quant à Magné de Marolles, il se borne à dire :

« On chasse quelquefois le sanglier avec deux ou trois
« mâtins ou chiens de cour, parmi lesquels il y en a beau-
« coup qui le chassent naturellement et quelques-uns avec
« une telle ardeur, qu'ils le suivent pendant des journées
« entières. Ces sortes de chiens, lorsqu'ils ont joui, sont
« excellents. »

« Cette chasse-là, déclare Toussenel, devrait être l'apa-
« nage exclusif du mâtin. Les anciens tuaient le sanglier
« à l'épieu. Cette méthode longtemps adoptée par la vé-
« nerie française a été abandonnée pour le fusil, mais les
« nobles veneurs sont restés fidèles aux traditions de l'art
« antique. »

Enfin nous lisons dans le *Chasseur au chien courant*, d'Elzéar Blaze :

« La chasse la plus prompte et la plus agréable que l'on
« puisse faire au sanglier, c'est celle que nous avons in-
« diquée au chapitre du loup, avec des lévriers et des
« dogues, et que voici : Si l'on a plusieurs lévriers, des
» chiens de force, on peut les placer en avant sur les pas-
« sages que doit prendre le loup et les faire donner les
« uns après les autres pour l'arrêter. Nous possédons le
« boule-dogue, animal d'une force prodigieuse et capable
« de terrasser un loup ; mais, ne courant pas assez vite,
« il ne peut point être employé tout seul ; il lui faut une
« avant-garde composée de lévriers pour arrêter l'ennemi
« et il rejoint alors et attaque. »

Comme voilà tout ce qu'on peut puiser sur ce genre de chasse dans les auteurs anciens et modernes, force nous est bien, si nous voulons en savoir plus long, de nous rabattre sur la méthode d'attaque du sanglier par les mâtins, qui a été pratiquée avec succès dans les Ardennes françaises par le vieux piqueur Clamart, au livre (1) duquel nous allons faire de nombreux emprunts :

« La chasse aux mâtins (2), dit-il, ne convient que pour les gros sangliers (3) ; elle est dédaignée par les veneurs aux grands équipages, qui la taxent même de braconnage ; mais c'est celle qui fait rapporter le plus de gibier à la maison et partant c'est celle qu'on doit pratiquer de préférence contre des ennemis publics tels que le sanglier et le loup. »

Au dire de ce vieux praticien, *la vraie, la bonne* chasse au gros sanglier exige *l'emploi simultané* de corneaux, de mâtins et de roquets.

« Les corneaux, ou métis du chien courant et du chien d'arrêt, font bien mieux à cette chasse que *les courants purs* et d'ailleurs coûtent bien moins cher ; ils ont plus de nez que les mâtins sur les voies froides, et ils donnent des coups de gueule de rapproche ; ils attaquent franchement le sanglier à la bauge, lui tenant ferme jusqu'à ce qu'il se mette sur pied ; après, ils le suivent et ils le chassent longtemps. »

« Les mâtins sont en général des chiens de garde des bêtes à cornes, ce qui les a accoutumés à la hardiesse et à mordre. On ne les découple qu'après l'attaque par

---

(1) *Cinquante années de chasse*, 1854.

(2) Pour renseignements sur les dogues, mâtins et autres chiens de force, voir le *Dictionnaire des Forêts et des Chasses*, par Léon Bertrand ; 1846, p. 104 et 105.

(3) Clamart affectionne tout particulièrement l'adjectif *gros* et n'emploie jamais celui de *grand* ou de *grand vieux*, qui néanmoins serait plus correct.

les corneaux parce qu'ils ont peu de nez ; mais c'est sans hésiter qu'ils suivent le sanglier lancé.

« Quand ils ont été bien dressés et aguerris et lorsqu'ils se sentent bien soutenus par le piqueur, ils profitent hardiment du passage de la bête dans les parties claires de la forêt pour la saisir aux écoutes et aux suites, seuls endroits par lesquels on peut l'arrêter. Ils coiffent aussi dans les fermes, mais s'ils échouent sur un animal dangereux et sont repoussés par lui jusque sur le piqueur, comme il ne faut pas fort inutilement exposer la vie des chiens, ce dernier devra les soutenir au plus vite et tuer le sanglier.

» *Les plus gros chiens*, ajoute avec raison Clamart, ne sont pas toujours ceux qui s'affranchissent le mieux de la terreur naturelle qu'inspire un gros sanglier, je dirai même que ce sont *les petits* qui, dans les endroits les plus dangereux, soutiennent *les gros*, parce que les petits, quand ils se voient chargés, trouvent plus facilement retraite et échappent d'ailleurs au boutoir par leur faible taille. Voilà pourquoi il est bon de joindre aux corneaux et aux mâtins des roquets, surtout *des carlins bâtards*, espèce hargneuse, méchante, entêtée et criarde. »

Il résulte bien clairement pour nous du petit livre de Clamart, *qui a seul jusqu'à ce jour traité de cette chasse presqu'à fond*, que la composition de la meute doit se borner à huit ou dix corneaux, douze au plus, à deux ou trois mâtins et à un ou deux roquets, « et que l'enceinte étant *au préalable* entourée par les tireurs, le piqueur y
« doit pénétrer pour appuyer les chiens et leur donner
« confiance, attendu que les corneaux et même les mâtins,
« s'ils ne se sentaient pas bien soutenus, surtout quand
« ils savent qu'ils vont avoir affaire à un gros sanglier,
« n'attaqueraient que timidement, *et même pas du tout*,
« parce qu'ils redoutent naturellement l'animal. »

« Dès qu'un sanglier était bien coiffé, passant fort vite derrière lui, je l'achevalais d'un saut, saisissant en même temps ses deux oreilles ; et puis, échappant de la main droite, je le saignais à la gorge avec mon couteau-poignard comme on fait pour un cochon. » Cette manœuvre, certes, n'était pas sans péril, même pour un homme leste et fort comme Clamart ; aussi n'y recourait-il sans doute que lorsqu'il ne voyait que ce moyen d'en finir et qu'il craignait qu'un coup de feu ne pût être fatal à un ou plusieurs des chiens engagés. Du reste, dit-il, je n'ai jamais été blessé dans ces chasses dangereuses, grâce à mon expérience, mon sang froid et ma prompte résolution.

« Aussitôt l'animal mort, on doit se hâter de faire la curée chaude, parce qu'elle est la vraie récompense des chiens et parce qu'elle les encourage à se conduire de mieux en mieux dans de nouvelles rencontres. Il m'est arrivé bien souvent, dit-il, ayant perdu la chasse, de retrouver mes mâtins qui, comptant sur moi et sur la curée, faisaient ferme depuis deux heures. Aussitôt qu'ils me voyaient, ils s'élançaient et je tuais. »

Cette chasse, pour être fructueuse, ne devant s'adresser qu'à de grands ou de grands vieux sangliers, animaux d'ordinaire fort peu disposés à fuir longuement et d'ailleurs trop confiants dans leurs armes pour se laisser essouffler par une menée rapide, il est indispensable de remettre toujours avec soin et de bien s'assurer qu'on est sur les traces de bêtes pesant *au moins* une centaine de kilogrammes.

Clamart, qui aurait bien fait de nous dire s'il dressait au préalable ses mâtins à saisir les bons endroits, ou s'il se bornait à attendre la chose de leur instinct naturel sur le terrain, nous raconte la manière dont il a amené deux boule-dogues de très forte taille à coiffer le sanglier, et, d'après ce qu'il en dit, nous nous croyons fondé à croire que l'éducation de ses chiens de force ne se faisait qu'en présence de l'ennemi et que *la sévère discipline* imposée par lui à ses mâtins était bien *la seule instruction préparatoire* qu'il jugeât à propos de leur donner (1).

Les mâtins, habitués de bonne heure à la garde des bêtes à cornes, n'auront évidemment jamais, grâce à l'expérience acquise, l'idée malencontreuse d'assaillir de front un sanglier et ils se porteront tout naturellement sur les derrières et de préférence sur les flancs ; mais, si on emploie d'autres chiens de force, hardis et méchants, comme par· exemple ceux dont Clamart vient de parler, ne conviendrait-il pas de leur faire bien contracter à l'avance l'habitude d'attaquer par derrière ou par côté dans le double but de leur éviter des blessures et de leur faire connaître les seuls points vulnérables de l'animal ?

L'utilité de ce dressage préliminaire étant, je suppose, reconnue, comment l'effectuer ? On en conçoit fort bien la possibilité en théorie, mais de là à un procédé pratique, il y a encore assez loin.

Je ne saurais, ce me semble, mieux clore la chasse aux mâtins que par la surprise nocturne de Gaston Phœbus, que je copie au chapitre LXII, intitulé :

---

(1) « M. Rœderer, de Reims, dit Clamart, m'avait confié deux mâtins pour les dresser à la chasse des loups et des sangliers. C'étaient des boule-dogues métis, de très grande taille, et des plus méchants. J'en suis venu à bout non sans peine.

» D'abord, pendant deux mois, ils avaient refusé d'attaquer les sangliers ; ensuite ils avaient bien attaqué, mais sans oser approcher d'assez près pour leur faire ferme ; enfin je suis parvenu à leur donner plus de résolution en tirant devant eux et en blessant fortement deux gros sangliers. L'un des chiens, s'étant approché pour coiffer, fut blessé ; cependant, à la deuxième reprise, il a coiffé, et j'ai tué le sanglier ; quant à l'autre chien, il avait refusé même d'essayer de coiffer le deuxième sanglier.

» Peu à peu, tous les deux se sont affranchis et ils ont toujours coiffé depuis. »

« *Ci devise comment hon puet prendre sangliers à vau-
« triers :*

« Aussi puet hon prendre les sangliers à vautrier qui se fet en tel manière.

« Quant en une forest hon scet qu'il ha de la glant ou fayne, les sengliers, truyes et autres porcz, qui se relièvent à l'entrée de la nuyt, vont là pour fère leurs menjures. Donc doit celuy qui veult veautrier aler après le premier somme de la nuyt, à tous mastins, alans et lévriers audessous du vent de là où il scet que les menjures sont ; et doivent estre six compaignons ou plus ; et chascun doit tenir deux ou trois chiens, et en doivent leissier aler l'un. Et celuy ira tantost trouver les sangliers, quar il a le vent au nés et les abayera, et ilz ne s'en boudieront (1) jà pour le chien tou seul, espicialement, car ilz auront le vent au contraire, qu'ils n'orront ne sentiront riens ne de chiens ne de gens. Et dès que les compaignons orront abayer, ilz doivent leissier aller tous leurs autres chiens sans crier ne faire noise, et courre après à tous leurs espieux et trouveront qu'ilz en aront prins un ou deux ou plus. »

Une surprise pareille pourrait encore réussir de nos jours par un beau clair de lune ; seulement les épieux se verraient supplantés par les couteaux de chasse avec lesquels on servirait plus commodément les animaux coiffés.

Un mot encore sur l'attaque par des lévriers seuls avant de finir ce chapitre déjà bien long :

« Ayant chassé avec succès le sanglier algérien à l'aide de slouguis (2), et ayant ramené plusieurs de ces lévriers

---

(1) Bougeront.
(2) Lévriers africains de pure race. — Voir, pour plus amples renseignements, la *Chasse du Chevreuil, du Sanglier, du Renard, du Blaireau et du Lapin,* par le commandant Garnier, avec une Préface de Joseph La Vallée (pour le sanglier). Paris, 1876, Auguste Aubry, éditeur, 18, rue Séguier.

en France, j'ai voulu, m'écrit un capitaine de chasseurs à cheval, les utiliser. Grâce à la bienveillance d'un ami de ma famille, il m'a été permis de voir ce qu'ils pourraient faire dans une forêt du Jura, la Serre.

» Le 28 octobre 1874, près du point dit *La Croix-du-Dode*, un solitaire était remis. J'entrai au fort derrière le limier, qui ne tarda pas à se mettre au ferme devant l'animal. Mes lévriers immédiatement découplés l'attaquèrent dans sa bauge ; il ne put vider l'enceinte, et ma balle l'abattit au milieu des chiens.

» J'acquis malheureusement alors la certitude que ce genre de chasse pratiqué avec succès par moi en Afrique était sinon impossible du moins très meurtrier pour les slouguis, qui ne peuvent se garer des bourrades de l'animal au milieu des fourrés épais des forêts de France, où les ronces les arrêtent à chaque pas et entravent leurs rapides mouvements. L'un d'eux eut ce jour-là une patte broyée, et j'ai depuis entièrement renoncé à les mettre sur le sanglier. »

Cette expérience prouve, comme il fallait s'y attendre, que les lévriers, pas plus que les mâtins, ne peuvent saisir et arrêter les sangliers *que dans les parties claires des bois.*

VIII

CHASSE DU SANGLIER A COURRE, A TIR ET A CHEVAL

En traitant de la chasse au forcer, j'ai dit que ce mode d'agir, peu humain et fort dangereux, n'était plus guère usité en France, que même les amateurs du beau bruit d'une meute nombreuse portaient presque tous l'arme à feu et qu'ils n'attendaient plus d'ordinaire pour s'en servir que la bête fut bien et dûment réduite conformément aux règles classiques de la vénerie.

Grâce à l'emploi du fusil, les chasseurs qui ne peuvent se donner le luxe coûteux d'un grand équipage ont aujourd'hui la ressource d'entretenir à peu de frais une petite meute de dix à douze chiens assez vites et, s'ils sont bien montés, de courir avec autant de succès le sanglier qu'autrefois.

De plus, avec un équipage aussi modeste, *pour peu qu'on mène grand bruit*, il sera facile et moins dangereux de chasser le sanglier. On l'attendra à bon vent derrière une cépée, on le tirera à balle franche et, quand on sera assez adroit, on le frappera au défaut de l'épaule.

Si la bête de meute réussissait à percer sans avaries majeures, on ne serait pas gêné, grâce au bon coursier qu'on aurait entre les jambes, pour prendre bien vite les grands devants, se poster de nouveau et attendre l'animal au passage ; si bien qu'on finirait presque toujours par le jeter bas ou par le blesser de telle sorte qu'il ne resterait plus au piqueur que la tâche de l'achever au ferme.

Pratiquée ainsi par d'habiles cavaliers dans des forêts bien percées, cette chasse devient agréable et fort peu fatigante pour tous, excepté néanmoins pour le piqueur, obligé qu'il est, pour soutenir constamment la meute au plus près, de brosser de nombreuses heures de suite au plus épais des bois, les sangliers affectionnant les forts d'une façon toute particulière et autant dire continue.

Mais si piqueur et veneurs opèrent *à pied*, oh ! alors la note change singulièrement, et la chasse devient des plus pénibles. Avant de passer au chapitre où elle sera traitée tout au long, il nous semble nécessaire de dire quelques mots *sur un moyen préservatif pour la meute*, que Jacques Du Fouilloux déclare excellent : « C'est une chose
» certaine, dit-il, que si on met des colliers chargés de
» sonnettes au col des chiens courants, alors qu'ils courent
» le sanglier, il ne les tüe pas si tost, mais il s'enfuira
» devant eux, sans tenir les abbois (1). »

Nous n'avons jamais vu employer ce singulier moyen de préservation, et ne pouvons dès lors en parler par expérience ; mais, à vrai dire, malgré l'autorité de Du Fouillonx et celle encore d'Edmond Le Masson, qui répète et confirme le fait, nous ne pouvons croire à la sérieuse et *continue efficacité* de cette recette merveilleuse, et, en voyant qu'elle n'a été mentionnée ni par Magné de Marolles, ni par Joseph La Vallée, ni par Blaze, ni par d'Houdetot, ni par Toussenel, bien que chacun d'eux en eût connaissance, nous sommes tout porté à conclure de *cette omission volontaire* de leur part qu'ils partageaient notre manière de voir sur *l'innocuité* de ce mode de préservation.

(1) *La Vénerie*, édition de 1844, page 61.

IX

CHASSE DU SANGLIER A COURRE,
A TIR ET A PIED

S'il n'est pas surprenant que les anciens auteurs cynégétiques français ne disent mot de cette chasse presque inconnue à leur époque, on a en revanche le droit de s'étonner que les écrivains modernes n'en fassent *tous* qu'une mention des plus écourtées, alors qu'ils n'ignoraient certes point qu'elle se pratiquait de leurs jours dans la plupart des forêts de France.

Pour justifier ce reproche nous allons faire voir à quoi se bornent à peu près tous leurs renseignements sur ce déduit :

« La chasse la plus ordinaire du sanglier, où il ne s'agit
« que de tirer, et non de forcer, dit Magné de Marolles,
« se fait à pied par plusieurs chasseurs ; alors cinq ou six
« chiens suffisent. Si l'on a un limier et quelqu'un qui en-
« tende le métier de détourner, on fera l'enceinte et alors
« on découplera à coup sûr. Mais on aura grand soin de
« laisser auparavant le temps aux tireurs d'aller se poster
« à bon vent sur les refuites présumées. A défaut de pi-
« queur, un chasseur devra toujours serrer les chiens
« d'aussi près que possible pour les appuyer et au besoin

« les secourir, dans le cas assez fréquent, avec les ragots
« et les vieux solitaires, où la bête de meute s'aviserait
« de faire tête et de les charger. »

« Selon nous, ajoute d'Houdetot, une petite meute de
« huit à dix chiens est dans d'excellentes conditions ; plus
« nombreuse, elle provoquerait iufailliblement le sanglier
« à prendre un grand parti ; moins nombreuse, elle justi-
« fierait ses velléités de résistance. »

Tel est à peu de chose près tout le bagage cynégétique de nos modernes auteurs ! Essayez de marcher avec cela, comme le font malheureusement du reste la plupart des petites sociétés de chasse à pied, dans leur ignorance des véritables règles à suivre, et, sauf quelques succès dus au hasard, vous ne tarderez pas à être convaincus avec moi de l'insuffisance absolue de la méthode préconisée par ces écrivains.

Pour remédier au manque absolu de principes qui vient d'être signalé, j'ai eu recours aux connaissances d'une société qui, depuis une douzaine d'années, fonctionne avec de remarquables succès, pour ainsi dire sous mes yeux, dans la forêt communale d'Auxonne (Côte-d'Or), dont la contenance est d'environ 1,400 hectares et dont le sol est fort peu accidenté. Ses principaux membres se sont fait un véritable plaisir de mettre leur expérience, leurs observations, souvenirs et notes, à mon entière disposition, si bien, ami lecteur, que je vais vous en faire part *avec prodigalité.*

La société d'Auxonne accepte le chiffre de meute préconisé par d'Houdetot, mais elle trouve plus qu'insuffisantes les règles fournies par Magné de Marolles. Elle ne se borne pas à exiger de ses membres d'être rompus à la marche, même aux allures vives, d'être d'une ténacité que rien ne rebute, de savoir bien jeter un coup de fusil, de se montrer en forêt sobres de paroles et de sonneries, de posséder une connaissance parfaite des bois, refuites, sentiers et faux fuyants, et enfin de savoir remettre un sanglier et surtout le bien juger au pied ; car elle estime qu'un veneur ne peut être digne de ce nom s'il ne possède pas ces qualités, aptitudes et connaissances. Mais ce à quoi elle attache une importance capitale, c'est à *l'art d'acharner les chiens après le sanglier* d'abord, et puis ensuite c'est *à l'emploi d'une tactique rationnelle de chasse*.

Persuadé moi-même que la stricte observance de ces deux modes d'agir exerce une énorme influence sur le succès, comme du reste la pratique le prouve surabondamment, je vais les examiner avec tout le soin qu'ils méritent.

Disons d'abord en passant et avant tout que la société n'emploie pas le limier ; elle ne fait faire *à vue* le bois par deux de ses membres, qui habitent les lisières de la forêt, que par la neige et les beaux revoirs.

Mais comme trop souvent ces deux chasseurs, obligés de travailler pour vivre, ne se trouvent pas libres aux moments favorables, elle a voulu s'affranchir de toute entrave et, dans ce but, elle a habitué ses chiens à faire des rapprochers de deux ou trois heures, d'une demi-journée au besoin, et c'est merveille de voir la ténacité qu'y mettent ces braves toutous sans jamais se rebuter une seule minute.

Avant d'acharner les chiens, comme la société l'exige, il faut d'abord les bien mettre dans la voie du sanglier.

Quelques auteurs disent qu'on doit les faire débuter sur de jeunes bêtes. Gardez-vous en bien ! car vous leur feriez prendre ainsi une confiance trop grande, qui pourrait leur coûter la vie dès qu'ils attaqueraient un animal dangereux.

Il est préférable, comme on le fait par ici, de mettre les débutants sous la conduite de vieux chiens, qui à la vérité se montreront tenaces, mais qui leur donneront en même temps de sages leçons d'adresse et de prudence. Nul veneur n'ignore du reste que *l'éducation par l'exemple* est en effet celle que les jeunes chiens comprennent le mieux, parce que leur instinct naturel les porte à imiter les vétérans, dans lesquels ils prennent bien vite une entière confiance.

A propos de jeunes chiens, permettez-moi un conseil en passant : La chasse du sanglier étant très fatigante, on ne doit pas, sous peine de les forcer, la leur laisser faire toute une journée tant qu'ils n'ont pas deux ans révolus ; mais il est bon et même nécessaire, après leur première année, de les y mettre quelques heures, deux fois par semaine, afin de les habituer, et ce toujours en compagnie de vieux chiens expérimentés.

Une fois vos toutous dans la voie du sanglier, si vous voulez *les acharner,* il faut d'abord qu'ils se sentent constamment bien soutenus et ensuite, s'ils venaient malgré tout à être rebutés et à se retirer, ne jamais manquer de les coupler, et puis invariablement de les reconduire et découpler au ferme, en les y appuyant avec la plus grande énergie possible. Voilà le seul et vrai moyen de les acharner ! Et il est certes bien plus sûr que celui qui consisterait à *les faire éventrer* pour *les rendre excellents,* d'après le proverbe bien connu : *Chien décousu n'en devient que meilleur !* ce procédé en effet, sans tenir compte de ceux qui en meurent, ne réussit qu'avec un très petit nombre de toutous, la généralité se dégoûtant à tout jamais de cette dangereuse poursuite après une pareille épreuve.

Comme ce n'est qu'avec des animaux tenaces, acharnés et prudents, que la société accomplit ses exploits, il nous faut examiner soigneusement dans quelles races courantes on trouverait le plus aisément ces chiens *à succès.*

En thèse générale, *les chiens d'ordre* ne conviennent point à cette chasse parce qu'ils sont trop franchement courageux, leur généreuse ardeur les jetant aveuglément et en face sur le sanglier, ce qui les fait tuer ; puis, d'autre part, ils sont trop collés à la voie, ce qui les expose à tomber infailliblement sous les coups de la bête de meute chaque fois qu'elle charge *sur son contre ;* enfin la dernière raison qui porte encore à les rejeter, raison qui a son importance pour des veneurs à modeste fortune, c'est leur prix élevé, qui rendrait la chasse par trop coûteuse si les morts étaient nombreux chaque année. Toutefois (ce qui prouve une fois de plus qu'il n'y a pas en ce monde de règle sans exception), je dois avouer que j'ai vu à l'œuvre deux ou trois chiens d'ordre devenus acharnés, prudents et fort peu collés à la voie, c'est-à-dire *parfaits* pour cette chasse. Mais je n'en persiste pas moins à croire que l'extrême ténacité, qui assure le succès et supprime le découragement, n'est pas généralement dans la nature de ces animaux d'élite.

C'est donc, en somme, aux corneaux, ou mieux à leurs croisés avec les chiens purs, qu'il convient de donner la préférence, soit qu'on utilise la race ardennaise si mordante, la vendéenne si dure ou le briquet de Franche-Comté si entreprenant. Au total, pourvu que les chiens choisis poursuivent, sans relâche, tiennent longtemps au ferme *en criant, et ce sans jamais se rebuter,* voilà l'essentiel ! Or, les produits dont je viens de parler remplissent bien cet office et, avantage précieux au point de vue de leur conservation, n'étant point par nature collés *religieusement* à la voie, ils prennent fort vite la salutaire habitude de ne suivre le pas de la bête qu'en s'en tenant, toujours sous le vent, à une distance respectueuse et en dehors de dix à quinze mètres, ce qui les soustrait aux effets meurtriers des retours offensifs. J'ai vu souvent, et je ne suis pas le seul, des solitaires non-seulement s'arrêter court pour attendre les chiens de pied ferme, mais encore rebrousser sur leur contre, courir prestement au devant d'eux et les charger avec furie. Aussi, aimerais-je mieux pour la chasse du sanglier, s'il me fallait opter, recourir à des bricoleurs, recoupeurs et sauteurs, qu'à de braves chiens collés à la voie et voués fatalement dès lors aux coups de boutoir de chaque animal tant soit peu dangereux !

La tactique de la société d'Auxonne ne consiste pas seulement à garnir l'enceinte de bons fusils, quand son effectif présent le lui permet, mais encore et surtout à se garantir contre un grand parti que chercherait à prendre l'animal pour lui échapper.

Sachant d'expérience que, malgré sa constante habitude de percer dans le vent, le sanglier ne répugne pas trop à une fuite latérale, quitte à reprendre bien vite la direction dont il n'a dévié un moment que par prudence, et sachant aussi qu'il est fort coutumier de s'évader par son entrée même, elle surveille avec soin *les latéraux* de l'enceinte et ne manque jamais de placer un bon fusil *au contre-pied*. Mais là ne se borne pas toute sa science ; car, toujours en prévision d'un grand parti, elle n'oublie jamais d'envoyer *en avant* de la refuite présumée deux ou trois chasseurs *en défenses* (1), ayant pour mission spéciale de mener grand bruit pour faire rebrousser l'animal désireux de prendre le large. J'ajouterai même qu'afin *qu'il ne force pas impunément ces défenses* on ne confie d'ordinaire ces postes *qu'à de très bons tireurs.*

Cette manœuvre savante réussit le plus souvent, et le sanglier ainsi retourné court grand risque, s'il n'est tué sur le coup pendant qu'il rôde dans l'enceinte, de se voir au moins atteint assez sérieusement pour se trouver dans l'impuissance d'échapper à la mort par une fuite lointaine. Sa seule ressource en effet, alors qu'il est ainsi maléficié, ne consistant plus qu'à tournailler, tenir au ferme et charger les chiens, il est fatalement condamné à recevoir bientôt le coup de grâce. La société est donc dans le vrai quand elle considère toute bête, qui se trouve

(1) Prendre un grand parti semble une idée fixe chez le sanglier. Les défenses, pour la forêt d'Auxonne, se placent plus ou moins loin, d'après le vent, au nord, à l'est ou au sud de l'enceinte parce que ces trois directions sont *les seules* que prennent les animaux pour gagner au large. On comprendra sans peine que c'est une étude à faire dans chaque forêt en particulier.

en pareil état, comme devant tomber forcément sous ses coups si la poursuite demeure tenace.

D'autre part, elle est si intimement convaincue que, pour suivre le droit carrément, les chiens aiment à se sentir bien appuyés et en force, sans quoi ils se modèrent d'eux-mêmes, chassent mollement et quelquefois mettent bas, que voici les recommandations expresses qu'elle fait à tous ses membres :

Si le sanglier ne veut pas quitter la bauge, comme il s'en trouve parfois, un chasseur ira *à bon vent* près des chiens et tâchera de le tirer ; en tous cas, il l'obligera à lever le cul.

Si l'animal vient à charger la meute et qu'on puisse marcher au ferme, les chasseurs les plus rapprochés devront s'y rendre *sans bruit et à bon vent* le plus vite possible. Grâce au silence, on aura l'heur de tirer avec succès, et, grâce à la seconde précaution, on ne sera pas exposé à s'entretuer (accident beaucoup trop commun).

Si vous êtes empêché ou trop éloigné pour arriver à temps au secours de la meute, faites le plus de bruit possible afin de relancer la bête ou tout au moins de l'occuper et de l'inquiéter ; n'hésitez même pas à tirer dans ce but des coups de fusil en l'air.

Ces sages prescriptions doivent être exécutées à la lettre ; car, si vous ne les suiviez pas, vos chiens livrés à eux-mêmes, quelque acharnés qu'ils soient, finiraient par se rebuter, et puis il ne faut perdre jamais de vue que chaque retour offensif du sanglier (retour qui peut déjà vous coûter vos meilleurs chiens) doit être d'autant plus efficacement réprimé que cet animal a bonne mémoire et que, pour peu que dans un fort inaccessible il ait réussi *une seule fois* à se débarrasser des chiens, il ne manquera jamais par la suite de recommencer en même lieu une semblable manœuvre.

Quelques auteurs, d'Houdetot en tête, vous diront avec gravité :

« Quand le sanglier prend, dans un dernier effort, une
« avance considérable, ne pensez pas que ce soit dans le
« but d'échapper aux chiens ; il ne se forlonge ainsi, ma-
« nœuvre autrement perfide, que pour se donner le temps
« de choisir un champ de bataille favorable : terrain sale,
« défoncé, roncier, obscur, inaccessible aux hommes et
« aux chiens, semé d'arbres abattus, de roches, dont il
« se fait un abri, car il a aussi bien l'instinct de la défense
« que celui de l'attaque. »

Eh bien ! voici la réponse de la société d'Auxonne :

Tout ce qu'il a de vrai dans cette romanesque explication, c'est qu'en opérant de la sorte le sanglier a principalement pour but de distancer les chasseurs qu'il redoute, et alors, ce résultat obtenu, d'en profiter bien vite
pour rebuter la meute livrée à elle-même, *et ce sans trop
se préoccuper du champ de bataille.*

Il convient toutefois de ne pas perdre de vue qu'à la
suite de cette course longue et rapide l'animal échauffé ne
manque guère d'aller prendre un bain dans une mare en
plein bois et que, ces réservoirs naturels étant d'ordinaire
entourés d'un fourré plus ou moins épais, il semble avoir
choisi intentionnellement ce fort, tandis qu'en réalité c'est
l'eau seule qui l'a attiré. Il s'y vautre avec délice et s'y
trouve si bien qu'il ne peut plus se décider à en sortir,
donnant par là aux chiens le temps de le rejoindre ; et
alors c'est là tout naturellement que le combat s'engage (1).

En pareil cas, comme la prompte intervention des chasseurs est fort nécessaire, tous les membres de la société

---

(1) N'omettons pas de dire ici que le bain nuit tout aussi bien
à la vigueur du sanglier qu'à celle du cerf et que, s'il est prolongé, il lui casse littéralement les jambes. Quant au loup, il
échappe à ce péril parce qu'il boit, mais ne se baigne pas, ou
seulement quelques secondes.

suivent le débucher, à deux ou trois lieues et plus de la forêt d'Auxonne, et les plus lestes d'entr'eux s'efforcent sinon de regagner les grands devants, ce à quoi ils réussissent parfois, mais au moins d'arriver à la bataille le plus tôt possible.

La nuit *seule* arrête forcément ces intrépides veneurs, qui alors, bon gré malgré, se voient contraints de revenir sans leurs chiens ; mais ceux-ci sont en général de bonne retraite et rentrent tout seuls au chenil le lendemain, quelquefois plus tard. Ils sont d'ailleurs munis de colliers avec noms et adresses et n'ont guère à redouter que les loups, bien éclaircis d'autre part dans nos alentours par l'enpoisonnement de onze d'entr'eux, pendant l'hiver de 1874-1875, à l'aide de chiens farcis de strychnine et déposés en plaine, à cent mètres environ de la forêt et à proximité de l'eau (1).

———

Deux mots sur le change avant de terminer :
« S'il arrive qu'un sanglier, en battant les différents
» forts, se mêle dans une harde de son espèce, dit Edmond
» Le Masson, et que les chiens le quittent pour en prendre
» un autre, il faut les rompre et requêter la bête de meute.
» Il est rare toutefois que cet accident se présente, parce
» que la chasse du sanglier est peut-être celle où les chiens
» gardent le mieux le change. »

A ce propos, la société fait remarquer qu'il est en effet très rare que les vieux chiens quittent le droit, mais que le change se produit beaucoup plus souvent que ne le croit Edmond Le Masson, *et ce toujours par le fait des jeunes chiens.* Elle recommande alors, si on s'en aperçoit assez

---

(1) Ce poison, qui altère fortement l'animal, agit sur lui d'autant plus vite et plus sûrement qu'il peut mieux étancher sa soif ; si donc l'eau se trouvait trop loin, on risquerait de voir le loup provoquer des vomissements capables ou de le sauver ou de lui permettre d'aller mourir au fin fond des bois.

promptement, de s'efforcer de les rompre et de les rallier à la menée des vétérans, opération facile lorsqu'un chasseur alerte et entendu surveille d'assez près la meute.

Quand par malheur le change n'a pas été deviné à temps et qu'il se confirme à l'avantage d'une bête chassée depuis des heures, le succès de la journée est bien compromis, parce que la meute déjà fatiguée voit tout-à-coup l'allure, de molle qu'elle était, devenir vive et parce qu'elle se trouve par suite hors d'état de soutenir la lutte contre un animal tout frais qui défile grand train.

Cette accélération subite de vitesse, au dire de nos veneurs, est un des indices les plus certains du change.

———

La société d'Auxonne ne chasse *sérieusement* d'habitude le sanglier que lorsque la feuille est tombée, c'est-à-dire en novembre, décembre, janvier et février.

On comprend en effet combien la menée serait dangereuse pour les hommes et surtout pour les chiens, dans les fourrés feuillus où bêtes et gens ne verraient pas à deux mètres devant eux.

Cependant, fin septembre et en octobre, on se risque parfois à découpler pour mettre les toutous en haleine, mais ce n'est pas là une partie *sérieuse*.

La méthode de chasse que je viens de décrire de mon mieux, peut se résumer ainsi :

Savoir bien acharner la meute après le sanglier préalablement remis ou lancé au rapprocher ; garnir le mieux possible l'enceinte de bons tireurs en gardant avec soin le contrepied ; ne pas manquer d'aller au ferme à bon vent et en silence, et, si on ne le peut pas, tirer au moins des coups de fusil, etc., pour inquiéter et faire repartir la bête ; tâcher à l'aide de défenses judicieusement postées de l'empêcher de prendre un grand parti et de l'obliger par suite à tournailler sur place, ce qui l'amène infailliblement à recevoir quelques balles et à succomber à la longue ; puis, si malgré cette manœuvre, presque sûre alors qu'elle est bien exécutée, l'animal parvient à s'enfuir, jouer vigoureusement des jambes, au signal donné par les défenses, afin d'arriver le plus vite possible au secours de la meute pour le ferme final.

—

Ma tâche serait terminée si je ne croyais indispensable de mettre sous les yeux du lecteur les quelques observations fort intéressantes sur cette chasse que la société possède ; ce sera l'objet du chapitre qui suit.

X

OBSERVATIONS INTÉRESSANTES DE CHASSE

Par la neige, quand le bois est chargé et même seulement si le sol est recouvert d'une couche de quinze centimètres environ d'épaisseur, le sanglier se lève, se remet, en un mot ne veut pas se faire chasser parce qu'alors il se fatiguerait bien vite. D'autre part, cet animal, lorsqu'il est *adulte*, ne fait que ruser, tourner sur lui-même et tenir au ferme si le bois est plein d'eau. Le chasseur, qui dans ces trois circonstances suivra la meute de près, aura donc de belles occasions de tirer.

—

Tous les animaux à pied fourchu, remis dans une enceinte, ont une prédilection marquée à en sortir par leurs contrepieds; plus le bois est rempli d'eau ou de neige et plus ils persistent avec tenacité dans cette manœuvre.

—

Presque tous les chiens, quand on les découple sur le pas d'un sanglier, semblent se complaire au contrepied. Les vieux, abusés sans doute de prime abord par la forte odeur, s'emballent jusqu'à deux ou trois cents mètres et puis d'eux-mêmes reprennent le droit; mais les jeunes, s'ils ne ralliaient pas à la voix respectée des anciens, suivraient longtemps le contre, parce que cette odeur qui va toujours en se refroidissant les rassure contre un voisinage trop immédiat et redouté.

Quand on a bien du reste l'habitude d'une meute, on doit pouvoir, même à une assez grande distance, reconnaître facilement si elle donne sur le contrepied, par la raison que les chiens vont alors plus mollement que d'ordinaire, qu'ils fournissent moins et que les intonations de leurs voix sont sensiblement changées.

—

Lorsque des sangliers de diverses tailles sont réunis, vous pouvez tenir pour certain que toujours les vieux chiens empaumeront de préférence les gros, tandis que les jeunes s'attaqueront aux petits. Il va sans dire que ces derniers, moins aguerris que leurs aînés, sont guidés dans ce choix par l'instinct de la conservation.

Cependant, chose singulière, on a pu remarquer que des chiens, menant bien d'habitude le sanglier, hésitaient fort à chasser une bande de marcassins livrés à eux-mêmes. J'ai été témoin de ce fait, et j'ai gardé en outre souvenance qu'une fois l'indécison des toutous surmontée, ces bêtes de deux à trois kilogrammes avaient tenu près de deux heures devant une petite meute assez vite.

—

Quand on tombe sur une bande de sangliers, parfois les chiens se divisent et en chassent plusieurs au début, quasi chacun le sien ; mais ils ne tardent guère à se rallier sur un seul à la voix des vieux. Si après l'avoir tué, on se rappelle bien l'endroit où le ralliement s'est fait, et si on y retourne, on ne manquera jamais, à cent ou cent cinquante mètres de ce point, de retrouver les autres, qui y sont demeurés bien tranquilles aussitôt qu'ils ont compris qu'ils n'étaient plus chassés.

J'ai vu ainsi, le même jour, attaquer et tuer successivement trois bêtes de compagnie qu'on avait aperçues ensemble au début. Ce qui permet pareille réussite, c'est que le sanglier en troupe, de jour comme de nuit, ne se sauve pas loin au bruit du fusil et de la meute.

Les mâles au rut, lorsqu'on pratique la manœuvre précédente, se livrent successivement aux chiens ; la société en a ainsi tué trois de suite et a fini par abattre la laie dans la même journée.

—

La laie, quand elle a des marcassins, ne manque jamais de se livrer *à vue* aux chiens dans l'espoir de les emmener au loin et de sauver sa progéniture. Cette manœuvre maternelle est bien connue de tous les chasseurs, mais nombre d'entr'eux sont dans l'erreur lorsqu'ils prétendent que, *seule de toutes les femelles des animaux*, elle ne retourne pas à ses petits et que ce sont ces derniers qui doivent, malgré leur jeune âge, s'efforcer de la rejoindre en prenant sa piste dès qu'ils n'entendent plus le bruit de la chasse. Ce qui est certain, c'est que la laie, si elle a pu échapper à la meute, ne retourne pas à ses petits dans la même journée et qu'elle attend la nuit pour se livrer à leur recherche, en les appelant par ses grognements qu'ils entendent alors de loin et auxquels ils s'empressent d'accourir.

Lorsqu'une laie nourricière vient à être tuée, ses marcassins sont fatalement perdus, à moins qu'ils ne soient recueillis par une bête en pareil état, qui alors les allaite en même temps que les siens. Ce n'est du reste que par une conduite de ce genre qu'on peut expliquer le nombre inusité et la différence marquée de taille qu'on remarque dans certaines bandes de marcassins.

—

On voit des sangliers de toutes grandeurs qui, pour avoir été souvent attaqués ou peut-être bien blessés, sont devenus si craintifs et si fuyards qu'ils quittent la bauge au moindre vent du trait ; ceux-ci ne demandent pas à être rapprochés et réclament le plus grand silence (1). On doit user des mêmes précautions en détournant les laies, alors surtout qu'elles sont accompagnées de marcassins.

—

Lorsque vous attaquerez une bête de vingt-cinq à quarante kilogrammes, attendez-vous à courir vite et loin ; la peur lui donnera des ailes, mais ne l'empêchera point de ruser, comme un lièvre ou un chevreuil, sur terre, dans les ruisseaux et rivières, mares et étangs.

—

Le Verrier de la Conterie nous dit :

« Le sanglier mort, on le laisse fouler aux chiens ; après
« quoi on leur fait la curée du dedans, qui leur suffit,
« parce qu'ils ne sont pas friands de cette chair. »

Tandis qu'Edmond Le Masson soutient au contraire :
« qu'on doit se garder bien de le laisser fouler aux chiens,
« mais s'empresser de lui couper les suites, qui gâteraient
« bientôt la chair dont on ne fait pas curée, parce qu'elle
« dévoie les chiens et les rend trop mordants. »

Cette contradiction *n'est qu'apparente* et chacun d'eux a raison à son point de vue. En effet : les chiens ne sauraient jamais être *trop mordants* quand la tâche de forcer et de porter bas presque à eux seuls leur incombe, tandis qu'une petite meute, assistée de tireurs, ne doit pas être mordante, parce que trop de hardiesse nuit à sa conservation et parce que son vrai rôle doit se borner *à bien tenir et crier au ferme le plus longtemps possible*, tout en restant à une distance respectueuse de la bête.

La société d'Auxonne évite avec le plus grand soin de

---

(1) Un sanglier, de cent quatre-vingt-dix kilogrammes, rapproché par les chiens dans la forêt d'Auxonne, débarrassait bien avant leur venue à la bauge et gagnait ainsi sur eux une avance de plus d'un kilomètre ; mais par malechance il tombait sous le fusil d'un chasseur attardé. Cela se passait le 16 novembre 1871.

laisser fouler le sanglier, parce qu'elle sait d'expérience que cette *jouissance* rend les chiens non-seulement si jaloux mais encore si furieux qu'ils se battent toujours dessus avec un acharnement indicible. Elle érige même en principe absolu que, si de jeunes chiens ont foulé une bête, ne fût-ce qu'un instant, il faut de toute nécessité, le même jour, s'abstenir soigneusement de les découpler, surtout sur un animal dangereux, parce qu'infailliblement trop enhardis alors ils ne manqueraient pas de se faire découdre.

Quant au motif qu'invoque Le Masson pour ne pas faire la curée, je ne le crois pas très sérieux, parce qu'il me semble impossible d'admettre que la chair du sanglier soit capable de dévoyer les chiens d'une façon grave, attendu que d'abord les plus voraces n'en mangent que fort peu et qu'ensuite la grande majorité n'y goûte qu'avec une visible répugnance et même qu'en se faisant beaucoup prier.

—

Au moment de clore ce chapitre, je m'aperçois de deux oublis fâcheux que je m'empresse de réparer.

Elzéar Blaze, dans le *Chasseur au Chien courant*, préconise, comme suit, une précaution qui me semble tout à fait inutile et souvent même impraticable :

« Il est essentiel, à cette chasse, dit-il, d'être *toujours*
» *deux ensemble*, et de ne pas se quitter. Le sanglier blessé
» ou manqué fond souvent sur le chasseur, et, si ce der-
» nier était seul avec son fusil déchargé, sa position de-
» viendrait critique. Dans ce cas, son compagnon peut
» tirer l'animal à bout portant. »

« Les dangers que peuvent courir à cette chasse les
» veneurs, répond carrément le vieux Clamart, ne se
» montrent que quand il leur manque l'expérience, le
» sangfroid et la prompte décision ; car moi qui, en ma
» vie, ai bien tué, soit à coup de fusil, soit de mon cou-

» teau de chasse, trois cents sangliers, dont beaucoup
» étaient très redoutables, je n'en ai cependant jamais été
» blessé. »

A cet argument sans réplique possible j'ajouterai que la société d'Auxonne, qui ne s'est en aucun temps conformée *et pour cause* à la prescription de Blaze, n'en a pas moins de 1863 à 1874, abattu cent quatre-vingt-quatre de ces terribles animaux, sans qu'un seul chasseur se soit trouvé en péril sérieux et sans même perdre un seul de ses chiens (1).

———

Tous les membres de la société ne se servent que de fusils à bascule, calibre 16 ; ils ne tirent d'ordinaire qu'à balle franche et n'usent presque jamais du plomb moulé que pour les bêtes rousses, et bien rarement pour les bêtes de compagnie.

(1) Voici encore une communication sérieuse qui vient à l'appui de mon dire :

« De 1867 à 1881, me mande M. Gridel, il a été tué, devant
« ma meute de dix à douze mâtins, 897 sangliers ; sur ce nom-
« bre, 300 ont été abattus par moi, 200 par mon piqueur, et le
« reste par mes compagnons de chasse ; plusieurs de ces bêtes
« coiffées ont été servies au couteau.

« Pendant cette période, quarante-trois mâtins ont péri à
« mon service ; mon piqueur et moi nous avons été blessés
« quelquefois, mais peu grièvement. »

M. Gridel, lieutenant de louveterie, habite Baccarat, au pied des Vosges ; il ne chasse qu'avec des chiens de force.

XI

CONCLUSION

Si Clamart, en un demi-siècle de pratique, a tué ou fait tuer glorieusement six cent trente sangliers, soit en moyenne un peu moins de *treize par an*, ce qui représente déjà un fort joli chiffre, la société d'Auxonne, dont le nombre des victimes a dépassé *quinze par année*, de 1863 à 1874, et qui n'a jamais eu à sa portée des moyens de destruction aussi avantageux, n'est-elle pas en droit de se montrer fière de ses succès et n'ai-je pas eu quelque peu raison de la citer comme un excellent modèle à suivre ?

Pour faire encore davantage apprécier son mérite, il me faut initier le lecteur à quelques détails concernant le difficile théâtre de ses exploits, la composition de son personnel, etc.

La chasse de la forêt communale d'Auxonne comporte un adjudicataire et douze cofermiers, lesquels peuvent légalement y conduire quatorze invités, ce qui ferait un total respectable de vingt-sept tireurs ; mais trois ou quatre sociétaires (1), chassant à part et de préférence le

(1) Je suis de ceux-là, par goût d'abord, et ensuite parce que mes jambes de soixante-dix ans ne me permettraient pas de pratiquer une chasse aussi pénible.

lièvre et le chevreuil, voir même le renard, à leur corps défendant, il en résulte que la poursuite spéciale du sanglier se trouve concentrée seulement entre les mains de l'adjudicataire sousté de huit cofermiers, ce qui réduit à dix-neuf le chiffre légal et maximum des veneurs,

Ce chiffre, ainsi qu'on va le voir, est en réalité insuffisant pour fournir le piqueur et les défenses et pour bien garnir l'enceinte, attendu que les coupes de la forêt mesurent plus de quarante hectares ; que, si elles ne sont généralement pas très larges, 250 à 300 mètres, en revanche leur longueur dépasse 1,200 et atteint même parfois 1,800 mètres ; que, le terrain étant presque plat, les refuites sont fort incertaines ; que dès lors par prudence il faut garder partout, et qu'une enceinte de trois à quatre kilomètres de pourtour n'est guère facile à défendre avec dix-huit ou dix-neuf tireurs espacés entr'eux de 200 mètres au moins

De tout quoi il faut nécessairement conclure que, placée dans des conditions de réussite aussi défavorables, la société n'en a que plus de mérite à obtenir les beaux résultats que j'ai signalés (1).

---

(1) Le détail, avec dates, des animaux mis à mort est là sous mes yeux, et les noms des vainqueurs y sont joints ; mais, suivant le désir formel des sociétaires, je n'en publierai rien. Seulement je me permettrai d'attirer l'attention sur l'année 1863-64, dans laquelle cinquante-deux sangliers ont été abattus, dont sept le jour même de la clôture de la chasse, pesant ensemble 710 kilogrammes.

CHASSE DU RENARD
—

A malin, malin et demi.

I

DU RENARD ET DE SA NATURE

―――

Chez tous les peuples on a considéré le renard comme l'emblème de l'astuce ; nul autre quadrupède n'emploie plus de finesse pour se rendre maître de sa proie.

« Il passe à chasser une partie du jour et la nuit presque entière ; il quête le nez au vent et s'avance toujours avec la plus excessive circonspection, en posant doucement le pied à terre, de peur de donner l'éveil à sa proie ; mais lorsqu'il est arrivé près d'elle et qu'il la croit à portée, il bondit avec une extrême rapidité, et rarement elle lui échappe. Les lièvres, les lapins et tous les menus animaux lui servent de pâture ; il mange aussi les faons des cerfs et des chevreuils nouvellement nés. Il a l'odorat très fin et lorsque le vent lui apporte le sentiment de quelque oiseau, il s'avance doucement en se traînant à terre jusqu'à ce qu'il soit tout près ; il surprend ainsi la caille, la perdrix, surtout quand il vente fort et qu'elles sont blotties. Il prend les couveuses sur les nids et mange les œufs. Bref, il n'est pas de braconnier qui cause autant de dégâts.

« Si le gibier lui manque, il se rejette sur les rats, les mulots, les taupes, les limaçons, les scarabées, les hannetons. »

C'est très vrai, mais Joseph La Vallée aurait pu dire

encore qu'il ne dédaigne pas les poissons, les écrevisses, les grenouilles, le miel des abeilles, les fruits, les fraises, les framboises, le raisin des bois et des vignes, voire même les graines d'asperge, dont on trouve dès l'automne toujours la trace dans ses fientes.

« Cette ressource venant enfin à lui faire défaut, il recherche les charognes et les restes de substances animales qu'on peut avoir jetées près des habitations ou dans les rivières ; il finit ensuite par s'introduire dans les jardins et dans les cours pour guetter les volailles. De jour, il en étrangle une et l'emporte ; de nuit, il tue tout d'abord et enlève après ce qu'il peut. » Ajoutons qu'alors il cache assez profondément en terre les victimes et qu'il sait fort bien les retrouver quand besoin en est.

Notons encore en passant que cet animal, lors même qu'il est rassasié, n'en continue pas moins, comme le chat, à prendre et à tuer des mulots, des taupes, etc., sans doute pour s'amuser.

Une brave paysanne, dont la maisonnette n'est séparée de la forêt communale d'Auxonne que par un chemin de grande communication, avait vu les renards lui enlever toutes ses poules ; il ne lui restait plus qu'un canard. Un jour, sur le coup de midi, cet oiseau barbottait dans une ornière de la route, quand soudain un de ces animaux sortant du fourré s'élance et le saisit. La femme, qui était alors sur le pas de sa porte, vole au secours de son volatile, et peut donner plusieurs coups de pied au renard avant qu'il ne se décide à lâcher le canard à moitié étranglé et à rentrer sous bois. Cette audace, certes, aurait pu coûter la vie au carnassier si seulement la femme se fut trouvée avec un bâton à la main ; elle ne peut s'expliquer du reste qu'en admettant ou que l'animal était affamé ou bien qu'il avait des petits à court de nourriture.

Jamais renard n'a chassé sur son terrier ! Voilà un proverbe dont la vérité est à l'envi admise par tous ceux qui ont écrit sur cet animal ! Et cependant, il est à ma parfaite connaissance que les volailles des fermes ou des habitations peu distantes des terriers sont exploitées en toutes saisons par les renards, qu'ils aient des petits ou non. J'estime donc qu'en la circonstance on a accordé à ces animaux plus de prudence et de circonspection qu'ils n'en montrent réellement.

Alonzo de Espinar rapporte du renard un fait qui, s'il est vrai, dénote beaucoup d'esprit et de calcul : « Le renard est fort friand de la chair du hérisson ; aussitôt que celui-ci voit paraître son ennemi, il se met en boule, espérant que les dards dont il est environné le garantiront de tout danger. Mais le renard le retourne légèrement avec le bout de sa patte, puis, quand il l'a placé sur le dos, il se met à le couvrir d'urine ; le hérisson suffoqué détend ses membres, le renard profite de ce mouvement imprudent pour le saisir sous le ventre, où ses pointes ne le protégent plus. »

Si non è vero è bene trovato !

—

« Quand un renard, dit Le Verrier de la Conterie, se se trouve incommodé des puces, il prend dans sa gueule gros comme les deux poings de mousse et va se mettre sur le cul dans l'eau ; il s'y enfonce peu à peu, afin de leur donner le temps de gagner le poil sec, de sorte que, se plongeant ainsi par degré jusqu'au bout du nez, toutes ses puces se retirent dans cette mousse, qu'il laisse tomber à l'eau, pour aller ensuite se sécher au soleil. Ceci n'est point une fable. »

On rira de ma crédulité tant qu'on voudra, mais je n'en avouerai pas moins très naïvement que, plein de confiance dans l'autorité de Le Verrier, j'ai jadis sérieusement essayé de son procédé avec des chiens blancs sur lesquels il m'était facile de voir si les puces gagnaient en effet la tête à la suite d'une immersion lente et progressive ; mon but était, en cas d'affirmative, de n'avoir que la tête et les oreilles à frotter de savon noir pour débarrasser d'un seul coup ces animaux de leur vermine. Eh bien ! j'ai vu les puces sous l'eau rester immobiles au lieu de courir en montant comme je l'espérais ; d'autre part, les renards qu'on tue en toutes saisons en sont toujours couverts. M'est avis donc que Le Verrier, qui n'a pas sans doute contrôlé sa recette, nous a débité *une fable*, qu'il a peut-être bien tirée de *l'Histoire des animaux*, publiée vers la fin du XIV° siècle, par Kemaleddin-Aboubbaka-Mohammed-ben-Issa, plus connu sous le nom d'El-Demiri (1).

Il existe en Bourgogne, et en Bretagne aussi, au dire si autorisé en pareille matière d'Edmond Le Masson (2), deux variétés bien tranchées de renards que le pelage ne distingue pas seul, mais que les habitudes différencient encore d'une façon réellement remarquable.

La première, à robe jaune-roux qui s'argente avec l'âge et qui est blanchâtre au poitrail et sous le ventre, fait invariablemenl ses petits dans un terrier, et de plus, pour peu qu'elle soit chassée raide, ne manque jamais, après une randonnée plus ou moins longue suivant la force de l'animal, le temps et la chaleur de la journée, de se mettre à l'abri dans un trou (3). Jamais, même parvenue à l'extrême vieillesse, elle ne voit sa fourrure prendre d'autres teintes ou se foncer en couleur.

La seconde, blanchâtre aux mêmes endroits que la pre-

(1) Savant naturaliste arabe et médecin renommé de son époque.
(2) Nous ne croyons pas trop nous hasarder en affirmant qu'il en est de même dans la plupart des forêts de France.
(3) Joseph La Vallée croit que les renards jaunes qui, après une courte randonnée, se hâtent par des voies plus ou moins directes de regagner leurs trous, sont *les fainéants* ou *les peureux* de l'espèce ou bien *les jeunes*. Tout ce que je puis affirmer, c'est que ce ne sont pas seulement *les jeunes* qui agissent ainsi ; car j'ai vu enfumer ou déterrer bien des renards conduits jusqu'au terrier par la meute, et il y en avait de tous les âges.

mière, porte une robe d'un jaune-roux bien plus ardent, qui de bonne heure prend aux pattes, aux oreilles, sur les joues et autour de la gueule, des teintes noires qui vont de plus en plus en se fonçant, sans compter quelques plaques d'un bleu cendré qui, avec l'âge, se montrent principalement sur les quatre membres. La queue aussi est plus brune et plus nuancée de noir, et la raie de mulet se caractérise d'une façon plus tranchée. Mais la différence capitale à noter, c'est que cette dernière variété, d'ailleurs un peu plus élancée et plus haute sur pattes, dépose *toujours* ses petits en plein fourré, au milieu d'épais buissons, dans des tas de fagots, dans le pied d'un arbre creux, sous des moules de bois, et que, chassée même à très grande vitesse, elle ne se terre presque jamais et souvent se laisse forcer à la porte d'un terrier sans y chercher un refuge contre la mort. On désigne ces renards sous le nom de *charbonniers*, sans doute parce qu'à une certaine distance ils semblent tout noirs.

Ces divers animaux se croisant volontiers entr'eux, il en résulte nécessairement une extrême variété de pelages (1).

—

Les uns et les autres, quoiqu'en dise Le Verrier de la Conterie (2) ne font jamais que de quatre à six renardeaux, qui ont les yeux fermés pendant une dizaine de jours.

La gestation est de neuf semaines, absolument comme chez les chiennes.

Le mâle, qui, seul parmi les forceurs, *se marie* mais n'est pas *monogame*, ne fait ménage avec la femelle que

---

(1) La croyance à ces deux espèces de renard n'est pas partagée, il est vrai, par la pluralité des naturalistes et des chasseurs; aussi ne la donnons-nous que comme une hypothèse susceptible de permettre l'explication rationnelle des différences de coloration du pel ag et de la conduite de ces animaux en face du péril. C'est assez dire que nous n'y attachons qu'une importance très secondaire.

(2) Il prétend que la portée est ordinairement de sept à huit.

pour le temps seulement où l'éducation de la famille rend ses soins nécessaires. Cette union, commencée vers la fin de l'hiver, ne dure que jusqu'en août.

Ce sont les vieilles renardes qui sont les premières en chaleur, quelquefois dès la deuxième quinzaine de janvier, si la température n'est pas très froide ; puis, quelques jours après, vient le tour des adultes, et enfin celui des jeunes bêtes, qui sont aptes à la reproduction au bout de leur première année.

Je crois, d'accord en cela avec la plupart des auteurs, que la première variété de renard se livre d'ordinaire au coït dans les terriers, mais je repousse pour les charbonniers cette manière souterraine de procéder, vu leur extrême répugnance à se glisser dans les trous. On va voir combien j'ai raison.

Les gardes, satisfaits de leurs tournées réglementaires de jour et généralement peu soucieux (*circonstances extraordinaires mises à part*) de parcourir les bois pendant la nuit, ne sont pas à même de nous renseigner sur les relations amoureuses des renards aussi bien que les gens qui, par état, demeurent en pleine forêt (1). Ceux-ci, braconnant toujours quelque peu au clair de lune, se trouvent naturellement en bonne position pour observer les animaux qui circulent alors dans les bois. C'est à quelques-uns d'entr'eux que je dois les renseignements suivants, que je tiens pour exacts, par la raison qu'ils n'avaient aucun intérêt à m'induire en erreur.

Ils ont vu, par une belle lune, soit dans une clairière, soit sur une grande ligne, quatre ou cinq renards poursuivant une femelle en chaleur, et un grand mâle, rossant parfois les plus entreprenants, jouir d'elle *à l'instar des chiens*, et non pas en se couchant sur le côté comme je l'ai souvent ouï dire. Le coït terminé, la renarde se roulait à terre à plusieurs reprises, et, au bout de quatre à cinq

---

(1) Je veux parler des coupeurs et des charbonniers.

minutes, quelquefois le vainqueur recommençait ; puis tout d'un coup la bande disparaissait.

Jamais, m'ont-ils dit, nous n'avons vu le couple rester lié comme cela se produit toujours chez les chiens ; mais pendant l'opération amoureuse les mâles évincés, témoins du coït, manifestaient leurs sentiments de déplaisir et d'ardeur déçue par des glapissements fort colères et très multipliés, ayant beaucoup de rapport avec le cri du paon ou du faisan ordinaire.

Le renard n'acquiert toute sa croissance qu'au bout de vingt-quatre mois ; il en résulte que la durée moyenne de son existence doit être d'environ quatorze à quinze ans.

———

Quelques auteurs disent que les renards vivent en assez bonne intelligence avec les blaireaux et les loups ; je ne suis point complètement de leur avis pour les premiers et je n'hésite pas à affirmer que pour les seconds ma manière de voir est tout à fait contraire.

De ce que, dans le même trou, on a enfumé ou déterré pêle-mêle renards et blaireaux il ne faudrait pas conclure que ces animaux fissent toujours bon ménage ensemble. J'admettrai volontiers que, dans un vaste souterrain à galeries et gueules multiples, ils puissent cohabiter en paix ; mais jamais je ne croirai que des relations quasi-fraternelles puissent exister entr'eux lorsque le terrier peu étendu ne sera que par une seule gueule en communication avec l'extérieur.

Quant aux rapports avec les loups, j'estime qu'ils n'ont jamais lieu qu'à distance très respectueuse du côté des renards, qui n'ont certes pas tort de se méfier de ces animaux, bien capables, au cas où ils seraient sous l'empire de la faim, de souper sans remords avec eux.

———

Adolphe d'Houdetot (1), à propos de la chasse *de con-*

---

(1) La *Petite Vénerie* ou *La Chasse au Chien courant*.

cert que feraient la nuit ces rusés animaux, s'exprime ainsi :

« Je ne soupçonne pas précisément les renards de se
« concerter ensemble pour chasser, mais de se rallier à
« la voix d'un confrère et de rameuter instinctivement ou
« de guetter au passage. Toutefois, ce n'est pas en pour-
« suivant ainsi le gibier qu'il a le plus de chance de s'en
« rendre maître, c'est en le surprenant au gîte. »

Jusqu'ici rien de mieux ; mais poursuivons :

« Un jour, ou plutôt une nuit, car il faisait un superbe
« clair de lune, j'entendis un renard qui chassait à voix et
« se dirigeait de mon côté. Blotti dans une cépée, à pro-
« ximité d'un carrefour, j'étais merveilleusement placé
« pour observer la scène. En effet, je vis passer un lièvre
« sur lequel s'élança, mais sans succès, un autre renard,
« que je n'avais pas aperçu, placé à l'affût sur son passage.

« Cette manœuvre, conforme aux mœurs et coutumes
« de ces animaux, n'avait rien de bien extraordinaire.
« Mais survient le renard faisant l'office de la meute, qui
« s'élance sur son camarade, et le rosse d'importance,
« sans doute pour le punir d'avoir manqué son coup. »

Je ne vois rien d'extraordinaire à ce qu'un renard, qui entend venir la chasse d'un confrère et peut-être même, grâce à son extrême finesse d'ouïe, le pas de la bête de meute, se mette au guet pour la saisir au passage, comme aussi à ce que le renard-chasseur rosse d'importance le voleur qui court sur ses brisées et tente de lui enlever son gibier. Il va donc sans dire que je refuse nettement d'ajouter la moindre créance à l'accord préalable des deux larrons.

Dans les bois, qui de temps immémorial ne sont pas hantés par les lapins de garenne, on trouve néanmoins de nombreux et vastes terriers. Sont-ce les renards qui les ont creusés ? Je ne le pense pas, et je serais plutôt porté à attribuer cette œuvre de longue haleine aux blaireaux qu'on y voit presque partout. Ce dernier animal est, en effet, bien plus fouisseur que le renard et bien mieux outillé par la nature pour ce genre de travail. Aussi voyons-nous toujours, quand un terrier nouveau se fait ou quand un ancien trou est sérieusement remanié, apparaître les pas du taisson, lequel dénonce encore sa présence par la façon toute particulière dont il rejette la terre au loin, tandis que le renard la laisse s'accumuler près des gueules (1). On remarque souvent dans les traînées de terre effectuées par les blaireaux des boules assez grosses qu'ils ont conduites, en les roulant sans doute, jusqu'à une assez grande distance des entrées.

———

Pour terminer ce chapitre déjà bien long, je vais, parmi les particularités remarquables que présente l'étude des mœurs et des ruses du renard, énumérer brièvement celles qui peuvent intéresser les chasseurs.

Le renard, par les grands froids, a un cri qui n'est qu'un aboiement précipité, lequel ne ressemble ni à celui qu'il pousse lors du rût, ni à celui de la colère, ni à celui qu'il fait entendre quand il chasse. Enfin, si un coup de feu lui casse un membre, il jette plusieurs cris presque semblables à ceux d'un jeune pourceau.

Atteint par le plomb, il mord d'habitude la blessure ou sa queue, ce qui avait donné créance à l'opinion *ridicule* qu'il cherchait à se réconforter en respirant l'odeur particulière de la glande placée près de cet appendice. Toujours au coup de fusil, s'il n'est pas touché, l'animal relève vivement sa queue, dont le bout vient alors pointer sur le dos.

Un renard, lorsque la meute est éloignée de lui, ne passera jamais tout près d'un tireur qu'il évente ; mais il s'y

(1) Le blaireau reprend en sous-œuvre la terre accumulée près des gueules et ne la quitte que lorsqu'il l'a éparpillée aux alentours sur une mince épaisseur.

résoudra si les chiens sont très proches, parce qu'il a plus peur d'eux que de l'homme embusqué.

Parfois il arrive qu'atteint d'un coup de feu il conserve encore assez de force pour se traîner dans son terrier. Il faut alors avoir soin de revenir inspecter les gueules plusieurs jours de suite, attendu que tous les animaux blessés mortellement se rapprochent instinctivement des entrées pour respirer un air plus frais.

Chacun sait que le renard a la vie dure. Quelquefois au coup de fusil il tombe sur place sans faire aucun mouvement, si bien qu'on le croit foudroyé ; puis, après quelques minutes, il se relève et part. Il faut donc en pareil cas, dès qu'il fait mine de se remettre sur ses pattes, le redoubler ou bien, quand on peut l'approcher, se hâter de l'assommer avec un bâton ; au cas où on n'en aurait pas le temps et où on serait désarmé, on doit lui mettre le pied sur la gorge, en se méfiant toutefois de sa mâchoire, et le maintenir ainsi jusqu'à ce qu'on ait rechargé son arme pour l'achever. Je ne puis croire qu'il ait *la rouerie de faire le mort;* je pense plutôt que, lorsqu'il reprend ses sens et ses forces après avoir été étourdi, il se met à guetter le moment favorable pour se sauver sans encombre, et qu'il le saisit avec beaucoup d'adresse et de discernement.

Si l'on imite le cri d'un oiseau, d'un mulot, d'un lapin, d'un lièvre pris au piège, le renard accourt et s'approche à portée de fusil, pourvu que tout soit tranquille autour de lui.

Lorsque la renarde ne croit pas ses petits en sûreté, elle les transporte nuitamment, soit dans un autre terrier, soit dans le creux d'un arbre ou d'un rocher, soit dans un épais buisson au plus fourré du bois.

N'oublions pas de relater ici qu'Edmond Le Masson affirme *de visu* qu'un renard manqué dans un trou qu'on défonce ne se remet que très difficilement sous terre.

On a vu assez souvent des renards privés faire très bien

l'office de chiens courants ; mais par malheur ils reviennent toujours à leurs instincts de maraude et volent sans besoin, pour le seul plaisir de voler ; si bien que, malgré leurs câlineries et leur attachement pour celui qui les a élevés, on est contraint tôt ou tard de s'en défaire (1).

Hartig prétend que le renard est susceptible de contracter la rage, mais il fait observer toutefois que ses morsures ne communiquent pas aussi fréquemment que celles des chiens cette terrible maladie.

La peau du renard, depuis le mois d'octobre jusqu'en mars, fait de bonnes fourrures, pouvu que l'animal soit adulte ; en toute autre saison, elle ne s'utilise que pour la chapellerie.

Sa chair est un mauvais manger, bien que nombre de gens s'en accommodent en automne, lorsqu'il s'est nourri de raisins. Pour faire perdre à cette viande sa mauvaise odeur, on l'expose à la gelée, ou bien on la fait mariner plusieurs jours dans du vinaigre ; elle devient alors, dit-on, un mets passable, pourvu cependant que le meurtrier ait eu soin de faire pisser sa victime, et de la châtrer de suite quand c'est un mâle.

Le renard adulte pèse de dix à douze kilogrammes.

(1) Les renards domestiqués chassent avec une meute : volontiers le lièvre, le chevreuil, et même le sanglier ; avec mollesse leurs confrères et les blaireaux. Jamais ils ne donnent sur le loup.

II

AFFUTS DE JOUR ET DE NUIT

On affûte les renards au terrier, au passage, à la traînée, à l'appât vivant et au carnage.

Aucun de ces divers modes de destruction ne saurait réussir si le chasseur ne se poste pas *à bon vent* et ne se cache pas avec soin.

Quand l'affût au terrier a pour objet de tuer des animaux adultes, on va, le soir ou le matin, se placer près des trous, de manière à pouvoir faire feu sur les gueules les plus fréquentées ; mais, si on en veut aux nouvelles portées, c'est dans le mois de mai, époque où les renardeaux ont l'habitude de sortir *vers midi* pour jouer, qu'il convient de se mettre après onze heures en embuscade. Dans l'un et l'autre cas, le chasseur devra gagner son poste dans le plus grand silence et y rester immobile.

L'affût au passage consiste à se poster près de la frayée, reconnue à l'avance comme très fréquentée par le renard lorsqu'il va le soir dans les champs. Si l'animal ne s'approche pas assez pour qu'on puisse le tirer avec fruit, on le fait venir à portée en imitant le cri d'un oiseau blessé ; pour ce faire, on applique sa bouche sur son poing en aspirant de toutes ses forces. N'abusez pas de la recette, car elle vous ferait cracher le sang.

Le troisième mode d'affût se pratique à l'aide d'une charogne, ou des entrailles d'un lièvre nouvellement tué, ou enfin d'un simple morceau de viande fraîche, que l'on traîne au bout d'une corde à travers le fourré où se tiennent les renards. On se cache ensuite près du point où on a laissé l'appât. Le traîneur s'abstiendra soigneusement de le toucher avec les mains nues et fera bien du reste de mettre des sabots.

Quant au quatrième affût, comme ces animaux recherchent le carnage la nuit dans toutes les saisons, et notamment l'hiver, il suffira de faire déposer au bois une bête morte sur une place vide et de se poster à proximité.

Il va sans dire que, pour ces trois derniers modes de chasse, on ne pourra opérer que si la lune est alors à l'horizon, attendu que les renards ne se présentent d'habitude qu'un peu tard dans la nuit.

Enfin l'affût à l'appât vivant se fait très bien au bois avec une poule qu'on fixe à un arbre ; on se poste dans une cachette préparée à l'avance, et, au moyen d'une ficelle attachée à la patte du volatile et que l'on tient à la main, on le fait crier de temps en temps. Le renard ne manque pas d'accourir à ses cris et de fournir l'occasion de le jeter bas. On doit sans faute avoir soin de s'installer assez près des endroits où se tiennent les renards pour qu'ils puissent entendre la poule. Cette chasse peut se pratiquer aussi la nuit ; dans ce cas la lune est nécessaire.

Il existe encore un genre d'affût que je n'ai pas indiqué plus haut parce qu'il est tout à fait accidentel. Lorsqu'un renard chassé a couru longtemps et qu'il se trouve échauffé de la poursuite, s'il vient à se terrer alors, comme il étouffe sous le sol, il ne tarde pas à être obligé de prendre l'air, et pour ce de sortir de son trou. Si donc, après avoir conduit les chiens au loin, on est revenu s'embusquer dans le plus grand silence, on peut espérer de faire feu, surtout dans le cas où l'animal a été chassé par un temps pluvieux.

III

DES BATTUES OU TRAQUES

Par les temps de pluie ou de neige, presque tous les renards se tenant d'habitude sous terre (à l'exception toutefois des charbonniers, qui sont bien moins nombreux), il faut de toute nécessité choisir une belle journée si on veut réussir ; et encore est-il indispensable d'avoir, la nuit ou de grand matin, bouché avec soin les gueules avec des petits fagots d'épines sur lesquels on fait ébouler un peu de terre, afin que ces animaux ne puissent s'y couler, ce qu'ils ne manqueraient jamais de faire lorsqu'ils croiraient la chose possible *sans être aperçus des traqueurs*. On préconise beaucoup pour cet objet l'emploi plus commode de bâtons écorcés ou cartés ; mais sans nier absolument leur efficacité, je n'hésite pas à donner la préférence aux fagots.

Dans ces battues, il ne faut employer qu'un assez petit nombre de traqueurs et leur prescrire de se borner à se parler les uns aux autres, de siffler de temps en temps, de tousser et de frapper sur les arbres avec leurs bâtons, ce qui suffit très bien pour mettre les renards sur pied et les faire marcher devant eux.

Cette manière d'opérer réussit en effet bien mieux que si on avait un grand nombre de rabatteurs faisant un vacarme infernal, et on y gagne en outre de ne pas voir fuir à l'avance les animaux des enceintes voisines que l'on a l'intention d'entourer plus tard, à la suite du tapage qui se produit forcément, *même au repos*, quand on se sert d'un nombreux personnel.

On devra encore, pour ne pas effaroucher les renards avant l'action, exiger des tireurs, et même des traqueurs, qu'ils se rendent à leurs postes dans le plus grand silence.

Je recommanderai aussi aux premiers de laisser toujours venir l'animal à distance convenable, si c'est possible, de le viser à la tête ou la poitrine, et de l'achever sans hésiter de leur second coup pour peu qu'il donne le moindre signe de vie.

IV

LA CHASSE A COURRE

Le renard a le pied sec, nerveux et allongé avec le talon peu saillant ; celui de derrière est beaucoup plus petit que celui de devant ; lorsqu'il va d'assurance, cet animal ne se méjuge jamais.

Sous Louis XIII, on faisait le bois pour le renard comme pour le cerf ; ce monarque affectionnait cette chasse et disait ; « Je m'amuse en même temps que je détruis une vilaine bête. »

En France, de nos jours, on ne fait guère à ce quadrupède l'honneur d'un laisser-courre, et, après l'avoir lancé à la billebaude avec quatre ou cinq chiens, on se borne à tenter de le raccourcir d'un coup de fusil.

Délaisse-t-on la chasse au forcer parce que dans l'opinion presque générale des veneurs elle est réputée *l'école des mauvais chasseurs et des hourets* ? Je me refuse à le croire, car on pourrait en dire autant de celle du sanglier, à moins qu'on n'invoque en faveur de cette dernière, *toute aussi facile pour les chiens*, le bénéfice d'une excellente venaison et le côté militant de la poursuite. Pour mon compte personnel, je n'hésite pas à dire qu'il faut chercher ailleurs la cause de ce fâcheux abandon.

Le courre du renard n'est généralement possible en France que si on attaque un animal de la variété dite *char-*

bonnier, ou que si on opère dans une forêt par trop éloignée d'autres bois pour que la bête de meute ose tenter jusqu'à l'un d'eux un aussi long débucher dans l'espoir d'y trouver un refuge souterrain.

Dans les pays couverts de bois peu espacés entr'eux, l'expérience prouve en effet que, pour être sûr d'une poursuite non interrompue brusquement par la disparition sous le sol de la bête de chasse, il faudrait préalablement boucher tous les terriers à deux, trois, quatre et même cinq lieues à la ronde.

Une opération aussi étendue étant à peu près impraticable, on comprend très bien alors qu'il soit sage de renoncer à ce courre. Je dirai avec quelque raison à ce propos qu'on pourrait se rattraper sur les charbonniers qui n'offrent pas l'inconvénient habituel de se soustraire à la menée, mais, comme on me demanderait alors combien de fainéants ou de poltrons (1) il faudrait reconduire aux terriers avant d'avoir la chance de faire saillir un de ces intrépides coureurs, j'aime mieux passer condamnation.

Resterait donc la seule ressource des forêts largement isolées. Eh bien ! pourquoi ne pas la mettre à profit ? car enfin, sans accorder à cette chasse une importance par trop grande, ne trouve-t-on pas, comme moi, qu'il serait déraisonnable de la mettre complètement à l'écart ? Je vais donc en dire quelques mots aussi brefs que possible.

Lorsqu'on se rend bien compte de la résistance dont font preuve les pauvres *renards de sac*, achetés par les Anglais pour leur courre de prédilection, devant un équipage d'une centaine de chiens, les premiers du monde pour la vitesse, alors qu'ils luttent plusieurs heures sur les belles pelouses de l'Angleterre (un désert de verdure, comme on dit, bien que chaque propriété soit entourée de barrières, de haies et de fossés) et en un pays qui leur est

---

(1) Comme Joseph La Vallée nomme ceux qui s'empressent de se terrer.

totalement inconnu, n'ayant été lâchés que peu de minutes avant la poursuite, on est amené forcément à être de l'avis *des habits rouges* qui considèrent cet animal comme étant plus difficile à réduire que le cerf.

Nous admettrons donc que *pour le forcer dans les règles* un équipage de vingt-cinq à trente briquets disposés en corps de meute et en relais est absolument nécessaire.

Disons bien vite que, quand on voudra lancer un renard, ce n'est pas dans les parties claires du bois qu'on devra quêter, mais bien dans les endroits les plus fourrés où ils se tiennent de préférence pendant le jour, parce qu'ils n'y sont jamais dérangés par les ramasseurs de bois mort ou par les fagoteurs.

La menée de cet animal, décevante au suprême degré, n'accuse, sur un terrain accidenté et couvert, ni art ni science. Comprenant que l'arôme grossier qu'il exhale trahirait ses ruses les mieux ourdies, ce quadrupède ne se fait battre que pour la forme et presque toujours de très près. Quand il a exécuté quelques retours, le dernier mot en est dit. Notons toutefois en passant que, lorsqu'il veut traverser une plaine, il sait fort bien se procurer sur la meute une avance suffisante pour éviter un à vue qu'il redoute avec raison.

Il semblerait dès lors qu'à ce courre l'office du piqueur serait presque une sinécure, puisqu'il se bornerait à savoir sonner et crier à propos. Mais il y a une ombre à ce tableau, c'est le change, à l'éventualité duquel je crois fermement, bien que d'Houdetot le déclare impossible ; et j'y crois tout autant qu'à celui du sanglier, par la raison que chez ces deux bêtes, lorsqu'elles sont échauffées par une longue course, l'odeur est tout aussi pénétrante.

Le piqueur, en pareil cas, pour peu qu'il sache son métier et qu'il connaisse sa meute, devra bien vite *deviner le change* rien qu'au changement de voix de ses chiens et à leur nouvelle allure, se hâter de les rompre et de les remettre dans le droit. Cette dernière opération, pour le succès de laquelle il ne saurait compter sur un beau revoir, alors même qu'il connaîtrait à fond le pied de la bête, lui sera facile s'il a bien saisi l'instant et le lieu du change et s'il requête avec précaution autour du point où il s'est effectué..

Les veneurs, qui n'ont pas l'habitude de cette chasse, s'imaginent que la meute est en défaut chaque fois qu'un à bout de voix se produit, parce qu'ils ne connaissent pas l'habitude constante et préméditée qu'a le renard de ne jamais se faire rebattre, pour rebuter les chiens, que dans les ronciers les plus épais. Or cet animal se glisse facilement dessous, tandis que les briquets, ne pouvant l'y suivre, sont obligés de contourner le buisson parfois très étendu ; ils se taisent alors jusqu'à ce qu'ils aient retrouvé la sortie. Il n'y a donc point là trace du moindre défaut.

Je ne voudrais pas toutefois voir conclure de ce qui précède que la meute ne saurait jamais à cette chasse tomber à bout de voie ; car je sais par expérience qu'il est des temps exceptionnellement mauvais par lesquels la menée du renard est pénible et les défauts fréquents, mais, ces jours-là, hommes et bêtes restent sagement au logis, et il est bien rare qu'on se décide à découpler.

Quand, n'en pouvant plus, le renard s'est blotti sous une souche qui abrite son corps et ne laisse que son museau à découvert, comme alors les chiens sont forcés de l'attaquer en face et qu'il se défend avec avantage contre eux, leur faisant de cruelles morsures, le devoir impérieux du piqueur est de le tuer bien vite, s'il ne peut le débusquer et le donner aux chiens.

D'autres fois, étant à bout, il se jette à l'eau, mais c'est d'ordinaire pour y rester. Le piqueur, après s'être bien assuré qu'il n'en est pas sorti, doit alors chercher soigneusement dans toutes les cavités du bord, sous les racines des arbres, dans les petits îlots, etc. Car là encore l'animal a pu trouver refuge pour couvrir son corps, excepté sa gueule, et être en telle position que la meute ne puisse l'attaquer qu'en nageant. Lorsque pareil cas se présente, comme des chiens atteints de morsures graves seraient exposés à se noyer, le piqueur devra se hâter de faire ainsi que nous l'avons indiqué plus haut.

Les vieux auteurs cynégétiques, confondant la cause avec l'effet, ont dit que le renard *sur ses fins* avait la malice d'essayer de rebuter les chiens en se vidant devant eux. Il serait plus vrai d'attribuer cet acte à la fatigue ou à la peur ; en tout cas, bien que la foirade (1) de ce quadrupède exhale une odeur très déplaisante pour les chiens, on ne voit guère que pour un tel motif ils interrompent sérieusement la poursuite. Il convient néanmoins de reconnaître que certains chiens, plus sensibles à l'odeur, mettent bas et que les autres mènent alors très mollement, mais qu'aussitôt que cet insupportable parfum commence à se dissiper ou que l'endroit est un peu dépassé par la meute, la chasse se réchauffe et reprend de plus belle.

(1) Je risque le mot, parce qu'on dit que le renard *foire ;* c'est l'expression consacrée.

V

CHASSE A COURRE ET A TIR

Peu de chasseurs en France entreprennent de forcer les renards, mais beaucoup s'amusent à les tuer à coups de fusil devant quelques chiens.

Dans le premier cas, comme nous l'avons dit ailleurs, il faut un équipage en règle, et tout le monde n'est pas en état d'en faire la dépense.

Dans le second, une foule de petits propriétaires ou de rentiers ont assez d'aisance pour sacrifier à cet utile plaisir la nourriture de trois, quatre ou cinq briquets, qui leur feront plus tuer de renards que s'ils avaient un très grand nombre de chiens ; car, tant qu'un renard ne sera pas mené vite et qu'il n'entendra pas beaucoup de bruit après lui, il tiendra quatre ou cinq heures dans un même fort, passant et repassant par les mêmes endroits, ce qui le fait infailliblement tuer, tandis que, s'il est mené raide et à grand orchestre, il percera de fort en fort et gagnera un terrier avant qu'on ait pu le tirer ; et, si c'est un charbonnier, se voyant poussé à une si vive allure, il ne se réfugiera pas sous le sol, mais il emmènera la meute dans des bois si éloignés qu'on regrettera plus d'une fois de ne pas avoir un cheval entre les jambes.

Le renard, aussitôt après le lancer, se fait rebattre, comme je viens de le dire, pendant un certain temps dans l'enceinte, surtout si elle est garnie de ronciers inextricables. Lors de ces randonnées, c'est dans les petites lignes et sentiers, à proximité de fossés, de mares ou de dépressions de terrain que vous aurez le plus de chance de le raccourcir, surtout si vous connaissez son habitude invariable de rebattre ses voies d'assurance lorsque la première fois rien ne l'a inquiété, et si, profitant de cette donnée certaine, vous allez de suite vous poster, à bon vent toujours et en vous masquant de votre mieux, sur un point où il vient de passer. Une fois là, ne perdez pas de vue que cet animal saute prestement et d'un seul bond tous les faux-fuyants, sentiers et petites lignes. Au moindre bruit, ayez donc l'arme prête et le doigt sur la gachette, notamment lorsque vous entendrez les pies, les geais et même les petits oiseaux caqueter avec colère et vous crier : Voilà l'ennemi !

Pour traverser un chemin ou une grande ligne, opération que le renard redoute fort, il n'hésitera point à se couler sous un ponceau, voir même sous un pont, pourvu que ses abords boisés soient bien garnis de ronces. Le cas échéant, vous voilà bien et dûment prévenus. En l'absence totale de ces moyens de traverser presque inaperçu, l'animal, soyez-en sûr, ne s'y risquera qu'après une inspection minutieuse faite au nez et à l'œil.

Il possède une faculté remarquable *de locomotion rapide en arrière*, que n'ont ni le lièvre, ni le chevreuil, ni le sanglier, mais que le loup pourrait bien avoir ; c'est, lorsqu'il arrive pour passer un chemin plus ou moins large qu'il explore anxieusement en ne montrant que le bout de son nez, de pouvoir à la moindre découverte suspecte disparaître sous bois très vite à reculons (juste le contraire du mouvement de marche en avant) sans être obligé pour ce de faire lestement un demi-tour. Cette manœuvre, surtout si alors il n'est pas fusillé de très près, lui sauve souvent la vie parce qu'en général (chacun sait cela) le tir en tête, à une certaine distance, est rarement fructueux.

Parmi les postes où on est à peu près sûr de faire feu, je citerai d'abord ceux qui se trouvent près des terriers ; puis ceux par où le renard est contraint de passer, comme par exemple une gorge qui sert de communication entre deux bois, et enfin les sorties, la tête couverte, pour gagner d'un fort à un autre. Tenez bien du reste pour certain que l'animal, s'il n'a pas perdu complètement la tête, ne traversera jamais les terres découvertes, mais qu'il se dérobera toujours au contraire par celles qui présenteront des broussailles, des haies et même des fossés, grâce auxquels il pourra se dissimuler.

Le tireur, qui doit autant que possible porter un costume dont la teinte se fonde avec celle du bois, ne manquera pas en se postant de bien s'assurer qu'il peut faire mouvoir son arme dans toutes les directions sans toucher la plus petite branche ; il supprimera au besoin les brindilles qui seraient de nature à gêner son tir ou à lui faire faire du bruit en mettant le fusil à l'épaule. Il se masquera de son mieux, restera immobile et observera le plus grand silence ; je lui recommanderai en outre de laisser les cigares dans leur étui et sa pipe dans sa poche à cause de la subtilité de l'odorat du renard.

Dès qu'on entrevoit l'animal, il faut le mettre en joue sans bruit comme sans mouvement brusque, attendu qu'il a l'oreille aussi fine que la vue et que, pour peu qu'il entende ou qu'il voie, il se retournera sur lui-même si promptement que, quelque preste qu'on soit, on n'aura pas le temps de viser et qu'on sera forcé alors de jeter le coup de fusil, ce qui est bien moins sûr.

VI

ENFUMAGE DES RENARDS

« Boucher tous les trous, à l'exception d'un seul qui
» sera à l'extrémité de la garenne et du côté d'où viendra
» le vent, si exactement que la fumée ne s'en puisse nulle
» part échapper; puis mettre le feu à un morceau de drap
» soufré et le couler un pied en avant dans la gueule qui
» sera restée ouverte. Dès que le drap commencera à s'en-
» flammer, jeter dessus, avec précaution pour ne pas l'é-
» touffer, des feuilles, des herbes, et des broussailles, dont
» il sortira une grosse fumée que le vent chassera dans
» tout le terrier; boucher bien ensuite le trou, et venir le
» lendemain chercher le renard qu'on trouvera mort à
» l'entrée. »

Telle est la recette qu'indique Le Verrier de la Conterie. Malheureusement, il me faut bien le dire, elle n'est guère suivie de succès qu'une fois sur cinq, parce que d'abord la fumée ne descend pas volontiers jusqu'au plus profond du terrier, puis parce que souvent *seule* elle n'est pas suffisante pour asphyxier le renard, qui s'isole parfois en jetant la terre derrière lui, et enfin parce que la perméabilité du sol laisse toujours les gaz délétères s'échapper plus ou moins.

On réussit au contraire presque invariablement, pourvu

toutefois que le sol ne soit pas par trop perméable ou sillonné de crevasses, en ajoutant au drap ou à la mèche soufrée deux à trois bâtons de lance à feu que l'on porte enfermés dans un étui cylindrique de vingt-cinq à trente centimètres de longueur. Cette composition (1), connue de tous les artificiers et avec laquelle jadis on mettait le feu aux canons de campagne, n'a pas besoin pour sa combustion de l'oxygène de l'air, s'éteint très difficilement et, tout en activant l'inflammation du drap soufré et des broussailles, développe un très fort volume de gaz sulfureux avec une rapidité telle que le terrier, à moins d'offrir des dimensions extraordinaires, en est bien vite totalement envahi et que le renard n'a pas le temps de s'isoler.

L'opération ainsi conduite réussit le plus souvent, même lorsqu'elle est improvisée ; mais le succès sera bien plus certain encore si on la tente avec préméditation.

Dans le cas par exemple où on a résolu d'avance d'enfumer une portée de renardeaux, *qui souvent ne sont pas seuls*, on aura soin de se munir d'une pioche et d'une hachette pour couper du menu bois. Arrivé au terrier, on commencera par mener grand bruit, et, après avoir choisi la gueule où on veut faire le feu, on piquetera solidement toutes les autres sur lesquelles on fera ébouler de la terre qu'on tassera ferme, ne laissant libre qu'une ouverture trop petite pour que les animaux puissent s'échapper ; puis on bourrera la gueule réservée de menu bois et de feuilles, on déposera au milieu de ce bûcher trois ou quatre bâtons de lance avec quelques morceaux de drap autour et on y mettra le feu. Dès qu'il flambera bien, on fermera l'entrée avec une claie qu'on recouvrira lestement

---

(1) Les bâtons de lance à feu, bien que moulés dans un papier assez fort, se cassent aisément, lorsqu'ils sont secs. Je ne connais qu'un seul moyen d'arrêter la combustion, c'est de les couper, à 5 centimètres de la flamme, avec un bon couteau.

de terre. Cela fait, on visitera les gueules piquetées et on achèvera de les clore hermétiquement aussitôt que la fumée s'y montrera, ce qui ne saurait tarder, si surtout on a eu soin de choisir, pour faire le feu, la gueule la plus basse du terrier.

Cette manière de procéder est si efficace qu'au bout de deux à trois minutes, en collant l'oreille à terre, on entend d'une façon fort distincte les captifs éternuer et tousser, et que, deux heures après, on peut sans risque aller visiter les gueules.

Il ne faut pas oublier de se munir d'un solide tire-bourre, emmanché sur un bâton de près de deux mètres de longueur, afin de pouvoir saisir et retirer les renards, qui ne meurent pas toujours contre les entrées des gueules.

Grâce à cette méthode, j'ai mis à mal un assez bon nombre de ces animaux; je la recommande donc aux amateurs en toute confiance.

Je termine en indiquant la composition de la lance à feu et sa confection sommaire.

Elle se compose de six parties de salpêtre, trois de soufre et une de pulvérin, triturées un quart d'heure dans un baril tournant avec un poids égal de gobilles, passées trois fois au tamis de laiton et humectées d'un vingtième d'eau pure.

Cette matière est, à l'aide d'un entonnoir, introduite dans des cylindres en papiers bien maintenus, et on l'y refoule à petits coups. On laisse ensuite sécher à l'ombre.

VII

DÉTERRER DU RENARD

Lorsqu'on pioche un renard terré à la suite d'une chasse plus ou moins longue, on ne doit compter sur le succès qu'autant que la demeure souterraine ne présente que de très faibles dimensions; en pareil cas, le temps importe peu. Mais si au contraire on a d'avance arrêté le plan d'attaque d'un ou plusieurs trous, il convient de ne se mettre à l'œuvre que durant les grosses pluies, les neiges abondantes et le temps du rût, parce qu'alors les renards sont presque toujours dans leurs terriers.

On prend avec soi un ou deux bassets dont on est sûr, et deux manœuvres munis de pioches, bêches, pelles, ainsi que d'une hache à manche court pour couper les racines, sans oublier encore un crochet à blaireau et une pince solide.

En arrivant sur le terrier, on crie bien fort dans toutes les gueules, afin de retenir sous terre le renard par la crainte, et on y introduit les bassets.

Pendant qu'ils fouillent le trou, on demeure tranquille jusqu'à ce qu'ils donnent de la voix; il est bon toutefois, par mesure de prudence, qu'un chasseur armé face sentinelle pour tirer un animal qui viendrait à sortir malgré le tapage qu'on a fait. Ce cas est excessivement rare, mais enfin il peut se présenter, et dès lors on fera bien de se précautionner contre lui.

On encourage les bassets en les appuyant ferme de la voix ; et, en frappant fortement sur le sol au-dessus d'eux, on cherche à deviner si le renard peut encore battre en retraite, ou bien s'il est décidément acculé au fond de son terrier.

Quand on est sûr de cette dernière situation, on pratique une tranchée d'environ 1 mètre de large et de 1 mètre 80 de long, que l'on dirige de manière à ce qu'elle tombe entre le chien et le renard.

Au moment où on est sur le point d'atteindre la galerie souterraine, il faut bien faire attention de ne pas blesser le basset avec la bêche ou la pioche, et, lorsque cette galerie est découverte, on saisit avec la pince et on retire le renard, qu'on assomme ou musèle, *ad libitum*.

Dès qu'on en a fini avec un terrier, si on veut passer à un autre, on doit auparavant donner du repos aux hommes et aux chiens et les faire boire et manger. Dans tous les cas, par mesure de prudence, on ne laissera jamais la tranchée ouverte, quitte à employer d'autres terrassiers pour la combler.

Nota. — Je ne crois pas nécessaire d'entrer dans de plus amples détails sur ce genre d'opération, parce qu'on peut les trouver au grand complet chez tous les auteurs cynégétiques anciens et modernes ; je recommanderai spécialement toutefois *La Chasse souterraine du renard et du blaireau*, par Edmond Le Masson, surnommé à juste titre : *Le grand Taissonnier de France.*

VIII

PIÉGES EN FER ET EN BOIS

Les différents piéges de fer qu'on emploie pour la destruction des renards, sont : Le traquenard, l'assiette de fer et l'hameçon ; mais le premier étant l'instrument dont on fait le plus d'usage parce qu'il est bien préférable aux deux autres, je ne m'occuperai que de lui.

Comme il est très dangereux à tendre, la plus vulgaire prudence exige impérieusement qu'on se serve toujours à cet effet du dresse-piége.

D'ordinaire on ne procède à la destruction des renards que dans le mois de novembre, alors que les peaux peuvent s'utiliser,

Le choix du jour, ou pour mieux dire de la température, est d'une grande importance. Le vent découvre les piéges ; la pluie fait perdre aux croûtons-amorces leur odeur ; la gelée, plus nuisible encore, durcit les ressorts et en retarde les mouvements. Il faut un temps tout exceptionnel, sans pluie, ni vent, ni gelée.

Les traquenards se tendent, au nombre de quatre à six d'habitude, à environ quinze cents mètres des taillis fréquentés par les renards, en choisissant de préférence les champs dans lesquels on a récolté de l'avoine. On doit autant que possible les disposer de manière à ce qu'ils puissent *tous* être visités par le même chemin.

Il faut en outre que les points choisis se trouvent dans une position un peu élevée et sèche; qu'il n'y ait aux alentours ni haies, ni buissons, parce que ces animaux se laissent prendre plus facilement dans des champs ou dans des places vides ; qu'il ne se rencontre dans leur voisinage aucun chemin fréquenté, et enfin qu'en général ils soient peu dans le cas d'être visités par les hommes et par les animaux domestiques, à cause des accidents graves qu'ils peuvent occasionner.

Une fois ces emplacements ainsi déterminés quelques jours avant le mois de novembre, il ne reste plus qu'à y attirer les renards. Pour ce faire, on commence par remplir les petites tranchées où les piéges doivent être placés avec de la menue paille de froment bien propre qu'on tasse fortement; on en recouvre aussi l'espace autour à une certaine distance, et l'on y éparpille ensuite du crottin de cheval frais et bien écrasé, afin que la place ait l'apparence d'avoir été grattée par les corbeaux. Après cela, on y jette quelques petits os de veau, ou des pelures de saucissons, ou des menus morceaux de fressure d'un animal mort, ou du foie de veau, ou tout autre appât semblable, et l'on dépose dans le milieu de l'emplacement, à l'endroit où devra être placée l'amorce, quelques croûtons préparés comme je le dirai plus bas.

Lorsque toutes choses sont ainsi disposées, on fait le soir une traînée depuis le bois jusqu'aux piéges, avec les intestins d'un lièvre, avec un simple morceau de viande au besoin, en laissant de distance en distance, mais pas trop souvent, des croûtons ou des débris de fressure. On va alors le lendemain, au petit jour, voir si les renards ont mangé les appâts; si oui, on recommence, et, s'ils viennent deux nuits de suite les enlever, on peut hardiment tendre les traquenards en les amorçant avec les croûtons ; mais alors, au lieu de semer ces derniers au hasard, on en dépose deux ou trois seulement dans la direction du piége sur des couches de petite paille de froment (1) exactement semblables pour la forme et les dimensions à celle qui masque le traquenard ; ces couches seront donc arrondies et d'un rayon de vingt-cinq à trente centimètres, suivant la force de l'instrument.

Le tendeur doit faire en sorte que ces deux ou trois appâts, servant d'amorces et placés à deux mètres de distance les uns des autres, ne diffèrent en rien de l'appât principal mis sur le traquenard, afin d'engager l'animal à y mordre avec plus de confiance.

Il visitera ses piéges plusieurs fois dans la soirée, ainsi que le matin dès la pointe du jour, pour s'emparer des renards qui, à force de se débattre, finiraient par recouvrer la liberté au prix d'un membre. On a même vu de ces animaux se trancher eux-mêmes la patte prise, avec leurs dents, pour se dégager ; je dois dire ici qu'il leur arrive quelquefois de faire cette amputation au-dessous du point saisi par le piége, ce qui alors ne les libère nullement.

Le tendeur évitera avec un soin extrême, s'il veut réussir, de toucher les engins et les piéges de ses mains nues ; il fera sagement encore de remplacer sa chaussure par des sabots.

Passons maintenant à la manière de préparer les croûtons-amorces, qui exige de minutieuses précautions :

La recette donnée à Adolphe d'Houdetot par M. Raoul Oursel, excellent chasseur de la Normandie, me paraît mériter une faveur exceptionnelle, puisque l'auteur de *la Petite Vénerie* a vu, grâce à elle, *prendre trente-trois renards dans la même semaine ;* il convient donc de donner ici tous les détails de cette utile cuisine cynégétique.

« Prenez un kilogramme de graisse de porc mâle (la
» meilleure, nommée panne, se trouve sous la peau, dans
» la région du ventre), coupez-la par petits morceaux,
» faites-la fondre sur le feu dans une terrine neuve en

---

(1) Pellicule qui enveloppe la graine et qui est très légère.

» faïence ou en terre vernie, et, sans vous donner la peine
» de la passer, retirez seulement les résidus de la panne.

» Ajoutez à la graisse, alors qu'elle est encore brûlante,
» deux onces de la seconde écorce de bois de morelle (*sola-*
» *num dulcamara*). Lorsque cette écorce est frite, vous
» la retirez et la remplacez par un oignon blanc coupé en
» tranches, un morceau de camphre de la grosseur d'une
» noix et la valeur de cinq petites cuillers à café d'iris de
» Florence.

» Après avoir retiré (*à l'aide d'une fourchette neuve en*
» *fer*) l'oignon, que vous avez laissé cuire durant quel-
» ques minutes, vous faites frire dans la susdite graisse
» environ une livre de mie de pain (*au levain doux*) cou-
» pée en petits morceaux carrés, gros comme le pouce.
» Losqu'ils ont pris la couleur dorée des petites croûtes
» qui décorent les épinards, vous les enduisez de miel
» tandis qu'ils sont encore chauds ; puis vous renfermez
» soigneusement ces croûtons dans un pot neuf de faïence,
» bien couvert pour éviter toute évaporation. Ainsi com-
» posé, cet appât peut conserver toute sa vertu l'espace
» de trois semaines.

» Quant à la graisse, on la met en réserve pour servir à
» préparer de nouvelles amorces *et à entretenir les piéges.* »

Le célèbre auteur cynégétique allemand Hartig (*qui conseille de commencer à tendre les piéges à l'époque où les bestiaux cessent de fréquenter les champs, attendu que plus tard, pour réussir, il faudrait qu'il fît beau temps*) assure avoir pris alors beaucoup de renards et préconise de son côté comme excellent le mode de préparation qui suit pour les croûtons-amorces :

» On prend, dit-il, une demi-livre de graisse de porc,
» telle qu'on la trouve sur l'animal ; on la coupe par pe-
» tits carrés, et on y mêle environ une demi-once d'oi-
» gnon haché bien menu et un gros d'écorce fraîche de
» douce-amère (*solanum dulcamara*). On met le tout dans
» un petit pot de terre tout neuf, qui doit avoir un cou-

» vercle bien ajusté, et on place ce pot sur un feu doux de
» charbon, où il doit rester jusqu'à ce que la friture soit
» bien faite. Alors on y met une demi-once de racine de
» violette en poudre, une cuillerée à bouche de miel et
» gros comme une noisette de camphre pulvérisé ; on re-
» tire le mélange du feu et on le remue bien ; puis on ap-
» plique sur le pot un linge bien propre plié en quatre et
» on ferme avec le couvercle. Alors on coupe environ deux
» poignées de petits morceaux de pain bis, semblables à
» ceux qu'on fait frire pour les potages aux croûtons, et
» avec la croûte on forme sept à huit morceaux gros com-
» me le doigt et de deux pouces de long. On jette tous ces
» morceaux dans la friture pendant qu'elle est encore
» chaude et liquide ; » puis on les conserve comme plus
haut et on réserve la graisse pour une autre fois.

Laquelle de ces deux recettes mérite la préférence ? Quant à moi, je me garderai bien de prononcer, laissant ce soin aux tendeurs de profession, seuls compétents sur de pareilles matières.

Si un renard venu la nuit a enlevé tous les croûtons, sauf le principal, on en remet d'autres ; s'il recommence, on en replace huit ou dix autour du piége en ayant la précaution de jeter sur chacun d'eux une goutte de jusquiame ou d'anis ; enfin, si quatre à cinq nuits se passent sans prise, c'est une preuve que le renard a éventé le piége. Dans ce cas, il faut lever le traquenard, bien l'essuyer, le frotter avec la graisse à croûtons et le replacer, muni d'une amorce qui sera alors un morceau de lièvre, un oiseau nouvellement tué ou un hareng frit au beurre, et on prendra certainement dans la nuit, pourvu que toutes les précautions nécessaires aient été religieusement prises pour ne laisser aucune odeur humaine ; car j'ai l'intime conviction que, lorsqu'un renard vient et ne se prend pas dès la deuxième ou troisième nuit, la faute en est *seule* à la négligence ou à la maladresse du tendeur.

On réussit parfaitement à cette chasse quand on dispose

des traquenards à cinq ou six pas autour d'une charogne ; les amorces sont alors inutiles et il suffit que les renards donnent au carnage. Hartig rapporte que, dans sa jeunesse, il avait capturé, dès la première nuit, trois de ces animaux à chacun des trois piéges qu'il avait tendus auprès d'une bête morte : l'un avait été étranglé sur place, et les deux autres étaient dans un fossé voisin, où ils s'étaient traînés avec le traquenard au cou.

Je répéterai encore que les piéges en fer ne sauraient, sans de grandes précautions, être mis en service dans des champs fréquentés, à cause des accidents graves qu'ils peuvent occasionner aux chiens, aux chevaux, aux bestiaux et même aux hommes.

Enfin, il me resterait bien à décrire ces engins et à en indiquer le mécanisme ; mais, comme il n'est aucun chasseur qui n'en ait vu, je ne m'y attarderai point, aimant mieux passer de suite au piége franc-comtois, si employé dans les montagnes du Jura et si peu connu des veneurs malgré tous ses mérites.

Ce piége en bois ne peut malheureusement réussir que dans les roches ; car, partout ailleurs, le renard, renâclant à la guillotine strangulatoire, serait peu embarrassé pour se creuser une nouvelle sortie, tandis que dans les rochers, dont il utilise les cavernes naturelles, le rusé compère n'a pas cette ressource ; il faut sortir ou crever de faim.

J'ai eu connaissance de renards qui n'avaient risqué l'évasion qu'au bout de huit longs jours de jeûne et de captivité ; les pauvres hères étaient bien maigres, et leurs ongles, usés jusqu'à la naissance, témoignaient des efforts qu'ils avaient fait pour se créer une autre sortie avant de se résoudre à affronter le terrible engin.

Bien que la charge pierreuse qui pèse sur la guillotine soit très forte, il peut arriver que l'animal ne soit pas étranglé et reste seulement pris par le cou ; en prévision de ce cas assez rare, il importe donc que le trappeur vi-

PIÈGE FRANC-COMTOIS.

Nota. La planche latérale enleveé permet de voir la manœuvre du renard

site souvent ses engins et ainsi ne laisse pas au captif le temps de ronger la fatale coulisse.

Ce piége offre sur les fers de grands avantages :

1° Ainsi on peut le multiplier, attendu que sa facile confection est fort peu coûteuse ;

2° Il ne nécessite aucun appât, ce qui, dans les engins à ressort, demande beaucoup de soins et des précautions minutieuses ;

3° Il peut se tendre efficacement en toutes saisons et par tous les temps ;

4° Enfin les quelques planches et bouts de bois employés à sa confection sont peu faits pour tenter les voleurs.

Cela dit, passons bien vite à la description de l'appareil :

Nous supposons une roche verticale, dans laquelle se trouve, comme c'est l'ordinaire, à fleur du sol, l'entrée du terrier, à laquelle nous faisons suite à l'extérieur avec un couloir de mêmes dimensions, en planches bien clouées, le tout solidement fixé et d'une longueur telle que le nez du renard puisse parfaitement atteindre et pousser le bout de bois *fourchu par en bas* qui, grâce à une encoche, relie la planche fixe du haut du couloir avec la petite planchette mobile superposée qui empêche la chute de la guillotine suivant sa coulisse, laquelle guillotine peut, du reste, à l'aise mais juste, se mouvoir dans le faible espace laissé libre exprès entre la roche et le conduit.

Les dimensions du couloir sont telles que le renard ne puisse y engager que la tête et le cou, à l'exclusion des épaules.

On voit d'ici que, lorsque le prisonnier, désireux de prendre l'air, pousse avec son museau le bout de bois fourchu, celui-ci ne maintient plus l'encoche, et qu'alors devenue libre la planchette-bascule, laissant la planche-guillotine dans sa coulisse obéir à la pression du branchage, fortement chargé de pierres, qui s'appuie sur sa partie supérieure, elle tombe de tout son poids sur le cou de l'animal et l'étrangle net ou tout au moins le maintient captif et respirant avec peine.

Le branchage, qui repose d'un côté sur le sol et de l'autre sur le haut de la guillotine à laquelle il est solidement lié, a besoin, lorsqu'elle tombe, de pouvoir reculer en glissant sur le terrain ; aussi a-t-on soin de bien unir l'espace nécessaire pour l'exécution de ce mouvement.

IX

EMPOISONNEMENT

Le plus souvent, lorsqu'un bois est infesté de renards, on les empoisonne tantôt avec des gobes faites de mie de pain, de graisse d'oie, de noix vomique et d'un peu de camphre en poudre, tantôt avec de menus morceaux de viande ou des pruneaux cuits dans lesquels on introduit de la strychnine, et tantôt enfin avec des petits oiseaux ou poissons farcis de cette substance vénéneuse, en ayant bien soin, au moment où on les dépose, de les asperger légèrement d'huile de jusquiame ou d'essence d'anis.

Ces divers genres de destruction doivent être sévèrement proscrits, parce que *tous*, plus ou moins dangereux pour les hommes faits, le sont bien davantage pour les enfants qui furetent dans les bois, et parce qu'ils ne manquent jamais de causer la mort des chiens qui les éventent, grâce à leur nez, et les avalent avidement.

Au dire de la plupart des auteurs cynégétiques modernes, le moyen le plus inoffensif et en même temps le plus sûr qu'on connaisse, en fait de gobes vénéneuses, c'est d'employer la taupe comme récipient du poison, attendu que les chiens n'en veulent point, tandis que les renards s'en régalent. Mais malheureusement il n'est pas vrai que les courants fassent fi de cet animal ; la plupart même avalent les taupes comme des œufs au jus; m'est avis donc qu'on fera sagement de proscrire aussi cette recette.

Il est, selon moi, un moyen excellent d'empoisonner les renards, en nombre assez élevé, sans compromettre en rien la vie des animaux domestiques, et, par surcroît de bonheur, ce moyen a l'inestimable avantage de réussir très bien en même temps auprès des loups.

Vous écorchez un chien crevé et vous farcissez de strychnine les intestins et toutes les parties charnues, puis vous recousez les incisions et, après avoir traîné la bête à travers le bois, vous l'abandonnez en plaine à une centaine de mètres de la lisière et *à proximité d'un ruisseau ou d'un fossé plein d'eau.*

Cette dernière précaution est de la plus grande utilité, par la raison bien simple que les renards, comme les loups, peu après avoir mangé de cet appât, éprouvent invariablement une forte chaleur ou irritation à la gorge qui leur donne une soif ardente, et que, s'ils ont alors de l'eau sous la main, ils boivent avidement, ce qui assure la prompte absorption du poison et par suite détermine une mort immédiate; tandis que, si l'eau leur fait défaut, s'arc-boutant sur leurs quatre pattes, ils ne manquent jamais de provoquer des vomissements qui les préservent parfois complètement, mais qui au moins, en tout cas, leur permettent d'aller mourir au loin, si bien qu'alors leurs dépouilles sont presque toujours perdues.

Ce mode de destruction, employé dans l'hiver de 1874-75 par une société de chasse de la Côte-d'or, lui a valu quatre louves et sept loups en moins d'un mois.

Dans cette opération, faite pour ainsi dire sous mes yeux, je n'ai pas ouï dire qu'on eût trouvé des renards empoisonnés. Cela m'a d'abord singulièrement surpris, parce que je savais par expérience qu'ils ne répugnent point à manger du chien; mais, après mûre réflexion, il ne m'a pas été difficile de découvrir le pot aux roses; la société ayant fait savoir qu'elle donnerait vingt francs par chaque loup qu'on lui rapporterait, les chercheurs n'ont pas manqué de s'exécuter; seulement, comme rien n'avait été promis pour les renards, ils les ont gardés par devers eux et, sans mot dire, en ont vendu les peaux à leur profit.

D'autre part, si les loups, nombreux alors, rôdaient continuellement la nuit autour des charognes préparées, il ne serait pas étonnant que les renards n'y fussent pas venus; ce qui expliquerait encore leur absence parmi les victimes.

On voit d'après ce qui précède que, l'eau étant nécessaire ou fort utile pour assurer le prompt effet de la strychnine, on ne saurait mener à bien la destruction de ces bêtes nuisibles lorsque la température serait assez basse pour déterminer la congélation complète des réservoirs et cours d'eau.

Il est indispensable, dès que les appâts sont en place, d'obtenir des gens du voisinage qu'ils s'abstiennent de rôder autour d'eux pendant la journée, parce que ces animaux méfiants n'y mordraient point s'ils éventaient des pas tout frais.

CHASSE DU BLAIREAU

I

DU BLAIREAU ET DE SA NATURE

Le blaireau, qu'on nomme aussi taisson et grisart, doit être classé dans la catégorie *des bêtes puantes*.

Il aime les demeures sombres, se lève tard et se couche de grand matin.

Effrayé, il restera impunément plusieurs jours sans sortir de son terrier, grâce à la faculté que lui fournit sa poche membraneuse placée auprès de l'anus, de se pouvoir nourrir avec sa propre graisse à odeur fétide. Le *Journal des Chasseurs*, dans sa livraison d'août 1853, cite l'exemple d'un de ces animaux qui, renfermé *quarante-cinq jours* sous un pontceau, ne paraissait pas néanmoins avoir beaucoup souffert de cette longue abstinence forcée.

Et cependant, grâce à son omnivoracité et à l'ampleur prodigieuse de ses intestins, le blaireau engloutit en quelques heures une masse incroyable d'aliments. Tout lui est bon : les volatiles, les couvées, les lièvres et lapins nouveau-nés, les serpents, les lézards, les mulots, les taupes, les grenouilles, les écrevisses, les scarabées, les fruits, les fraises, les raisins et le miel, sans compter de plus qu'il vermillonne dans les terrains humides. Enfin du Fouilloux dit avoir vu un de ces animaux prendre un cochon de lait et le traîner tout vif dans son terrier. C'est pour cela sans doute que le porc l'attaque avec fureur et le met en pièces partout où il le rencontre.

Nombre de personnes croient fermement qu'il existe deux espèces de blaireau, *le porchin* et *le chenin*; elles se trompent, car on ne rencontre jamais que l'espèce unique, qui offre à la vérité parfois des différences légères dans le pelage et le volume seulement. Notons en passant qu'une semblable erreur a cours pour le hérisson.

Chacun des pieds du blaireau se compose de cinq doigts armés d'ongles très longs et très forts. La nature prévoyante l'a muni de ces outils indispensables pour creuser son logement; car il vit continuellement sous terre et *est le mineur par excellence.*

On prétend que le renard, qui n'a pas les mêmes facilités pour fouiller le sol et qui aime bien d'ailleurs la besogne toute faite, déloge cet animal pour se mettre à sa place. Si c'est *de vive force* qu'on le fait arriver à son but, je refuserai tout net d'ajouter foi à cette fable, parce qu'avec ses griffes et sa redoutable mâchoire, qui serre comme un étau, le taisson ne manquerait pas de lutter avantageusement contre l'envahisseur et probablement de le repousser avec perte. Si c'est au contraire *par ruse*, en infectant les approches de sa fiente et de son urine, que le renard opère pour chasser le blaireau de sa retraite, je ne croirai pas davantage au succès (1), ce plantigrade n'étant pas si délicat qu'on veut bien le dire. Il ne faut point en effet prendre à la lettre ce qu'avance Buffon sur sa propreté, car elle ne va pas jusqu'à s'abstenir de faire ses ordures dans son repaire; toujours, plus ou moins loin de son boudoir, il dépose, dans un arrière-coin, sa fiente, qui est molle, noirâtre et d'une odeur fétide. Lorsqu'il fait sa nuit, il la jette dans un petit trou qu'il creuse et recouvre ensuite d'un peu de terre.

J'admets volontiers la cohabitation de ces deux animaux, pourvu que le souterrain soit très vaste et desservi en

---

(1) A.-E. Brehm prétend que la manœuvre malpropre du renard le conduit bien souvent alors à un succès complet.

outre par plusieurs gueules, et je reconnais de plus que, même dans un trou restreint, ils peuvent se coudoyer pacifiquement s'ils se trouvent alors sous l'influence d'une commune frayeur.

Il est assez rare de rencontrer un blaireau dehors, en plein jour, à l'époque de la chasse ; mais je crois que pendans l'été, avec des courants, on mettrait bien plus fréquemment de ces animaux sur pied, parce qu'ils s'attardent volontiers alors dans les champs couverts de récoltes, qui dissimulent complètement leur présence. Si, pour une cause ou pour une autre, ce quadrupède n'a pas pu ou voulu se terrer, on le trouvera toujours blotti au plus épais du fourré où il se proposait de rester jusqu'à la nuit.

Il n'aime pas l'eau, mais il traversera, si c'est indispensable, une rivière assez large pour regagner son terrier.

Comme le renard, il n'hésite point à s'emparer d'un trou creusé par les lapins ; seulement alors il le nettoie à fond et l'approprie. Sa présence se reconnait de suite dans ce cas aux rigoles qui sillonnent les bouches et aux jetées de terre qui s'étendent au loin et forment de petites buttes en s'amoncelant.

On ne peut confondre le pied du blaireau avec celui d'aucun autre quadrupède. Ses doigts détachés, bien arrondis, bien imprimés sur la terre, au nombre de quatre, sont presque sur la même ligne ; son talon est très large, un peu évasé, et il appuie fortement sur la plante du pied, qui est privée de poils. Ses pieds de derrière sont sensiblement plus petits que ceux de devant. L'empreinte des griffes n'est apparente que quand l'animal gravit un talus ou marche dans une boue épaisse.

Le mâle est monogame ; hors du rût, il vit absolument solitaire dans son terrier, dont il ne sort de jour que pour aller boire au plus près ou pour s'étendre paresseusement au soleil, ce qu'il aime par dessus tout.

La blairelle, qui n'entre en rût, en hiver, qu'à l'âge

d'environ deux ans, porte une soixantaine de jours. Lorsqu'elle est prête à mettre bas, elle prépare, dans le souterrain même, une moëlleuse couche de feuilles sèches et de mousse pour y déposer sa progéniture; le mâle la seconde dans cette affaire de ménage.

Elle met au monde ordinairement deux ou trois petits, très rarement quatre. Ils naissent à peine recouverts d'un duvet gris-pâle, qui se fonce en vieillissant. La mère les allaite pendant très longtemps, et la jeune famille ne quitte son giron que vers la fin de sa première année, à l'époque du rût des grands parents.

Les blaireautins s'apprivoisent aisément, mais ils ne se défont jamais de leur grande antipathie pour les chiens et surtout pour les chats. Quant aux adultes, ils restent invariablement sauvages et pleins de défiance, quoi qu'on fasse pour les amadouer.

Lorsqu'une blairelle tremble pour ses petits, elle les transporte nuitamment dans un autre trou parfois très éloigné. Du reste, à la moindre inquiétude, en tout temps, ces animaux ne manquent jamais d'émigrer.

La femelle est ordinairement d'un tiers plus petite que le mâle, dont le poids varie de quinze à vingt kilogrammes *au plus.*

La dépouille du blaireau, bonne en toute saison, s'utilise pour les harnais, les ustensiles de toilette et de peinture. Sa graisse, dit-on, est souveraine contre les douleurs rhumatismales. Enfin sa chair, trouvée excellente en automne par les Italiens, les Suisses et les Allemands, ne me semble guère prisée en France.

Disons pour finir qu'on reproche au blaireau de donner la gale aux chiens qui s'aventurent dans son terrier. Cette accusation n'est pas fondée : seulement les pauvres toutous y ramassent tellement de tiques et autres vermines que, si on n'a pas soin de les en purger, une forte irritation de la peau ne peut manquer de survenir. C'est là sans doute l'origine du grief précité.

II

AFFUT DU BLAIREAU

« J'ai eu sous mes ordres, dit le garde-général Récopé, un garde forestier intrépide pour faire la guerre aux blaireaux. Lorsqu'il était sûr qu'un animal était terré, il installait une chaise dans la fourche d'un arbre voisin, s'y asseyait tranquillement, et restait là, les yeux fixés sur le terrier, jusqu'à minuit, une heure du matin, sans faire le moindre mouvement, par les temps les plus rigoureux. Il avait les jambes dans un sac garni de paille pour garantir ses pieds de la gelée. Lorsqu'un blaireau sortait, du premier coup de fusil il était mort.

« Il faut viser juste en pareille circonstance, car, si l'animal n'est pas tué raide, il a bien vite regagné son terrier, et la faction devient sans résultat. Ce garde, au coup d'œil infaillible, en détruisait beaucoup de cette manière. »

Cet affût est peu usité par les amateurs, surtout pendant l'hiver, époque à laquelle il réussit le mieux. On comprend effectivement ce qu'il y a d'affreux alors dans l'immobilité et l'obligation d'être toujours en arrêt sur la gueule d'un terrier, par un froid rigoureux, sans pouvoir même lire aux astres, car ces conditions doivent être sévèrement observées, attendu que le blaireau, en sortant, fait une fugue et disparait comme l'éclair, après, toutefois, avoir cherché le vent en mettant seulement la tête dehors.

Si l'animal soupçonnait le moins du monde la présence de l'affûteur, non-seulement il ne se montrerait pas de toute la nuit, mais encore ce lui serait une raison suffisante pour se séquestrer plusieurs jours de suite dans son souterrain.

Lorsqu'on sera assuré qu'une blairelle a mis bas, on pourra fort bien affûter avec succès en se plaçant sans bruit près du terrier, en plein jour et par un beau soleil, attendu que les blaireautins, dès qu'ils commencent à marcher, viennent s'ébattre, comme les renardeaux, à l'entrée des gueules, vers midi, et que le plus souvent, la blairelle les accompagne, sans toutefois s'écarter de la bouche de plus d'un mètre.

III

CHASSE DU BLAIREAU

Les blaireaux, s'ils sont rencontrés dehors, de jour, par des chiens courants, n'ont garde, *dit-on*, de se faire battre comme le renard ; sachant qu'ils seraient bientôt atteints, ils se dérobent et se traînent au plus vite vers leur terrier, dont ordinairement on ne les trouve pas fort écartés.

Et cependant Edmond Le Masson, qui fait à juste titre autorité en pareille matière, affirme en avoir vu tenir longtemps devant sa meute ; il nous assure qu'il n'a pu *forcer*, qu'après les avoir longuement courus dans de vastes forêts avec bon nombre de chiens, *plusieurs* blaireaux qu'il avait éloignés de leurs terriers, sur lesquels il avait allumé du feu pendant la nuit.

Pour mon compte personnel, il m'est advenu une dizaine de fois, en quarante années de chasse, quêtant à la billebaude avec quatre ou cinq briquets, de tomber sur des blaireaux blottis au milieu d'épais buissons de ronces et d'épines. Ils étaient là, soit que le jour les eût surpris trop loin du terrier pour qu'ils osassent le regagner à cause du bruit des passants, soit que quelque chose d'insolite les eut empêchés de s'y couler ; mais leurs trous, comme j'ai pu le voir, n'avaient nullement été bouchés, enfumés ou piochés, et n'offraient rien d'extraordinaire (1).

---

(1) Tous m'ont paru fort gros ; ce n'étaient donc ni des femelles ni des jeunes. Les mâles perdraient-ils en vieillissant une bonne partie de leur timidité ?

En tout cas, ils n'y sont rentrés qu'au bout d'une bonne demi-heure de chasse. L'un d'eux toutefois, après avoir tenu soixante minutes, n'a point voulu s'y couler (j'ignore pourquoi), et a préféré disparaitre dans une sorte de terrier commencé et puis abandonné, qui n'offrait pas une galerie de deux mètres de longueur. En y sondant avec une perche fendue au petit bout, nous sentions fort bien l'animal et nous retirions des bribes de son poil. Celui-là eut été facile à déterrer ; mais malheureusement les habitations, auxquelles il aurait fallu emprunter les outils nécessaires, étaient par trop éloignées.

Dans ces diverses poursuites, chaque fois que ces animaux se sont trouvés à bonne portée, toujours il nous a été interdit de faire feu dans la crainte de blesser les chiens qui les entouraient de trop près.

C'était un ferme roulant continuel, et les voix de nos toutous avaient des intonations étranges que nous ne leur connaissions point. Ils n'osaient pas d'ailleurs se jeter sur l'animal qui, de son côté, ne les chargeait pas et semblait ne songer qu'à fuir, qu'à gagner un abri souterrain. On sait du reste que le blaireau, tant qu'il n'est pas blessé, n'attaque presque jamais les chiens. Cet animal est cependant courageux ; *réduit à l'extrémité,* il fonce parfois sur les tireurs et leur fait de cruelles morsures. Notons en passant que celles qui proviennent des bêtes puantes sont toujours sinon venimeuses, du moins difficiles à guérir, sans compter que le blaireau est sujet à la rage, de même que le renard, le chien et le loup.

Les rencontres fortuites des taissons sous bois étant fort rares, comme nous l'avons dit plus haut, il ne convient pas de compter sur elles pour la chasse, et on doit forcément recourir à d'autres moyens, dont le meilleur sans contredit consiste à boucher toutes les gueules du terrier, vers minuit, afin d'empêcher l'animal, sorti alors, d'y rentrer au petit jour suivant son habitude.

Pour l'arrêter efficacement il ne suffit pas d'un fagot

d'épines, d'un piquet carté ou écorcé, comme pour le renard ; il faut des barricades construites avec des matériaux solides, grosses pierres, fortes pièces de bois et étais, autrement le blaireau en aurait bientôt raison.

Cela fait, le chasseur, dès la pointe du jour, se met en quête avec ses chiens dans les buissons à proximité du terrier, car il est rare que l'animal s'en écarte de plus d'un kilomètre, et alors, à moins qu'il n'ait une très grande avance, jugeant inutile de chercher à se défaire de la meute par la fuite ou la ruse, il engage, tout en se dirigeant vers son trou, une lutte acharnée avec les chiens, s'ils sont nombreux et très mordants. Enfin, il fait si bien de ses ongles et de ses dents que parfois il se débarrasse d'eux, dégage les abords du terrier et y pénètre.

Pour empêcher ce plongeon, qui termine si désagréablement la chasse, on est dans l'habitude de faire garder le terrier par un veneur, qui repousse le blaireau et ne le tue que lorsqu'il s'acharne à démolir les obstacles accumulés aux gueules. Toute l'habileté de ce courre, ainsi qu'on le voit, consiste donc à mettre l'animal dans l'impossibilité de s'introduire sous terre.

Il est rare de porter bas un blaireau d'un seul coup de feu, à moins de l'atteindre à la tête, l'épaisseur de son poil le recouvrant partout comme d'une cuirasse, sans compter celle de sa peau, ainsi que la notable couche de graisse qui fait encore matelas.

Le Masson, qui a pratiqué l'autopsie de plusieurs blaireaux tués à l'affût, a presque toujours remarqué que le plomb, même le plus gros, s'était arrêté entre cuir et chair.

On a vu un de ces animaux, après avoir reçu deux coups de plomb numéro 1 à cinq pas de distance, déboucher son terrier et s'y couler, en dépit des nombreuses bourrades de crosse qu'on lui administrait.

On dit que le nez est le point le plus vulnérable chez le blaireau, mais je crois que le derrière de la tête ne l'est guère moins.

IV

DÉTERRER, EMFUMAGE, PIÉGES, EMPOISONNEMENT

Lorsque la meute aura reconduit un blaireau à son terrier, ou lorsque vos chiens, sans l'avoir chassé, vous dénonceront la présence d'un de ces animaux dans un trou, si vous voulez le déterrer, il est bon que vous sachiez bien à l'avance que c'est une entreprise pénible, coûteuse, souvent aléatoire, qu'il ne faut du reste tenter qu'à l'aide de chiens-terriers bien dressés, parce que *seuls*, par leurs attaques persistantes, ils peuvent empêcher le blaireau de creuser le sol avec une rapidité égale ou même supérieur à celle des terrassiers qui défoncent le souterrain.

Quant à vous indiquer par le menu la marche à suivre pour cette opération, je m'en garderai bien, me contentant de vous engager à lire et à méditer *La chasse souterraine du renard et du blaireau*, par Edmond Le Masson, notre maître à tous en semblable matière.

L'enfumage, qui d'ordinaire réussit bien avec le renard, est loin d'être aussi efficace pour le blaireau, parce que ce dernier, en rejetant la terre derrière lui, s'isole avec une rapidité telle que les gaz délétères n'ont pas le temps d'agir, à moins qu'ils ne se développent en très grande abondance et pour ainsi dire *instantanément*, ou que la nature du sol n'empêche le mineur par excellence de creuser aussi vite que d'habitude. Dans tous les cas, je ne crois guère qu'on puisse obtenir le moindre succès dans les grands terriers ; tout au plus la fumée parviendrait-elle seulement alors à les en chasser !

Le blaireau se prend, comme le renard, aux piéges de fer, soit qu'on les amorce avec les fameux croûtons, soit qu'on les tende autour d'une charogne.

Enfin les gobes vénéneuses réussissent très bien avec ce vorace plantigrade, les taupes surtout.

Quant aux collets en laiton tordu et recuit, je me suis laissé dire que leur effet était des plus sûrs lorsqu'ils étaient convenablement placés et *solidement* tendus.

CHASSE DU LAPIN

I

DU LAPIN SAUVAGE ET DE SA NATURE

Le lapin nous est venu d'Espagne à la suite des Maures, en compagnie de son ennemi intime, le furet.

On prétend qu'il a plus d'esprit que le lièvre (avec lequel il offre d'assez nombreuses analogies et avec lequel il se croise dans certaines conditions), parce qu'il sait creuser un terrier pour se soustraire à ses ennemis. Je crois qu'alors on fait peut-être honneur à son industrie de ce qui n'est dû qu'à sa faiblesse. Cet animal, en effet, est aussi poltron que le lièvre, et de plus, courant moins bien et surtout moins longtemps, il ne saurait comme lui résister à une poursuite prolongée. Ajoutons, du reste, qu'originaire des pays chauds, il est frileux et qu'un terrier lui offre un bon abri contre le froid.

Ces deux quadrupèdes ne vivent guère en paix côte à côte; on dit bien que le lapin est querelleur, qu'il mord et harcèle le lièvre, qui prend alors le parti d'émigrer; mais *seul* il ne serait pas de force avec ce dernier; aussi, suivant les gardes, se mettent-ils plusieurs après lui pour en venir à bout. J'admettrais volontiers cette raison comme suffisante dans les bois très vifs en lapins, mais dans ceux qui le sont moins, je crois qu'il y a une seconde cause d'émigration, c'est que les allées et venues *conti-*

nuelles de ces animaux dérangent et effraient le lièvre, qui alors va chercher un séjour plus tranquille.

Il existe, suivant quelques auteurs, deux variétés de lapins sauvages, les lapins de garenne et les lapins de clapier.

« Tous deux, disent-ils, ont le poil gris ; mais, comme les premiers ne se tiennent sous terre que *par exception,* contrairement aux habitudes des seconds, comme ils vivent le plus souvent au soleil et au grand air, leur fourrure est plus épaisse et présente une nuance roussâtre qui ne se voit jamais chez les autres.

« Les lapins de clapier sont encore moins vifs et moins agiles, par suite sans doute de la gêne qu'ils éprouvent dans leurs trous et de la paresse qui les y retient tout le jour, jusqu'à l'heure du gagnage. Quand ils se décident, ce qui est bien rare, à passer quelques belles journées au grand air, ils fréquentent les mêmes lieux que les premiers, à savoir : les vignobles, les bruyères, les genêts, les arbustes épineux, les endroits secs et pierreux.

« Les lapins de garenne, de leur côté, ne se terrent que pour échapper à un danger ou pour se soustraire aux intempéries, orages, pluies, neiges, froids rigoureux, et ressortent dès qu'ils croient n'avoir plus rien à craindre. Ils se plaisent au soleil et se pelotonnent dans les herbes, au pied des gros arbres, dont les racines saillantes leur forment un double abri. »

D'accord avec Joseph La Vallée, je crois fermement que les lapins de garenne et de clapier ne forment qu'une seule et même espèce, et que c'est bien à tort que certains auteurs veulent voir là deux types distincts vivant à l'état sauvage.

C'est peut-être bien le plus fécond de tous les quadrupèdes, et même sa fécondité est telle que la loi, protectrice des propriétés, a dû intervenir en tout pays civilisé pour prévenir et réprimer ses excès.

Mais, à côté de ce mal, faisons remarquer que ce gibier,

dont il ne faut pas trop médire, est devenu pour une foule de localités importantes un des principaux éléments de l'alimentation publique ; sans compter encore que cet animal, se plaisant et prospérant dans les dunes, nous offre peut-être le moyen de tirer un parti lucratif de ces vastes déserts de sable qui bordent l'Océan et la Manche. Toutefois, dans les dunes fixées par des plantations de pins, comme à l'île d'Oléron par exemple, la chair de cet animal, contractant un détestable goût de résine parce qu'il en ronge les jeunes pousses, ne serait pas mangeable, tandis qu'ailleurs, grâce à une autre nourriture, ce gibier pourrait avec honneur figurer sur les meilleures tables, sous l'espèce du rôti aussi bien que sous celle de *la gibelotte*.

Vifs et enjoués, les lapins folâtrent et gambadent toute la nuit dans les champs de blé, de luzerne, de sainfoin, au milieu des bruyères et des genévriers, parmi les thyms et les serpolets, pour y prendre leur nourriture.

L'hiver n'est pas pour eux un temps de disette ; les taillis fourrés, les ronces, les genêts, les bruyères, les chatons de coudrier et de marsaule, l'écorce tendre, un brin d'herbe leur présentent encore une nourriture aussi variée qu'abondante. C'est l'époque où *ils font de l'ivoire*, c'est-à-dire du tort, suivant les forestiers, aux jeunes baliveaux dont ils rongent l'écorce.

Le lapin dort les yeux fermés tout comme le lièvre ; il vit de huit à neuf ans. Les lapereaux peuvent se reproduire dès qu'ils ont six mois. La femelle, *ou hase*, porte trente jours, met bas cinq à six fois par année et fait quatre, cinq et jusqu'à sept petits.

Il y a chez la lapine une particularité organique, signalée dans tous les traités d'anatomie et de physiologie comparées, qui augmente encore sa fécondité ; c'est que l'utérus, ou matrice, est en quelque sorte double, c'est-à-dire que chaque corne utérine a une ouverture spéciale dans le vagin, de telle façon que pendant que la lapine accouche de petits conçus depuis trente jours et contenus dans l'une des cornes, l'autre corne reste pleine, et cette seconde parturition ne s'opère que cinq, dix, quinze ou vingt jours après la première. Voilà pourquoi on remarque souvent autour de la même hase des petits de divers âges.

Lorsqu'elle est prête à leur donner le jour, elle creuse, *en zig-zag constamment*, dans le souterrain ou au dehors, un petit terrier, d'un mètre au plus de profondeur, qu'on nomme *rabouillère*. Elle y dépose ses petits, et en recouvre soigneusement l'entrée avec des feuilles et de la terre (1) quand elle va au gagnage. En s'isolant ainsi, elle n'a qu'un but, c'est de soustraire sa progéniture à la voracité du mâle, qui s'explique du reste très bien par son extrême lubricité, laquelle le pousse à manger les petits afin que la lactation dure moins longtemps et que par suite la femelle redevienne plutôt en chaleur.

Au bout de six semaines, quelquefois plus, elle les conduit sans crainte au grand terrier où le mâle leur fait bon accueil et les lèche. A ce moment, elle le caresse et l'agace beaucoup ; aussi est-elle alors presque toujours fécondée.

Les ennemis du lapin sont : les chasseurs et les braconniers, les chiens, les loups, les renards, les blaireaux, les chats, les martes, les fouines, les putois, les belettes, et presque tous les oiseaux de proie.

J'ai dit au commencement de ce chapitre les causes de l'antipathie du lièvre et du lapin et il me faut bien dès lors dire aussi un mot sur les essais de rapprochement de ces deux espèces.

Si des croisements ont pu être tentés *avec succès*, ce n'est qu'avec une extrême difficulté et seulement avec des lapins domestiques ; mais je ne sache pas que *jamais, à l'état sauvage*, on ait rencontré des produits hybrides de l'accouplement *spontané* du lièvre et du lapin de garenne.

(1) J'ai lu quelque part qu'elle pétrissait cette terre en y mêlant de son urine... Ce serait le meilleur moyen de dénoncer la rabouillère aux renards, que l'odeur ne manquerait pas d'attirer.

II

CHASSE DU LAPIN AU CHIEN D'ARRÊT

Lorsqu'on chasse la perdrix et le lièvre, en même temps que la grive, dans les vignobles montueux où se trouvent des carrières abandonnées couvertes de maigres buissons et des murgers garnis de ronces, on fait parfois jaillir un lapin. C'est une bonne aubaine; mais elle est si rare qu'on ne saurait baser sur elle l'espoir de remplir son carnier.

Si donc on veut brûler de la poudre, il faut s'attaquer aux garennes boisées. Il en est où on peut, dans une sortie, rouler vingt ou trente lapins; mais celles-là sont un vrai fléau pour les propriétés riveraines et constituent des exceptions. Je me bornerai modestement à vous conduire dans des bois où, à l'aide d'un bon chien, il vous sera possible d'en tuer au moins une demi-douzaine, soit dans la matinée, soit dans l'après-midi.

On ne devra jamais faire cette chasse que par une belle journée, parce qu'alors seulement les lapins, amoureux de soleil et de chaleur, se tiennent volontiers en plein air; mais si, la garenne étant peu étendue, on furetait les trous de grand matin ou si on bouchait les gueules à minuit, si même seulement on enfumait au petit jour les terriers ou si on y glissait quelques écrevisses, comme les lapins seraient par suite contraints de se giter sous bois, on réussirait à faire encore une chasse fructueuse malgré un temps médiocre ou mauvais.

Quoi qu'il en soit, il faudra toujours chercher soigneusement ces animaux non loin de leurs terriers, car ils se gîtent d'habitude aux alentours, dans les taillis bien garnis d'épines et de ronces, dans les fossés et les haies.

Voici votre fidèle compagnon à l'arrêt ! c'est un lapin gîté depuis le jour ; il n'a laissé aucune piste, aucune trace. Jetez un coup d'œil prompt autour de vous ; appuyez doucement à droite ou à gauche pour vous ménager une éclaircie ; il faut bien qu'il sorte de ce buisson : le chien est d'un côté ; au lieu de rester près de lui, placez-vous en face. Si vous remarquez une coulée, soyez sûr que le gibier la prendra ; ne la perdez donc pas de vue.

En parcourant la garenne, frappez toujours du canon de votre fusil les buissons trop épais que votre chien ne peut que contourner ; souvent il en jaillira un lapin qu'il n'aurait pas éventé.

Paresseux à se lever, ce petit rongeur attend pour ainsi dire qu'on lui marche dessus. Il part alors comme une balle et, si on veut assurer son coup, on le manque presque toujours. Tirez-le donc au jugé : s'il est entré dans un buisson, jetez lestement votre charge un peu au-dessus, dans la direction, et envoyez votre chien !... Il vous en rapportera que vous croirez avoir manqués ! Songez bien en effet qu'un lapin, qui n'a pas les jambes brisées, peut encore se traîner assez loin.

Le plomb numéro 6 est celui qui convient le mieux pour ce tiré.

Sur la foi de quelques auteurs, j'ai dit plus haut qu'on pouvait fureter avec des écrevisses ; ces crustacés ne brillant pas précisément à terre par la rapidité de leurs mouvements, il y aura lieu, si le procédé est réellement bon, de se cuirasser à l'avance d'une forte dose de patience.

J'ai connu dans ma vie deux chasseurs dont l'œil de faucon découvrait merveilleusement un lapin sous l'herbe ou au pied d'un arbre; mais j'ai rencontré bien plus de braconniers tout aussi clairvoyants. Ceux-là, un bâton à la main, se promenaient dans les bois, passaient tranquillement à côté de l'animal gîté, l'assommaient d'un seul coup, et, après avoir caché leur proie, continuaient leur chemin comme de simples flaneurs (1). Et les gardes n'y voyaient que du feu !

(1) Il existe, suivant Joseph La Vallée, d'anciennes ordonnances qui permettent aux habitants de quelques localités des environs de Compiègne ou de Villers-Coterets de chasser le lapin au bâton.

III

CHASSE DU LAPIN AUX CHIENS COURANTS

Tous les disciples de Saint-Hubert, qui aiment à brûler de la poudre, à faire un exercice modéré, et surtout à ne pas revenir *bredouilles*, ont une prédilection marquée pour cette adorable chasse, qu'on peut pratiquer à tout âge avec le secours d'une couple de bassets, dont la lenteur comparative combat merveilleusement la vivacité intermittente des lapins.

Le basset à jambes droites est déjà trop léger pour laisser à cet animal le temps de se faire battre, et c'est au basset à jambes torses, beaucoup plus lent, qu'il faut donner la palme ; il semble en effet avoir été créé tout exprès pour cette bonne petite chasse.

Menés par deux ou trois de ces derniers, par un seul même au besoin, les lapins ne font que jouer devant eux, s'arrêtent à tout moment pour écouter et se laissent battre quelquefois trois quarts d'heure avant de se terrer. Comme ces animaux ne font qu'aller et revenir sur eux-mêmes dans une petite enceinte, il est aisé de les joindre, soit sur les routes, soit sous bois, en suivant la menée des chiens, ou bien en les attendant sur le terrier, autour duquel ils viennent ordinairement rôder plusieurs fois avant d'y entrer.

N'allez pas croire que cette chasse ne comporte ni art ni science; vous vous tromperiez étrangement : le parfait chasseur en effet trouve encore là, comme ailleurs, l'occasion de déployer sa supériorité.

Il connait les habitudes du lapin, ses heures de rentrée et de sortie, ses petites ruses étonnantes de simplicité; il a l'instinct, le feu sacré, le coup d'œil, la spontanéité, qui assurent le succès en toute chose. Immobile sur un point, voyez-le devancer les chiens sur un autre, ne marcher que lorsqu'ils donnent de la voix, afin de mieux dérober le bruit de ses pas, risquer vingt coups au jugé et négliger d'en tirer un pareil nombre sur des lapins *à découvert mais trop près des gueules*, parce qu'ils pourraient s'y trainer, y mourir et empoisonner le terrier.

Cette petite pluie fine et pénétrante, qui vous chasse du bois, le chasse de la maison; il part comme vous rentrez. Peu lui importe que les chiens aient alors moins de nez, du moment que les lapins (effet providentiel de la pluie) préfèrent tenir le fort que de se terrer (1), notamment lorsqu'ils ont été échauffés par la course.

Quand on n'a pas de bassets à sa disposition, on peut se servir de vieux chiens d'équipage, auxquels ces fonctions peu pénibles assureront alors une douce retraite. Sages, expérimentés, ne criant qu'à coup sûr, ne laissant jamais de lapin en arrière, menant doucement et également, ne s'emportant pas dans un à-vue, et buissonnant avec cette persistance éclairée que donnent l'expérience et l'habitude du succès, ces Nestors vous feront tuer un

---

(1) Le lapin chassé au chien courant par la pluie ne se terre pas, parce qu'étant mouillé les lapins restés au terrier ne l'y recevraient point et aussi parce qu'instinctivement il ne veut pas porter de l'humidité dans sa demeure. Il ne se coule alors sous le sol que s'il est mené par des chiens trop rapides ou s'il a reçu un coup de feu mortel; et encore, en pareils cas, préfère-t-il presque toujours au terrier commun le premier trou venu, voir même une simple *jouette*.

bien plus grand nombre de lapins que ne le pourrait faire un jeune chien, malgré qu'il forcerait peut-être beaucoup plus de ces quadrupèdes à bondir devant lui.

Ne menez jamais du reste à cette chasse les élèves que vous destinez à la poursuite d'un autre animal, notamment à la quête si laborieuse du lièvre; vous les gâteriez par l'appât d'un succès facile et de mauvais aloi et les prédisposeriez singulièrement à faire change sans hésitation quand ils seraient au courre de ce rusé quadrupède.

Il faut de l'adresse et de l'habitude, et surtout beaucoup de prestesse, pour tuer le lapin au bois devant les chiens courants, lorsqu'il est mené vivement comme au moment du lancé ou d'un à-vue. Alors, s'il traverse une route, il passe avec la rapidité d'un éclair et donne à peine le temps de l'ajuster, à moins qu'elle ne soit fort large. Il est encore très difficile à tirer, lorsqu'il bondit sous les pieds du chasseur, soit dans le bois, soit dans des lieux couverts de bruyères et de broussailles, voisins des garennes, où on le rencontre ordinairement. Sa course, au départ et durant une centaine de mètres, est bien plus rapide que celle du lièvre et est en outre oblique et tortueuse (1). Il semble glisser au lieu de courir, et l'on ne saisit pas aisément le moment de le tirer.

Certains gardes ne tuent jamais de femelles : il paraît qu'ils jugent très bien du sexe par la manière *droite ou tortueuse* dont l'animal prend sa course.

On chasse le lapin aux chiens courants par toutes les saisons, mais les mois de juillet et août sont les plus favorables. Alors les lapereaux abondent et sont déjà de bonne taille; et, comme ils manquent d'expérience, on les tue plus aisément que les adultes.

(1) Ce qui n'empêche pas qu'un lapin, qui serait poussé à vue sur un terrain découvert par un chien un peu raide, serait inévitablement pris au bout de trois cents mètres au plus, parce qu'après les cent premiers son allure baisse d'une façon extraordinaire.

IV

AFFÛT DES LAPINS

C'est surtout dans la belle saison, à l'époque où les lapereaux sont déjà forts, que l'affût réussit le mieux.

A tous les instants de la journée, mais principalement de neuf heures à midi et le soir vers le coucher du soleil, en vous postant sur un clapier bien hanté, monté dans un arbre ou blotti derrière une cépée, vous verrez les lapins sortir, rentrer et jouer au bord de leur terrier; et souvent, pour tirer, vous n'aurez que l'embarras du choix. Après un coup de feu, il se passe parfois un bon quart-d'heure avant qu'ils ne remettent le nez dehors; soyez patient, et une nouvelle victime vous récompensera.

Vous pouvez, sur le soir, vous embusquer, pour les attendre, à portée de quelques pièces de grains voisines de la garenne, où ils ne manquent point d'aller chercher leur nourriture.

Comme, ainsi que les lièvres, ils se promènent et vagabondent pendant la nuit, vous les tirerez encore, au clair de la lune, en vous plaçant à l'affût sur quelque pelouse où ils viennent d'habitude jouer et s'ébattre; les repaires, du reste, vous signaleront les endroits les plus fréquentés.

La surprise enfin est aussi un genre d'affût diurne où vous pouvez tuer beaucoup de lapins et surtout de lapereaux. Quand un bois est percé de plusieurs routes, en vous promenant, de grand matin et même dans la journée, doucement et sans bruit le long de ces chemins, vous ne manquerez pas, si peu qu'il y ait de ces rongeurs, d'en rencontrer quelques-uns arrêtés sur le bord du bois ; au moment où ils seront ainsi surpris, ils s'élanceront d'un côté à l'autre du chemin pour prendre la fuite et vous offriront alors un vrai tir *au traversé* dont vous profiterez de votre mieux.

V

FURETER A GUEULES OUVERTES OU A BLANC

Tout le monde sait que le basset à jambes torses *et le furet encore mieux*, lorsqu'on les lâche à l'entrée d'un terrier, s'y coulent avec ardeur quand ils le sentent fréquenté, et en font bien vite jaillir les paresseux habitants.

C'est sur cette connaissance qu'est basée une petite chasse fort émouvante dans laquelle on tire le lapin *à blanc*; on nomme cela *fureter à gueules ouvertes*, par opposition à une autre méthode, qui consiste à garnir toutes les entrées de filets ou bourses, destinés à prendre ces animaux affolés par une ardente poursuite, à laquelle ils ne peuvent se soustraire qu'en se précipitant au dehors.

Venus sur le terrier en silence, et en nombre suffisant pour bien surveiller toutes les gueules, les chasseurs, le fusil en main, se tiennent immobiles.

Le lapin, pour s'élancer de l'accul auquel le furet, qui marche sans bruit, est parvenu à l'improviste, frappe des pieds de derrière et vous ressentez ce bondissement comme un frisson qui monte jusqu'à votre oreille.

Il est sorti aussi vite qu'un trait, et vous avez jeté plus ou moins bien votre coup de fusil; mais quelquefois l'animal prudent ne met que le nez dehors et rentre aussitôt, ou, s'il est serré de trop près par son ennemi intime, il se borne à sortir par une gueule pour se précipiter dans une autre, auquel cas le tir est impossible.

« Oh ! c'est une délicieuse attente, dit avec raison Jo-
» seph La Vallée, que celle du fureteur à blanc. Il semble
» qu'une puissance électrique fasse frémir nos pieds quand
» le clapier s'agite. Il semble que nous sentions sous terre
» la route que le lapin suit. C'est une chasse charmante.
  » Un jour, M. le duc d'Angoulême voulut fureter à
» blanc. Il se plaça sur le plus grand terrier d'un des can-
» tons les plus fréquentés de la forêt de Compiègne, et,
» en trois heures, il avait tué cinquante-quatre lapins. »

C'était là certes un brillant résultat, même pour un prince excellent tireur ; mais on peut et on doit se contenter de beaucoup moins quand on chasse modestement sur la première garenne venue.

Ce plaisir, comme tous ceux de ce monde, a ses moments de désappointement. Quelquefois le lapin, soit qu'il ait eu vent du chasseur, soit qu'il ait entendu un bruit insolite, s'obstine à ne pas sortir en dépit des coups de griffes du furet auquel il tourne prudemment le dos ; cette résistance passive dure souvent des heures entières, et il arrive même alors que, pour reprendre ce petit buveur de sang, on se voit contraint de défoncer un terrier tout entier.

Il ne faut faire cette chasse qu'avec des gens dont on connaît la prudence, car les tireurs sont groupés sur les gueules dans un très court espace de terrain et ils jettent leur coup de fusil plutôt qu'ils ne visent ; la course du lapin est tellement rapide qu'en le voyant débouler on est saisi d'une espèce de vertige ; le coup part dans une mauvaise direction et on a quelquefois frappé son meilleur ami.

On fera bien, au point de vue de la conservation des chiens d'arrêt, de les tenir en laisse jusqu'à la fin du tiré en blanc, malgré qu'on sache pertinemment qu'on sera alors exposé à perdre quelques lapins blessés, qui se traîneront peut-être assez loin pour échapper à une tardive recherche.

VI

CHILLER, SIFFLER, PIPER LES LAPINS

Quelques rares chasseurs provençaux emploient ce singulier et curieux moyen d'attirer les lapins ; ils nomment cela *chiller* ; ce mot, qui n'est qu'une légère corruption du verbe *chillar* en espagnol, ne peut se traduire en français que par l'expression *siffler*.

A défaut d'écrits des chasseurs méridionaux sur ce sujet, force m'est de prendre dans l'auteur espagnol Espinar (1) la description de ce mode d'opérer contre les lapins.

En usant d'un appeau particulier, on fait accourir tous ces animaux indistinctement, soit du bois, soit des terriers.

Cet appeau se fabrique de plusieurs manières : avec un petit tuyau de paille en forme de sifflet, ou avec une feuille de chiendent, de chêne vert, ou une pellicule d'ail, qui se posent entre les lèvres et, en soufflant, produisent un son aigu, qui est l'imitation parfaite de la voix du lapin. Quelques amateurs savent l'imiter avec la bouche seule.

Le chasseur, en traversant le bois, a soin de ne faire que le moindre bruit possible ; il s'arrête de temps en temps aux endroits les plus découverts pour piper, observant de ne jamais le faire *qu'avec le vent au visage*. Il

---

(1) Traduction aussi libre et aussi brève que possible.

suffit, lorsqu'il s'arrête, qu'il se serre contre le tronc d'un arbre ou contre une cépée plus haute que lui. Il reste dans cette position sans aucun mouvement, si ce n'est de la tête, qu'il tourne de côté et d'autre pour voir ce qui se passe autour de lui, et, tenant son fusil de la main gauche, il s'aide de la droite pour piper.

Le premier coup d'appel doit durer deux minutes, et moins s'il voit ou entend des lapins arriver, alors il se tait, met en joue d'avance et les laisse venir à portée. Si au contraire ils ne se montrent point, il fait une pause à peu près de la même durée; après quoi il recommence à piper.

Dans les lieux où ces animaux foisonnent, on a soin de siffler moins fortement, afin que ceux qui sont un peu éloignés n'entendent point, par la raison que, s'il en vient beaucoup à la fois, il est plus à craindre que dans le nombre de ceux qui accourent de tous côtés, *à bon ou à mauvais vent*, il ne s'en trouve quelqu'un qui *évente* ou aperçoive le chasseur et se mette à fuir d'effroi, ce qui suffirait pour épouvanter tous les autres.

Quand on a tiré, il faut toujours changer de place ; on agira de même lorsqu'après avoir pipé un certain temps les lapins ne se seront pas montrés.

Tous les temps ne sont pas également bons pour cette chasse. Dans les terres chaudes, les lapins viennent très bien à l'appel en mars et en avril, et dans celles qui sont tardives en mai et juin.

Les jours les plus favorables sont ceux où il souffle un vent du midi, doux et chaud, où le soleil se montre et se cache par intervalles, et lorsque la terre est humide. Les grands vents, absolument contraires, doivent faire rester le pipeur au logis. L'heure la plus propice est depuis dix heures du matin jusqu'à deux heures du soir.

Espinar finit en disant que cette chasse effarouche beaucoup les lapins et que, tant qu'il n'a pas plu, ce serait peine perdue que de la recommencer au même endroit.

VII

COMMENT ON PREND LES LAPINS

Quand on a pour but, comme nous l'avons dit plus haut, de contraindre seulement les lapins à sortir de leurs terriers, soit pour les tirer au départ, soit pour aller après les quêter dans le bois, soit pour faire ensuite une fructueuse battue, on laisse indifféremment fouiller les trous par un basset ou par un furet; mais, si on désire les prendre à l'aide de bourses ou poches, c'est à ce dernier animal qu'on recourt d'habitude.

Je ne vous décrirai pas cette amusante manière de capturer les lapins ; lisez la *Chasse au Furet*, par Edmond Le Masson; c'est un traité complet sur la matière, et son étude vous vaudra mille fois mieux que tout ce que je pourrais vous en raconter ici.

On prend les lapins aux collets en laiton recuit, soit qu'on place ces engins aux gueules la nuit, quand ils sont dehors, soit le jour, lorsqu'on peut les obliger à sortir de leurs terriers. On met aussi des collets à toutes les trouées des haies qui entourent les jardins potagers, parce que ces animaux s'y introduisent ordinairement la nuit pour en manger les légumes. Ces diverses tendues réussissent le plus souvent.

Enfin on capture très bien les lapins aux panneaux, absolument comme les lièvres.

—

Je ne saurais sans ingratitude m'abstenir de remercier ici MM. Caillot, conseiller d'arrondissement, et Thierry, médecin-vétérinaire à Tonnerre, des précieux renseignements qu'ils ont bien voulu me fournir sur la nature des lapins, leurs habitudes, leur chasse, etc.

DU FURET ET DE SON EMPLOI

Il existe deux variétés bien distinctes de furets : le furet jaune pâle, aux yeux rouges et le furet putoisé. Ce dernier, qui ne tire son nom que de la ressemblance de son pelage à celui du putois, n'est nullement le produit du croisement de ces deux animaux, qui du reste ne peuvent se souffrir et constituent d'ailleurs des espèces tout-à-fait différentes.

Le furet jaune, que tout le monde connaît et qu'il devient dès lors inutile de décrire, est à peu près le seul employé en France, où il ne peut vivre qu'à l'état domestique. Dormeur, frileux et d'une complexion assez délicate, il passe la majeure partie de son temps à faire la sieste, pelotonné, quasi engourdi au fond de sa couche. Il faut donc avoir grand soin de le tenir à l'abri du froid et de l'humidité ; son tonneau ou sa caisse seront par suite bien nettoyés chaque jour.

Ces animaux seraient certainement plus assouplis et moins enclins à dormir, si on pouvait leur donner une entière liberté dans une chambre saine et chaude. Dans l'intérêt de leur santé on ne doit pas en mettre plus de deux ensemble, et autant que possible mâle et femelle qui s'accordent mieux.

La nourriture d'un furet, donnée régulièrement matin et soir, se compose d'un verre de lait dans lequel on émiette gros comme un œuf de pain blanc ; l'hiver, on fait tiédir cette soupe. Mais quand il a beaucoup travaillé, on lui offre quelque aliment plus substantiel, un œuf cru bien battu ou du sang de poulet.

La furette entre en chaleur au printemps et reste en cet état près d'un mois; comme le mâle est très lascif et qu'il s'épuiserait vite, on doit le retirer au bout de deux à trois jours au plus, attendu que ce laps de temps suffit pour rendre l'accouplement fructueux. Si, pour une cause quelconque, la furette n'a pas reçu alors le mâle, elle rentre presque toujours en amour vers l'automne; seulement à cette époque il est bien rare qu'elle soit fécondée.

La gestation est d'environ six semaines, et le nombre des petits varie de cinq à huit.

Ils naissent les yeux fermés, et ne les ouvrent qu'au bout de dix-huit à vingt jours. Peu de temps après, ils commencent à se montrer à la surface de leur litière et à manger avec leur mère, sans cesser cependant de la téter. On les sèvre à l'âge de six semaines, et, à cinq mois, ils ont pris leur entier accroissement.

C'est à partir de cette époque qu'on doit sans faute les apprivoiser, les habituer à venir à la voix et à être maniés très souvent. Ils perdent ainsi presque complètement leur propension naturelle à mordre; du reste, pour plus de sécurité, on a recours généralement à une petite opération qui consiste, à l'aide d'une pince, à leur couper les quatre canines, ce qui présente le double avantage de rendre leurs morsures insignifiantes pour les personnes et de les mettre hors d'état d'étrangler les lapins.

Cette dernière impossibilité est des plus utiles; car le furet, lorsqu'il parvient à tuer un lapin, s'en repait et ne manque pas ensuite de se livrer à un sommeil fort long; sans compter qu'outre l'ennui de voir la chasse interrompue on a encore bien des chances de le perdre.

Il va sans dire qu'après l'ablation des canines on restera une douzaine de jours avant de conduire l'animal au terrier, si on veut qu'il pourchasse activement les lapins.

Quelques amateurs, ennemis de cette opération, se contentent de le bien museler avec une ficelle, mais il est constant que cet appareil le paralyse toujours un peu, et puis il est à craindre qu'il ne s'accroche encore aux racines et ne périsse ainsi dans le terrier.

Le dressage aux lapins n'est ni long ni difficile lorsqu'on s'y prend de bonne heure, parce qu'alors on ne laisse pas s'engourdir chez le furet l'instinct si naturel de chasse, qu'il finirait par perdre totalement faute d'exercice.

On débute par lui montrer un lapin ; on l'agite devant lui. Il commence par jouer ; mais bientôt l'instinct s'éveille, et il finit par se cramponner à son cou, près de l'oreille. Quand on a plusieurs fois répété cette leçon préparatoire et que le furet se jette bien franchement sur le lapin dès qu'il l'aperçoit, on le porte au bois, et d'abord on ne l'introduit que dans des petits terriers bien fréquentés. Souvent, du premier coup, il se rabat très bien sur les lapins qui s'y trouvent, et alors son éducation est terminée. Mais il est des furets moins prompts à partir ; avec ceux-là il faut de la patience et de la persévérance pour réussir.

Il arrive parfois à un furet bien dressé de ressortir du terrier où il n'a fait que le simulacre d'entrer ; il agit ainsi tantôt parce que, ne percevant pas l'odeur des lapins, il croit qu'il n'y en a point, tantôt parce que son nez lui révèle la présence dans le trou d'un hôte dangereux pour lui. Dans le premier cas, lorsqu'on est sûr que le terrier est habité, on réussit fort bien à l'y faire pénétrer en lui soufflant et même en lui crachant à la face ; on sera tout-à-fait édifié sur le second cas si on examine avec soin l'allure vive et tremblante et la physionomie effrayée de l'animal quand il ressort.

La femelle est généralement préférée au mâle par les amateurs, sans doute parce qu'elle est bien moins grosse et que par suite elle circule plus facilement sous terre.

La durée de la vie de ces petits animaux ne dépasse guère dix ans.

CHASSE DE LA LOUTRE

I

DE LA LOUTRE ET DE SA NATURE

La loutre a de 0ᵐ 90 à 1 mètre de long ; la queue a la moitié de la longueur du corps ; elle n'atteint pas plus de 0ᵐ 33 de hauteur, et pèse de 10 à 12 et même 15 kilogrammes. La femelle se distingue du mâle par une taille un peu moindre, un corps plus fluet, un pelage plus clair.

Le corps allongé de la loutre, et surtout sa tête petite, très aplatie, mais large, lui donnent, dit A.-E. Brehm, quelque chose de la physionomie du serpent.

Ses oreilles sont arrondies, courtes, à peine saillantes, pourvues d'une membrane qui permet à l'animal de les fermer. Il a les yeux petits, placés près de l'angle de la bouche, la pupille ronde et l'iris brun-châtain. Les lèvres épaisses portent, la supérieure surtout, de longues moustaches. Le nez est nu, sa peau est hérissée de papilles dessinant un réseau. Les pattes ressemblent à celles des autres mustélidés, mais les loutres se distinguent suffisamment par la présence d'une forte palmure ; cette membrane palmaire, chez notre animal, va en effet jusqu'au milieu des doigts. Sa face inférieure est nue, et la supérieure couverte à peine de quelques poils.

Le pelage de la loutre est épais et court ; les poils formant duvet se montrent brun-gris-clair à la racine (1), tandis que les poils soyeux, serrés et roides, très luisants, affectent un brun foncé. La teinte générale des parties supérieures est brun foncé et lustré, d'un brun clair ou gris-brun au ventre, vert surtout au cou et aux côtés de la tête. On remarque enfin quelques taches irrégulières blanches ou blanchâtres entre le menton et la branche montante de la mâchoire et au milieu de la lèvre supérieure.

La loutre habite exclusivement les eaux douces (2); elle préfère les ruisseaux où vivent des truites et des écrevisses et les rivières dont les bords sont boisés. Elle y a une demeure souterraine, disposée conformément à ses mœurs. L'ouverture en est toujours de 0^m 50 à 0^m 60 au dessous du niveau de l'eau; de là part un couloir, de 1^m 20 à 1^m50 de longueur, qui monte obliquement et arrive à un vaste donjon tapissé d'herbes et toujours sec. Un second couloir, plus étroit que le premier, se dirige vers la surface de la berge et sert à la ventilation; mais, afin de mieux cacher sa retraite (3), elle cherche à pratiquer les trous à air au milieu de quelque épais buisson.

D'ordinaire, cet animal utilise les espèces de cavernes que l'onde a creusées sous la rive, se contentant alors de les agrandir. Quelquefois, mais rarement, il s'empare d'un terrier abandonné qui se trouve près de l'eau. Il a généralement plus d'une catiche à sa disposition.

Lorsque les hautes eaux submergent sa demeure, la loutre se réfugie sur les arbres, mais elle cherche à gagner des abris plus commodes; on a pu suivre à la trace une famille qui, lors d'une grande crue de la Saône, s'é-

---

(1) Et brun foncé à la pointe.
(2) L'ayant rencontrée sur les eaux saumâtres des côtes de l'Algérie, nous croirions assez volontiers à sa présence dans les lacs salés du Midi.
(3) On la nomme *catiche* en vénerie.

tait réfugiée dans un bois distant de près de deux kilomètres.

Il suffit de voir la loutre pour reconnaître qu'elle est aquatique. Elle marche avec une allure qui rappelle les mouvements de la couleuvre, et a alors la tête inclinée et le dos un peu recourbé. Elle peut se retourner avec une facilité incroyable, se dresser sur ses pieds de derrière, rester plusieurs minutes dans cette position, s'inclinant à droite, à gauche, en avant, en arrière, sans perdre son équilibre; grimper sur les arbres inclinés, en y enfonçant ses griffes solides et aigues.

La loutre est admirablement organisée pour nager et plonger; son corps allongé comme celui d'un serpent, ses pieds que leur membrane palmaire transforme en rames puissantes, sa queue longue et forte, qui lui sert de gouvernail, son poil lisse et glissant, tout est disposé chez elle pour lui permettre de couler facilement à travers les flots.

Ses dents pointues et solides, qui ne lâchent pas prise une fois qu'elles ont mordu, ainsi que sa souplesse et son extrême agilité, nous autorisent à affirmer qu'aucun poisson ne pourrait lui échapper si elle n'avait pas besoin, de temps en temps, de venir respirer à la surface de l'eau.

En hiver, elle peut chasser sous la glace, quand elle offre des solutions de continuité; de plus elle retrouve avec une certaine sûreté les trous qui lui ont offert un passage. S'ils lui font défaut et qu'elle soit alors pressée par la faim, elle se décide à se nourrir d'animaux terrestres.

Les sens de la loutre sont très développés. Elle voit, entend et sent à merveille. A plusieurs centaines de pas de distance, elle perçoit l'approche de l'homme ou du chien. Rendue méfiante et rusée par les poursuites, elle est devenue presque invisible, même pour les affûteurs tenaces.

Les mêmes raisons en ont fait, chez nous, un animal plus nocturne que diurne.

Elle se tient tout le jour cachée dans sa retraite, où elle apporte souvent une partie de sa pêche ; aussi son terrier est-il infecté par l'odeur des débris de poissons, odeur qui parfois la fait découvrir. Elle chasse la nuit, surtout par le clair de lune, et ne s'y hasarde de jour que sur les points où elle est rarement poursuivie par l'homme.

D'habitude les loutres vivent solitaires ; les vieilles femelles, cependant, rôdent longtemps avec leurs petits et se réunissent avec d'autres ; puis, au temps du rût, les mâles se joignent à elles ; il en résulte des petites sociétés qui pêchent alors de conserve.

Elles nagent presque toujours en remontant le courant, parcourent souvent ainsi la rivière jusqu'à plusieurs lieues de leur demeure, et ne manquent jamais d'inspecter alors tous les cours d'eau, tous les étangs qui se déversent dans le bras principal. Si le matin les surprend bien loin de leur terrier, elles se cachent durant toute la journée dans les roseaux, et continuent leur route dès que la nuit est venue.

Lorsque les eaux ont peu de profondeur, la loutre pêche les poissons dans les anses du rivage, ou bien elle frappe de sa queue la surface de l'onde, les effraie et les fait se réfugier dans des trous et sous les pierres, où elle peut facilement s'en emparer. Dans les eaux profondes, elle poursuit sa proie et l'atteint à la nage. Souvent elle la guette du haut d'une pierre ou d'un arbre, saute à l'eau dès qu'elle l'aperçoit, plonge et la saisit. Par malheur, cet animal, qui ne mange la plupart du temps que les parties délicates de sa prise et abandonne le reste, ne peut, quoique repu, voir un poisson sans lui donner aussitôt la chasse, et, comme bien peu lui échappent, la destruction à outrance qu'il opère ainsi devient véritablement énorme.

Il se nourrit encore d'écrevisses, de grenouilles, de rats d'eau et d'oiseaux (1) ; mais il préfère à tout les poissons, notamment les truites.

(1) Spécialement et presque exclusivement d'oiseaux aquatiques.

Les loutres n'ont pas une saison de rût bien déterminée puisque, à toute époque de l'année, on trouve des petits. L'accouplement normal a ordinairement lieu à la fin de février ou dans les premiers jours de mars. Elles s'appellen alors par un sifflement aigu et prolongé, et jouent ensemble dans l'eau, se poursuivent et s'agacent.

Après neuf semaines, c'est-à-dire dans le courant de mai, la femelle met bas deux ou quatre petits ayant les yeux fermés et les dépose dans un trou creusé sur la berge, entre de fortes racines, qu'elle a chaudement et moëlleusement tapissé d'herbes.

La mère témoigne à ses nourrissons le plus tendre dévouement, puisque souvent elle se fait tuer plutôt que de les abandonner.

Au bout de neuf à dix jours, les petits ouvrent les yeux et, à l'âge de deux mois, la mère les emmène à la pêche. Ils restent alors avec elle pendant six mois environ, durant lesquels ils font leur éducation.

La loutre n'est adulte et apte à se reproduire que vers l'âge de trois ans ; on peut donc estimer à une vingtaine d'années la durée ordinaire de son existence.

Quoiqu'en ait dit Buffon, il est parfaitement prouvé aujourd'hui que cet animal, pris jeune bien entendu, se nourrit aisément avec du lait et du pain, s'apprivoise sans peine et supporte facilement la captivité. Il devient même bientôt très familier, montre de l'attachement à son maître et se conduit toujours aves une extrême douceur. Cette propension remarquable à une demi-domesticité a fait croire à quelques personnes qu'il serait peut-être bien susceptible d'être dressé à la chasse du poisson ; on a essayé et, après bien des tâtonnements, on a réussi.

Les procédés à l'aide desquels on dresse les loutres à chasser le poisson sont très simples. Jean Lotz (1), professeur à l'Université de Lund, en Scanie, après avoir indi-

---

(1) Lotz, *Journal étranger*, 1755.

qué le moyen de se procurer des loutres, et avoir reconnu que les jeunes sont plus faciles à élever que les vieilles, s'exprime comme il suit :

« On attache d'abord l'animal avec soin, de manière à
« ce qu'il ne puisse s'étrangler en se débattant, et on le
« nourrit pendant quelque temps avec du poisson et de
« l'eau. Ensuite on mêle dans cette eau du lait, de la soupe,
« des choux et des herbes, dont on augmente graduellement
« les proportions ; et dès qu'on s'aperçoit qu'il s'habitue
« à ce régime, on lui retranche presque entièrement le
« poisson. A la fin, on ne lui donne plus guère que du
« pain. Dès qu'on en est venu là, il ne faut plus permettre
« qu'il mange des poissons entiers, ni même les intestins
« des poissons qu'on apprête à la cuisine, mais seule-
« ment les têtes. On le dresse ensuite à rapporter comme
« on ferait pour un chien. Lorsqu'il rapporte bien, on le
« mène sur le bord d'un ruisseau clair, on lui jette du pois-
« son, qu'il a bientôt atteint et qu'on lui fait rapporter ;
« on lui donne la tête pour récompense. Un paysan de la
« Scanie, qui avait dressé une loutre à ce service, prenait
« journellement autant de poissons qu'il lui en fallait
« pour nourrir sa famille. »

On dresse aussi la loutre, dit A.-E. Brehm, en lui donnant pour commencer un poisson simulé, fait avec de la peau, qu'on l'habitue à prendre à terre d'abord, dans l'eau ensuite, et auquel on finit par substituer un vrai poisson mort. Quand on l'a amenée à rapporter ce dernier, on la met à la poursuite de poissons vivants, qu'on lui livre dans une grande cuve pleine d'eau, et, à partir de ce moment, on peut la conduire par les étangs, les lacs et les rivières.

Comme la loutre se familiarise vite avec les chiens, on l'amène à chasser de compagnie avec eux et à rapporter les canards et autres oiseaux aquatiques que l'on a tirés sur l'eau. Les Anglais surtout ont très bien réussi à apprivoiser et dresser ces animaux ; on en a même vus chez eux qui servaient à la garde.

A la rigueur, on apprivoiserait une loutre prise adulte ; mais réussirait-on à la dresser ? Ce n'est pas probable.

En France, M. Madin, receveur municipal à Verdun, et MM. de Chartogne ont eu en leur possession des loutres parfaitement dressées à la pêche et travaillant à toutes les époques de l'année, même en plein hiver. Il semblerait résulter de leurs observations que, par les temps très froids, pour éviter à ces animaux des fluxions de poitrine, il serait indispensable de bien les sécher au sortir de l'onde.

La chair de la loutre n'a rien d'engageant ; non-seulement elle a une odeur désagréable, mais encore elle est dure, difficile à digérer, et il faut un art culinaire hors ligne pour en faire un plat passable.

La fourrure très estimée est aussi belle et aussi brillante qu'elle est chaude et durable ; on en fait des manchons, des bonnets, des manteaux, etc. Enfin avec les poils de la queue on fabrique des pinceaux, du duvet, des chapeaux.

II

CHASSE DE LA LOUTRE

Les ravages que la loutre exerce font qu'on la poursuit avec acharnement; mais sa prudence est telle qu'on ne peut la chasser comme les autres animaux.

On détruit annuellement en France trois ou quatre mille loutres; quelques-unes embarrassées dans les filets des pêcheurs se noient; d'autres sont tuées à l'affût; le plus grand nombre est pris au traquenard. Nous allons passer brièvement en revue ces divers moyens de destruction.

« Aussi les prent on aux viviers à cordelettes comme on
« fait les lièvres, aux filès, aux haussepiès et autres en-
« ginhs; et quant elle est prise ès cordes ou filès, se on n'y
« est tost, elle ront les cordes aux dens et se délivre, » disait Gaston Phœbus il y a quelques siècles.

On ne tend jamais de filets en France exprès pour capturer ces animaux; mais quelques-uns s'y empêtrent accidentellement et se noient, quand ils ne peuvent se dégager assez vite. Les filets inclinés et disposés entre deux eaux sont à peu près les seuls qui réussiraient peut-être, à condition d'être des plus solides.

La chasse de la loutre à l'affût est des plus ingrates. Voici comment elle se pratique : Quand on s'est assuré, par la trace de l'animal, qu'il passe pendant la nuit soit sur une plage de sable, soit dans un lieu sec près d'une rivière, ou bien sur une digue, on s'y rend, au clair de la lune et à bon vent, et on se poste à peu de distance de la passée, en se cachant du mieux qu'il est possible. Il faut être fort attentif et toujours prêt à tirer, parce qu'on ne voit et n'entend rien avant l'arrivée de la bête et qu'elle passe avec une incroyable vitesse.

On tire la loutre à la tête avec du gros plomb afin de la tuer sur place; car, si elle n'est que blessée, neuf fois sur dix le chasseur la perdra.

A défaut de traces visibles sur les rives, on table sur l'habitude qu'a cet animal de fienter près de l'eau sur une pierre blanche; au besoin on en apporte une, mais alors on attend pour affûter que la bête se soit bien accoutumée à s'en servir.

L'affût d'hiver, près des trous qu'offre la glace, s'il est pénible, présente en compensation bien plus de chance de succès que l'affût d'été. Le chasseur doit, du reste, quelle que soit la saison, être posté entre huit et neuf heures du soir et ne quitter la place qu'à cinq heures du matin.

On capture souvent la loutre dans des piéges sans amorce, qu'on place près de sa retraite, à environ six centimètres au-dessous de la surface de l'eau, et qu'on recouvre de mousse, ou mieux encore que l'on dispose dans des fossés ou des ruisseaux qu'elle est obligée de suivre ou traverser pour se rendre d'un étang dans un autre. En rétrécissant alors ces passages au moyen de pieux, on force la bête à passer sur les piéges qui y sont tendus. Mais on n'a pas toujours de pareilles facilités, et, le plus souvent, il faut installer le piége sur une frayée bien reconnue. Dans ce cas, on a d'habitude recours à l'assiette de fer ou traquenard, qu'on doit amorcer, soit avec une écrevisse fraîche, soit avec une truite ou un petit oiseau aquatique. Le tendeur, pour placer le piége, choisit sur la passée un point rapproché de la rive et l'attache à une petite chaîne en fer de 1^m 33 de longueur, laquelle est fixée à un pieu par une corde assez longue pour permettre au captif d'entraîner le piége dans l'eau où il se noie.

Le traquenard, qu'il ne faut jamais manier avec des mains nues à cause de la finesse d'odorat de la loutre, doit être frotté soigneusement d'une graisse à forte odeur et ensuite être recouvert de sable (1).

Chaque piégeur a sa graisse dont il dit merveille et dont il garde religieusement le secret ; mais nous croyons excellente la préparation qui a été indiquée pour le renard ; nous donnerons toutefois ci-dessous une composition qu'on nous signale comme parfaite :

« Pour la préparer, on prend 125 grammes de graisse
« de porc, fraiche ou fondue, ou de beurre frais, ou de
« graisse d'oie, et on la fait fondre dans un poëlon de
« terre neuf, sur un feu modéré de charbon. Alors on y
« jette 44 centigrammes de castoréum, 33 de camphre
« blanc et 5 de musc ; on remue bien le tout ensemble et
« on conserve le mélange dans un vase de verre ou de terre
« qu'on bouche hermétiquement. »

On juge de la présence de la loutre dans un canton par les squelettes des poissons qu'elle laisse sur les rives, par ses fientes qu'elle dépose toujours à terre, et enfin par les traces de son pas sur le sable et sur les bords de l'eau. (Ceci bien que dit un peu tardivement nous conduira à prévenir les amateurs de cette chasse que, dès que la présence de la bête est dénoncée, il faut se hâter de la poursuivre, parce que, le plus souvent, le lendemain ils ne la rencontreraient pas : elle serait allée ravager un autre canton).

Ses excréments, qu'on nomme *épreintes*, sont faciles à distinguer par leur couleur d'un noir verdâtre et par les fragments d'arêtes de poisson qu'ils contiennent en grande quantité. L'empreinte de son pied sur le sol s'appelle

---

(1) Nous avons vu un piégeur réussir sur l'Ouche, à Dijon, en additionnant sa graisse de fiente de loutre femelle.

marche en terme de vénerie ; cette connaissance est différente de celle laissée par tout autre quadrupède. La loutre n'a presque point de talon, et ses doigts longs, qu'elle tient écartés, sont réunis, comme on sait, par une membrane, en sorte que Le Verrier compare sa trace à celle que fait une oie. Ajoutons que la femelle ne diffère du mâle que par ses doigts qui sont moins forts.

Aujourd'hui on ne chasse pour ainsi dire plus la loutre en France, comme on la chassait autrefois, à force de chiens ; aussi renverrons-nous les curieux à l'*Ecole de la chasse aux chiens courants,* pour y apprendre la manière d'habituer les jeunes toutous à aller à l'eau, et pour y voir celle de forcer en grande rivière, tuer au fusil et même prendre dans des filets cet animal aquatique, bornant notre tâche à la description de cet agréable déduit sur les petites rivières seulement.

Tous les chiens, dit d'Houdetot, suivent avec ardeur la voie de la loutre ; la grande difficulté est de rencontrer cette voie de bon temps. La nuit de cet animal embrasse les deux rives ; si l'on en revoit d'un côté, il y a à parier qu'il est de l'autre.

Les chasseurs s'échelonnent avec leurs chiens des deux côtés à la fois du rivage, le long des berges : d'ordinaire on commence la quête en aval et on remonte la rivière, afin que le courant apporte à la meute les émanations de la bête qui ne quitte pas l'eau d'un instant (1).

Armés d'un fusil et d'une longue perche, ils explorent avec soin toutes les sinuosités du rivage, sondant les trous formés par les racines des saules ; s'ils rencontrent la voie terrestre de l'animal, ils la suivent jusqu'à sa rentrée à l'eau, car il faut s'attendre à de fréquentes interruptions. Quand du reste un point du cours d'eau, par son peu de profondeur, forme une espèce de gué, il va sans dire qu'avant de se mettre en quête on n'a pas manqué d'y envoyer un ti-

---

(1) Ce serait une grande faute que d'agir autrement.

reur, par la raison que ce poste est le plus favorable pour raccourcir l'animal.

La loutre, nageant entre deux eaux, peut sortir de sa retraite sans être aperçue par les chasseurs, mais il est rare que les chiens n'en aient pas connaissance; les plus ardents bondissent après elle dans l'onde, redoublent de cris et indiquent dès lors sa présence. Les chasseurs, le fusil en joue, le doigt sur la détente, guettent, immobiles, l'instant où la loutre, qui ne peut rester immergée plus de cinq minutes, est contrainte de venir respirer à la surface, où elle ne risque que le bout de son museau, une seconde au plus; mais il ne faut pas plus de temps pour la mettre à mort.

L'essentiel, à cette chasse, c'est de ne jamais laisser la loutre en arrière et de la refouler peu à peu vers les bas-fonds et les gués, afin de la contraindre à se montrer à découvert ou entre deux eaux, à bonne portée de l'arme.

Si les chasseurs étaient assez heureux pour la découvrir dans sa catiche, ils devraient s'empresser d'en boucher, à l'aide d'une tarière plate ou d'une planche, l'ouverture inférieure, afin de lui interdire toute évasion sous-marine; il ne s'agirait plus alors que d'ouvrir une tranchée extérieure et de déterrer la loutre, en procédant comme pour le renard, mais avec plus de précautions encore, les dents et les ongles de cette courageuse bête, qui lutte jusqu'à son dernier soupir, étant aussi tranchants que des lames de rasoir.

L'Ecosse est peut-être à cette heure le seul pays en Europe où l'on chasse la loutre à peu près comme nous venons de l'indiquer; seulement on barre le cours de la rivière avec des filets dans lesquels l'animal est conduit par des chiens dressés à cet effet; les chasseurs le tuent au fusil ou à la pique, quand il y est pris, et du reste les chiens qu'on emploie savent très bien échapper à ses morsures et s'en rendre maîtres.

Le basset de loutre, qui provient du croisement d'un

chien courant et du terrier à poil rude, est un animal vif, hardi, courageux, insensible au froid et à l'humidité ; il nage et plonge admirablement, et l'on prétend que son attaque est même plus dangereuse que celle du bouledogue. Les Anglais ont donc créé là un chien supérieurement organisé pour chasser et réduire la loutre.

III

LA LOUTRE DANS LE MORVAN

Les deux frères Imbert, autorisés à faire, en tout temps, la chasse aux loutres, ont, de 1871 à 1880, attaqué 123 de ces animaux, et 10 à peine leur ont échappé sur ce nombre. Il nous paraît donc très intéressant de porter à la connaissance des chasseurs la méthode qu'ils emploient avec un tel succès.

Les rivières, ou plutôt les ruisseaux torrentueux du Morvan, aux environs de Saulieu (Côte-d'Or), voilà les théâtres de leurs utiles exploits !

Ils opèrent les jours pendant lesquels l'eau est claire et basse, armés : le premier d'un fusil et le second d'une fourche en fer (fouane ou trident à pointes acérées) dont le manche, d'au moins trois mètres de longueur, est assez solide pour qu'un homme puisse s'en servir pour passer d'une rive à l'autre.

Ils ont pour aides deux ou trois chiens de berger qui, une fois bien mis dans la voie de la loutre, l'empaument vivement. Leur docilité doit être absolue, et il importe surtout qu'ils ne sautent point à l'eau qui sans cela serait troublée. C'est au porteur du fusil qu'incombe la tâche de les diriger et de les maintenir sur les bords du ruisseau, un de chaque côté, afin de mieux éventer les bêtes au gîte. De plus, pour faciliter la quête, on ne doit chasser qu'avec le vent en plein à la figure.

Aussitôt que les chiens tiennent une voie, il faut les serrer de très près, surtout s'il existe tout proche un étang que la bête pourrait gagner, parce que la poursuite y deviendrait impossible, ou au moins pleine de difficultés. On sait d'ailleurs par expérience qu'elle n'attend jamais pour quitter sa retraite que les chiens y mettent le nez.

Dès qu'elle est sur pied, le chasseur à la fourche gagne en toute hâte les devants jusqu'à ce qu'il trouve un gué (ou un rapide) qui lui permette de la harponner, ou tout au moins de la voir passer. Dans ce dernier cas, il prévient son compagnon et court bien vite au gué supérieur, tandis que, s'il a pu saisir l'animal, il se borne à le maintenir ferme sous l'eau pour le noyer; mais, lorsqu'elle n'est pas assez profonde pour cela, il hêle son compère qui vient assommer le prisonnier.

Le chasseur au fusil est souvent obligé de détourner les broussailles enchevêtrées de ronces et de lianes qui entravent les minutieuses recherches des chiens; mais, en dépit de ces obstacles naturels, le lancer généralement ne se fait guère attendre, à moins toutefois, ce qui est très rare, que la bête ne se trouve gîtée sur un point où l'eau ne lui offre pas une profondeur suffisante pour dissimuler sa fuite, auquel cas elle ne part jamais qu'à la dernière extrémité.

Quand la loutre sortie de sa remise a disparu sous l'onde, on en est avisé par les bulles d'air qui montent à la surface et qui dénoncent sa route à l'attention du tireur, lequel doit se tenir prêt à lui envoyer un bon coup de double zéro dès qu'elle montre le bout de son museau pour respirer, ce à quoi elle est contrainte après quatre ou cinq minutes *(au plus)* d'immersion totale; mais, pour réussir, il faut être prompt, parce que deux secondes ne lui sont point nécessaires pour renouveler sa provision d'air.

Si l'animal est tué, il coule à fond, et le chasseur le retire à l'aide de la fourche; mais, lorsqu'il est manqué, il file vivement, et, s'il ne se présente point au gué, on peut être certain que, dans sa frayeur extrême, il s'est réfugié au plus près, généralement sous une grosse souche, le corps entier immergé sauf le bout du museau. Ce sera alors l'affaire des chiens de découvrir sa cachette, et ils y parviendront presque toujours, si on a soin de les faire minutieusement requêter sur les deux rives depuis le gué inférieur, et si l'homme à la fourche a bien surveillé la passe confiée à sa garde.

Il arrive cependant parfois que la recherche n'aboutit point, quelque tenace qu'elle soit ; que faire alors ? « Emmener au loin les toutous, disent MM. Imbert, et revenir avec eux deux ou trois heures plus tard. »

La bête *introuvable*, dès qu'elle ne voit et n'entend plus rien qui soit de nature à l'effrayer, se rassure, et alors elle manque rarement de quitter sa cachette pour se gîter un peu plus à son aise ; cette imprudence permet presque toujours à la meute de trouver la piste quand on revient. « En général, disent MM. Imbert, sur dix bêtes ainsi re-« lancées, nous en prenons huit ou neuf. »

Lorsque, par hasard, en quêtant, on rencontre cet animal dans un marais voisin du torrent, il gagne, dès qu'il est lancé, le ruisseau, et très rarement le bois où du reste il ne se fait battre que peu de minutes avant de rejoindre son aquatique domaine.

Nos chasseurs disent encore que dans le Morvan il est tout-à-fait inutile de fourgonner les trous des rives pour en déloger la loutre, parce qu'on ne l'y trouve blottie que sous de grosses pierres, sous les racines de vieux troncs et dans les cavernes creusées par l'eau, et que là le nez des chiens suffit amplement pour la découvrir et la mettre sur pied.

IV

UN RACONTAR SUR LES LOUTRES

Voici l'histoire que je me suis laissé raconter sur la chasse de la loutre avec un chien dressé *ad hoc* : Je vous la donne pour ce qu'elle vaut :

« Les gens, qui font métier de chasser cet animal, ne le recherchent guère que le jour et seulement à l'époque où il se tient dans sa catiche, c'est-à-dire quand il a des petits.

« Ils se servent d'un chien bien dressé qui, à l'odorat, découvre la petite cheminée à air et la signale silencieusement à son maître ; celui-ci, armé d'un fusil très court, voire même d'un long pistolet, s'approche à pas de loup et fait feu dès qu'il distingue l'animal dans la maire.

« Un de ces chasseurs, la larme à l'œil, m'a même raconté qu'un jour il avait tué ainsi son chien dans une catiche, le prenant pour la loutre et ne se doutant guère que son fidèle compagnon avait trouvé moyen de s'y introduire par le boyau souterrain dont, par le plus grand des hasards, l'entrée ne se trouvait pas sous l'eau comme d'habitude. Ce chien, me disait-il, se démenait comme un diable dans la maire en étranglant la progéniture, et chacun s'y serait trompé comme moi. »

Cette manière d'opérer serait éminemment destructive, puisqu'on ne tuerait ainsi que des femelles dont la mort entraînerait la capture, ou tout au moins la perte des jeunes qui n'ont rien à attendre de leur père.

J'ai voulu savoir où le nomade Marsot (qui ne dit pas où il opère, mais que je sais travailler sur la Saône, l'Ognon, la Bèze, la Tille, la Norges, l'Ouche, etc.) vendait les dépouilles de ses loutres, et j'ai mis la main sur un de ses acheteurs. Voici ce qu'il m'a nettement affirmé : « En « 1878, Marsot m'a vendu 12 peaux de loutres adultes, « 7 de mâles et 5 de femelles ; deux seulement avaient « été tuées au fusil. » *Et nunc erudimini !...*

LE CASTOR FIBER

Le castor est un des plus grands rongeurs. Un mâle adulte a de 0^m 80 à 1^m de long et 0^m 30 de haut ; sa queue mesure 0^m 33. Il pèse de 20 à 25 kilogrammes.

Il est entièrement recouvert d'un duvet très épais, soyeux, floconneux, et de soies plus épaisses, longues, fortes, raides, brillantes, courtes sur la tête et la partie inférieure du dos ; longues de 0^m 05 sur le reste du corps.

La lèvre supérieure porte des moustaches épaisses, mais assez peu allongées. Le dos est brun-châtain, passant plus ou moins au gris, le ventre est plus clair. Les poils duveteux sont gris d'argent à la racine, d'un brun-jaunâtre à la pointe. Les pattes sont plus foncées que le corps. Le tiers supérieur de la queue est couvert de poils longs ; les deux autres tiers sont nus, recouverts de petites squames allongées, arrondies, presque hexagonales ; entre ces squames passent des poils courts, raides, inclinés en arrière. Ces parties nues ont une couleur noirâtre-pâle, à reflets bleuâtres.

La teinte générale du pelage varie ; elle tire tantôt sur le noir, tantôt sur le gris, ou même sur le gris-roux. On trouve très rarememt des castors blancs ou tapirés.

Cet animal est connu depuis les temps les plus reculés.

Elien le nomme castor, et Pline fiber. Linné, tout en conservant ces deux dénominations, a affecté la première au genre et a fait de la seconde le nom de l'espèce.

Les anciens naturalistes n'entrent pas dans beaucoup de détails au sujet de cet animal. Aristote se borne à dire que, comme la loutre, il cherche sa nourriture dans les lacs et les rivières. Quant à Pline, après avoir parlé du castoreum, il avance que le castor mord fortement, qu'il ne lâche pas l'homme qu'il a saisi avant de lui avoir broyé les os, qu'il coupe les arbres comme avec une hache, et qu'il a une queue comme la loutre et les poissons.

En 1555, dans son remarquable ouvrage (*Historia de Gentibus Septentrionalibus*), l'évêque d'Upsal, Olaüs Magnus, parmi nombre de faits exacts, ne manque pas de reproduire tout au long les diverses fables qui de son temps avaient cours sur cet animal. Ce qui est vrai seulement dans le verbiage prolixe de l'évêque, c'est que les castors ne vivent en société et ne déploient toute leur industrie que sur les rivières rarement fréquentées par l'homme, et que partout ailleurs on ne les rencontre que par couples, habitant alors des terriers sans songer à se construire des huttes.

Ces animaux, en pays où l'homme ne les dérange pas, choisissent un cours d'eau dont les rives boisées puissent leur fournir de la nourriture et des matériaux propres à l'édification d'une digue et de leurs cases.

Ils commencent par construire un barrage qui maintienne le niveau à la hauteur du sol des huttes. Ce barrage est épais de trois à quatre mètres au fond et de 0^{m}60 à sa partie supérieure. Ils l'établissent avec des rondins de bois gros comme la cuisse ou le bras et de 1^m 50 à deux mètres de longueur, qu'ils fichent dans le sol par un des bouts, l'un contre l'autre, plaçant après dans leurs intervalles des branches flexibles plus petites et enfin remplissant les vides avec de la vase.

Inclinée en amont, la digue s'établit verticalement en aval ; elle est assez solide pour porter un homme. Quand l'eau n'a qu'une faible vitesse, le barrage est presque droit, mais, si la rivière est rapide, il se recourbe présentant sa convexité au courant. Ajoutons ici que, dès qu'un trou se montre, les castors le bouchent bien vite avec de la vase qu'ils pétrissent et appliquent avec leurs pattes, et non point avec leur queue qui ne leur sert pas de truelle, mais bien seulement de gouvernail pour nager et plonger.

C'est en amont de la digue, et d'ordinaire sur le côté sud, que les castors bâtissent leurs huttes. Après avoir creusé un couloir oblique qui, partant du haut de la rive, débouche à 1^m 20 au moins au-dessous de la surface de l'eau (ce qui ne permet pas à la glace d'en fermer l'issue), ils élèvent dessus un monticule en forme de four, à parois très épaisses, de 1^m 30 à 2^m 30 de hauteur et de trois à quatre mètres de diamètre. Les parois en sont formées de morceaux de bois dépouillés de leur écorce, réunis par du sable et de la vase.

Cette habitation renferme une chambre voûtée dont le plancher est couvert de débris de bois et offre, près de l'ouverture sous-marine, un compartiment destiné à recevoir des provisions, surtout des racines de nénuphar (1).

Ces animaux travaillent continuellement à l'entretien du barrage et des huttes ainsi qu'à amasser des vivres, tant que la glace ne les en empêche pas.

Olaüs et bien d'autres ont voulu de la plus ou moins forte élévation du sol des huttes préjuger avec certitude la hauteur maximum des grandes crues de la rivière ; ils se sont trompés grossièrement, car parfois les domiciles des castors se voient submergés, et alors ces animaux, pour échapper au danger, n'ont que la ressource de percer la voûte et de s'enfuir.

Pour se nourrir et édifier leurs digues et demeures, ils renversent jusqu'à des arbres ayant 0^m 90 à 1^m 20 de circonférence ; mais, circonstance à noter, ils ne s'attaquent jamais qu'aux essences tendres, peupliers, aulnes, saules,

(1) Comment l'air se renouvelle-t-il dans ces demeures ?

etc. Ils les abattent d'ordinaire en les rongeant, à 0ᵐ 60 ou 0ᵐ 70 de terre, tout autour et plus profondément du côté de l'eau, où ils les font tomber avec adresse. Quant aux saules, de la grosseur du bras ou de la jambe, une paire de castors peut, dans une seule nuit, en renverser quarante ou cinquante.

Assis sur le derrière, la queue à plat sur le sol, ils se servent de leurs pattes de devant pour porter la nourriture à la bouche, et, particularité curieuse, *jamais* ils ne mangent l'écorce des arbres ou arbrisseaux *encore debout*. Leur premier soin en effet est d'abattre les branches et de les porter au bord d'une eau *profonde* avant d'en ronger les parties qui entrent dans leur alimentation, parce qu'alors à la moindre alerte, ils peuvent disparaître promptement dans la rivière.

Comme la plupart des rongeurs, les castors ont des habitudes plutôt nocturnes que diurnes, et ce n'est que dans les lieux presque déserts qu'ils s'aventurent parfois à sortir pendant le jour.

Peu après le coucher du soleil, ils abandonnent leurs retraites, font entendre des sifflements et se précipitent à l'eau avec bruit. Ils nagent quelques minutes aux alentours et, selon qu'ils se sentent plus ou moins en sûreté, ils montrent soit leur museau, soit la tête et le dos. Enfin, lorsque tout est tranquille, on les voit prendre terre et s'éloigner de la rive, jusqu'à quarante mètres et plus, pour couper les arbres dont ils ont besoin.

Le castor n'est pas aussi lourd, aussi maladroit qu'il le paraît. Dans l'eau, ses mouvements sont vifs, rapides, assurés ; à terre, en revanche, il trotte assez gauchement ; mais, à part l'homme, il y a bien peu d'animaux à redouter, car ses dents sont des armes terribles avec lesquelles il peut tenir tête à la pluralité des carnassiers, puisque, d'un seul coup de dent, elles tranchent net la patte d'un chien.

La loutre, dit-on, est le plus redoutable de ses ennemis :
« nageant et plongeant mieux que le castor, elle peut l'at-

« teindre dans ses demeures et profiter d'un moment
« favorable pour le saisir et l'égorger » (1).

L'époque des amours varie, selon les contrées, de janvier à mars, et la gestation, dont la durée n'est pas encore bien déterminée, semble devoir être de deux à quatre mois.

La femelle met bas trois à quatre petits qui restent aveugles une douzaine de jours ; elle les allaite environ un mois et les soigne avec tendresse. Le mâle, qui reste fidèle à sa compagne, abandonne la chambre où repose la progéniture et va habiter un simple couloir. Au bout de quatre à cinq semaines, la mère apporte à ses petits de jeunes pousses d'arbres, et, quinze jours plus tard, elle commence à sortir avec eux.

A deux ans, ils peuvent se reproduire, mais ils ne sont complètement adultes qu'à la fin de leur troisième année ; on peut donc fixer à quatre lustres le temps de leur existence. En général, les jeunes gardent l'habitation de leurs grands parents, et ceux-ci s'en construisent une nouvelle. Le castor, lorsqu'il est pris jeune (avant deux mois), s'apprivoise parfaitement. Il s'attache à son maître qu'il suit comme un chien, accourt à sa voix, se montre inquiet de son absence et le cherche alors partout avec ardeur. Il se laisse caresser, prendre et porter par ceux qu'il connait, mais il n'en est pas de même des étrangers qu'il mord souvent. Enfin, il est très propre, sortant toujours pour se vider dans l'eau ou sur la glace.

En France, cet animal était jadis assez commun dans beaucoup de localités d'où il a depuis longtemps disparu. Il vivait sur la plupart de nos grands cours d'eau et de leurs affluents, notamment sur la Saône, le Gardon, la Durance, l'Isère, la Somme, etc. Il se trouvait même sur la petite rivière de Bièvre, qui se jette dans la Seine, à Paris : de là son nom, *bièvre* étant l'ancien nom français du castor. Aujourd'hui, on ne le voit plus qu'en très petit nombre et

(1) Nous ne croyons guère à ce racontar.

par couples isolés sur le Rhône, depuis son embouchure jusqu'au Pont-Saint-Esprit. On le tue encore parfois, mais bien rarement, dans la Camargue ; mais, en bonne conscience, tout cela ne saurait constituer une chasse sérieuse. Aussi n'en avions-nous dit pas mot dans la première édition de la *Vénerie au XIX*e *siècle !*

En Europe, à l'exception peut-être de la Russie, il en est du castor à peu près comme en France. Toutefois, nous devons l'avouer, on a réussi, dans des lieux où intentionnellement l'homme ne se montre presque jamais, à fonder de véritables colonies de ces animaux. Nous citerons entr'autres celle qui de nos jours existe à Rothenhof sur la Moldau, en Bohême. Malheureusement ces diverses colonies sont loin d'être prospères, et quelques-unes même semblent rapidement décliner.

Le castor d'Amérique ne diffère de celui d'Europe que par son profil plus bombé et par son pelage un peu plus foncé ; mais sa taille, ses habitudes et ses mœurs sont absolument les mêmes ; on peut donc lui appliquer tout ce qui vient d'être dit sur son frère de l'ancien continent et de plus ce qui va suivre.

On débitait autrefois bien des fables sur les propriétés merveilleuses des diverses parties de cet animal, peau, graisse, sang, poil et dents ; nous en toucherons ici quelques mots en mettant avec soin *le surnaturel* au panier.

Le *castoreum*, seul employé en Europe par la médecine (mais non pas comme antispasmodique), a une certaine valeur en pharmacie. Cette substance, onctueuse et presque fluide chez l'animal vivant, se débite desséchée dans ses deux poches encore unies, à la manière d'une besace. Elle a une odeur persistante très forte et même fétide, à laquelle elle doit sans doute de figurer invariablement dans la composition de toutes les graisses des piégeurs.

La fourrure du castor, réduite à son duvet, jouit d'une estime bien méritée. Les poils soyeux qu'on en retire sont avantageusement employés pour faire des chapeaux en feutre ; ou bien, on les file, on les tisse pour fabriquer des gants, des rubans, des étoffes.

Nous ignorons le parti qu'on tire du sang, de la graisse et des dents de cet animal, dont la chair passe pour être excellente lorsqu'il s'est nourri de racines de nénuphars ; la queue surtout est regardée alors comme un mets très délicat.

Pour clore ces détails un peu prolixes d'histoire naturelle, disons bien vite que, pendant que l'Eglise catholique assimilait sa chair à celle des poissons, les Peaux-Rouges de l'Amérique du Nord, dans leur haute estime pour le castor, lui accordaient presque autant d'intelligence qu'à l'homme et lui donnaient une âme immortelle.

CHASSE DU CASTOR

Aucun animal ne rapporte plus aux chasseurs que le castor, dont la peau, la chair et le castoreum payent très largement les peines et les fatigues ; aussi le poursuit-on partout avec ardeur ! Mais que dire de sa chasse en Europe où il est si rare, sinon qu'on le tire au fusil et à la carabine, qu'on le prend avec des trappes amorcées et parfois même à l'aide de filets solides ?

Le tir à terre est un moyen peu productif par la raison que, si cet animal fort vivace n'est pas tué roide sur le coup, il regagne l'eau, et qu'alors sa dépouille est presque toujours perdue pour le chasseur.

Les trappes, amorcées avec des branches bien fraiches d'arbres ou d'arbustes, dont l'écorce est prisée par ces animaux, valent mieux que l'arme à feu, pourvu que le tendeur ne table point sur l'absence complète de leur odorat et se garde bien dès lors d'y laisser poindre la moindre trace de senteur humaine.

En hiver, on fait aussi des trous dans la glace et on tire les castors qui s'y montrent pour respirer ; ils ne peuvent, en effet, comme les loutres, se passer d'air plus de quatre à cinq minutes. C'est là, ainsi que nous l'avons dit plus haut, un procédé fort aléatoire, la plupart des morts échappant aux recherches.

En Russie et en Amérique, on trouve avec raison plus sûr et plus lucratif de casser la glace près des demeures de ces animaux, de fermer les issues sous-marines avec un grand et solide filet, puis de renverser les huttes et d'en chasser ainsi les habitants qui se prennent dans les mailles et se noient. Mais ce moyen, vu l'extrême rareté du castor et l'absence des huttes, n'est point praticable en Europe.

Quoiqu'il en soit, il faut partout prendre quelques précautions avec ce rongeur, qui se défend très vigoureusement et fait souvent à ses ennemis de fort graves blessures.

CHASSE DU CHAT SAUVAGE
ET DU LYNX

DU CHAT SAUVAGE ET DE SA NATURE

Le chat sauvage a été considéré pendant longtemps comme la souche de tous nos chats domestiques, mais aujourd'hui on sait que c'est en Orient, et non pas chez nous, qu'on la découvrira. On a même déjà voulu voir dans le petit chat de Nubie l'ancêtre du nôtre. Disons bien vite que la question n'a pas encore été suffisamment étudiée.

Le chat sauvage, dit A.-E. Brehm, est bien plus grand et plus vigoureux que notre chat domestique. Son corps et sa tête sont plus courts et plus gros; sa queue, considérablement plus forte, est beaucoup plus courte; de plus, elle est également épaisse sur toute sa longueur, tandis que celle du chat domestique va en s'amincissant de la racine à l'extrémité. Cet animal, lorsqu'il est adulte, atteint à peu près la taille d'un renard; il est donc d'un tiers plus grand que le chat ordinaire.

Il s'en distingue, du reste, au premier aspect, par son pelage plus riche, ses moustaches plus abondantes, son regard sauvage et ses dents plus fortes et plus tranchantes. Mais ses véritables caractères distinctifs sont la queue annelée de noir et la tache d'un blanc jaunâtre de sa gorge.

Son corps a, en général, 0^m 70 de long; sa queue mesure

environ 0ᵐ 32 ; sa hauteur, au garrot, atteint de 0ᵐ 38 à 0ᵐ 44 et son poids varie de 7 à 9 kilogrammes. Toutefois, certains matous, dans des circonstances très favorables, arrivent exceptionnellement à une longueur de corps de 0ᵐ 98 et, par suite, à peser jusqu'à onze ou douze kilogrammes.

Le pelage est épais et long, gris chez le mâle, quelquefois même d'un gris noir ; chez la femelle, il est jaunâtre. Du front partent quatre bandes noires parallèles, qui passent entre les oreilles ; celles du milieu se prolongent sur le dos, et forment, après s'être réunies plus loin, une bande moyenne qui suit l'épine dorsale et la partie supérieure de la queue. Des deux côtés de cette bande moyenne partent un grand nombre de bandes transversales un peu plus foncées que les autres et qui se dirigent vers le ventre. Celui-ci est jaunâtre, avec quelques taches noires ; les jambes sont jaunes au voisinage des pattes, jaunâtres à la partie interne des cuisses, et portent en dehors quelques bandes transversales noires. La queue est régulièrement annelée, les anneaux devenant de plus en plus foncés à mesure qu'ils se rapprochent du bout. La face est d'un roux jaune ; l'oreille est gris de rouille en dehors et jaune blanchâtre en dedans.

On rencontre souvent, dans nos forêts, des chats domestiques vivant dans une indépendance absolue. Quoique la couleur de leur robe ressemble complètement à celle du chat sauvage, et qu'ils en aient le caractère méchant et farouche, on peut toutefois, dit A.-E. Brehm, les distinguer facilement, ne fût-ce que par la notable différence de taille qui existe entre le haret (1) et le chat domestique devenu sauvage.

De nos jours encore, le chat sauvage est répandu sur presque toute l'Europe ; en France, on le trouve parfois dans l'Auvergne, le Berri et la Bourgogne, où il est fort

(1) Le chat sauvage en vénerie se nomme haret

rare ; il devient plus commun dans les parties du Languedoc et de la Guyenne qui avoisinent les Pyrénées, comme aussi dans les Ardennes. Il n'habite d'ailleurs plus que les contrées couvertes de forêts, principalement les montagnes, et descend rarement dans la plaine.

Le chat sauvage mène une vie solitaire ; c'est tout au plus, dit A.-E. Brehm, si deux individus se réunissent ; il parait même que l'occupant d'un canton en défend l'accès aux autres.

Il grimpe très bien, et monte sur les arbres, soit pour s'y reposer, soit pour se soustraire à la poursuite d'un ennemi, lorsqu'il ne peut se cacher dans quelque trou. On le voit alors se dissimuler du mieux qu'il peut en se collant contre une grosse branche, dont la couleur, s'harmonisant avec celle de son pelage, contribue à le dérober à la vue.

Ce n'est qu'à la nuit close qu'il se livre à la chasse ; et il déploie pour surprendre l'oiseau dans son nid, le lièvre au gîte, le lapin dans son terrier et probablement l'écureuil sur son arbre, autant de ruse que pas une autre espèce de félins (1). Lorsqu'il s'agit d'un animal un peu grand, il lui saute sur le dos et avec ses dents lui coupe les carotides. Il ne poursuit jamais l'animal qu'il a manqué du premier bond, et se remet alors en quête d'une nouvelle proie ; en un mot, on trouve donc chez lui tous les caractères du chat.

Heureusement pour les chasseurs, sa nourriture principale consiste en souris et en petits oiseaux, et ce n'est qu'accidentellement qu'il s'attaque à de plus grands animaux, comme par exemple les faons et les chevrillards. Sur les bords des lacs et des ruisseaux, il épie encore les poissons et les oiseaux de marais dont il sait très bien s'emparer. Mais il faut que la disette soit arrivée chez lui à un point extrême pour qu'il se décide à se rapprocher des habitations.

(1) Cela dépend beaucoup de la plus ou moins grande solitude du canton forestier qu'il habite ; car, en certains lieux déserts, il chasse fort bien le jour.

La chatte entre en amour vers la fin de janvier, porte environ neuf semaines, et dès lors met bas au mois d'avril. Elle choisit à cet effet un creux d'arbre, une crevasse de rocher, ou le terrier abandonné d'un blaireau ou d'un renard. Les petits, au nombre de cinq ou six, naissent aveugles. Lorsqu'ils cessent de téter, la mère, qui chasse seulement parfois de jour, les pourvoit abondamment d'écureuils, de souris, de campagnols, de mulots, de taupes et d'oiseaux. Ils ne sont pas longtemps à savoir grimper sur les arbres où ils se cachent de la même façon que les adultes.

La mère ne paraît pas défendre ses petits, contre l'homme du moins, puisqu'à son approche elle les abandonne, se contentant, les oreilles dressées et sans autre démonstration hostile, de rôder anxieusement et à distance autour du ravisseur, qui semble lui inspirer une grande crainte.

Les petits, par leur couleur et par leur queue courte et épaisse, se distinguent aisément des jeunes chats domestiques ; ils se montrent extrêmement sauvages, griffent, mordent et crient d'une manière féroce. Aussi n'est-on jamais parvenu à en apprivoiser, ni même à en élever en captivité (1).

Les peaux de chats sauvages feraient une fourrure très belle et très bonne, si l'on pouvait s'en procurer plus aisément ; elle est très épaisse en hiver, mais les poils s'en détachent facilement.

Anciennement, ces animaux avaient une grande réputation comme gibier : aujourd'hui, c'est à peine si l'on y touche. Sur l'autorité de Buffon, Magné de Marolles affirme que la chair du chat sauvage a la couleur et le goût de celle du lièvre. Cette double assertion n'est pas exacte; car la chair du haret est presque blanche comparativement à celle du lièvre, et puis le goût de cet animal, même chez

---

(1) Vers l'âge de six mois, dit-on, ils se séparent et quittent la mère, mais restent encore longtemps dans le même canton.

les femelles qui ont moins d'odeur que les mâles, est désagréable et à peu près répugnant, comme celle du renard.

Très recherchée par les bonnes femmes pour la confection de leurs onguents et pour les frictions rhumatismales, la graisse du haret, au dire de Toussenel, préserve mirifiquement les armes de la rouille.

A quel âge le haret est-il adulte ? Quelle est la durée moyenne de son existence ? C'est ce qu'on ignore aujourd'hui.

Nous avons oublié de dire, en parlant de l'endroit que la chatte a choisi pour déposer ses petits, que les abords n'en sont pas encombrés de débris infects, comme ceux des terriers de renards, et que c'est à peine si l'on y peut en trouver quelques traces. Faut-il voir là de la prudence ou seulement de la propreté ?

CHASSE DU HARET

Suivant Gaston Phœbus et les rares auteurs ou veneurs qui se sont occupés des harets, « on les chasse peu si ce « n'est d'aventure, et, quand les chiens en trouvent un par « hasard, il ne se fait pas longuement chasser, se met tôt « en défense ou monte sur un arbre. »

Nous ne partageons que jusqu'à un certain point cette opinion qui nous paraît trop absolue, parce qu'il nous a été donné de voir, pendant l'hiver de 1829-1830, dans la forêt communale d'Auxonne, un haret de fort belle taille (1) tenir plus d'une grande heure devant trois chiens courants de moyenne vitesse. Il y eut quatre ou cinq fermes roulants ; mais chaque fois le bruit de notre approche

(1) Ce superbe animal pesait un peu plus de neuf kilogrammes.

faisait repartir l'animal sans qu'il nous fût possible de l'apercevoir, et ce n'est qu'au ferme final que nous sçûmes à quelle bête nous avions affaire. La bataille, fort chaude, se livra au pied d'un gros chêne, et un coup de fusil dût y mettre fin, dans l'intérêt des toutous déjà passablement maltraités.

Pourquoi cet animal ne s'était-il pas alors comme d'ordinaire réfugié sur une maîtresse branche ? Etait-ce parce que, ce jour-là, le bois se trouvant revêtu d'une couche de neige fort adhérente et quasi glacée, il éprouvait de la difficulté à grimper après le tronc ? Ou bien redoutait-il, en escaladant l'arbre, de se faire couvrir et aveugler par la neige ? Je n'en sais rien.

En 1877, dans la même forêt, au mois de décembre, le piqueur de notre frère, après une demi-heure de menée, tirait uue belle chatte (poids, 5^k 400) que les chiens atteignaient et maintenaient à moins de 15 mètres de distance d'un terrier habituellement fréquenté par les renards ; se sentant grièvement blessée, elle voulait s'y réfugier sans doute; du reste, elle était coutumière du trou, ce dont l'examen attentif des bouches qui avaient retenu du poil de la bête, ainsi que l'étude des traces, ne nous permirent pas de douter une seule minute. Il semblerait, dans le cas qui nous occupe, que l'animal ne se branchait pas parce qu'il comptait sur l'abri souterrain pour se soustraire aux poursuites.

En novembre 1879, dans le bois communal de Flammerans contigu à la forêt d'Auxonne, nos huit toutous, quêtant à la billebaude dans une coupe des plus fourrées, empaumaient sans rapprocher un animal que le piqueur jugeait devoir être un renard. Dans cette persuasion, il gagnait lestement le terrier de blaireau qui se trouve au bout de cette coupe, en obstruait les entrées et s'y embusquait. Quinze à vingt minutes après, il manquait à brûle-bourre un énorme chat sauvage qui venait pour se terrer, et, un quart d'heure après, cet animal, qui ne voulait pas se brancher, paraît-il, et qui fuyait devant les chiens, était tué par notre frère.

Enfin, le seul haret que nous ayons vu sur un arbre s'est hâté de sauter à terre aussitôt qu'il a aperçu le piqueur accourant au ferme; et cependant un chasseur des Ardennes, M. Gridel, affirme, dans la *Chasse illustrée* (1), qu'avec ses mâtins, chaque campagne, il surprend quelques harets, et que, neuf fois sur dix, on les tire branchés. Nous allons en quelques mots montrer que cette contradiction n'est qu'apparente et qu'elle ne tient qu'à la nature différente des chiens employés.

Nos toutous sont des chiens de lièvre et d'assez petite taille; fort peu mordants, ils demandent à se sentir soutenus pour chasser le haret qu'ils redoutent, et, en cas de ferme, ils n'engagent point volontiers la bataille. Il n'en est pas de même avec les chiens de force de M. Gridel, qui d'abord sont d'un grand pied, tandis que les nôtres sont lents, et qui ensuite ne demandent qu'à combattre. De là nécessité pour l'animal, bientôt gagné de vitesse et redoutant leurs formidables mâchoires, de se brancher au plus près devant les mâtins, tandis que, rassuré par l'allure lente et indécise de nos toutous, il tente de regagner son abri souterrain, dans lequel il se sent plus en sûreté que sur une maîtresse branche.

Il sait fort bien, en effet, que son élévation au-dessus du sol ne le préserve point des atteintes de l'homme; aussi saute-t-il en bas à la vue de notre piqueur et affronte-t-il sans hésiter nos pacifiques toutous! (2) Mais, devant les mâtins qu'il redoute, c'est avec l'énergie du désespoir qu'il se cramponne à un jeune baliveau violemment secoué par de vigoureux traqueurs, comme le raconte si élégamment

(1) Année 1879, 27 septembre, n° 39.
(2) On a même vu des harets assez hardis pour, en l'absence du chasseur, descendre de l'arbre et attaquer trois ou quatre chiens.

M. Gridel, qui n'ignorait pas que sa chûte dans les douze gueules béantes serait suivie d'un combat court, mais furieux, dans lequel plusieurs de ses chiens seraient fortement blessés. Aussi fit-il l'impossible pour arrêter les traqueurs : il désirait recoupler ses mâtins, les conduire à distance et terminer la scène par un bon coup de zéro bien appliqué ; mais ces hommes ne voulurent rien entendre, et le chat fut étranglé après avoir fort maltraité trois des chiens dont la guérison fut des plus difficiles.

« C'était, ajoute M. Gridel, un superbe animal d'une ving-
« taine de livres ; la tête était magnifique, et cette capture
« me fut plus agréable que celle de trois sangliers que
« nous tuâmes un moment après.

« C'est presque toujours ainsi que nous tuons les chats ;
« on ne peut pas dire qu'on va le chasser comme on va
« chasser le renard ou le sanglier. On le tue quand on le
« rencontre : c'est donc un animal (qu'on me permette
« l'expression) des plus irréguliers. »

Nous sommes de l'avis de M. Gridel ; mais nous ajouterons que la rareté extrême du chat sauvage en France est bien aussi un peu la cause de l'abandon général de sa chasse. Car autrement rien ne s'opposerait à sa remise au trait, et même, par la neige ou la terre molle, on pourrait aisément le suivre au pas.. Les revoirs, dit M. P. Chapuy, dans la *Chasse illustrée*, bien que semblables à ceux du chat domestique, sont plus espacés en longueur, plus nets, plus profonds ; le talon en est plus gros.

Quand on soupçonne la présence en plein jour d'un chat sauvage dans un terrier, on l'en fait assez facilement sortir avec des bassets ; dans ce cas, il ne faut jamais introduire ces chiens que lorsque toutes les bouches sont au préalable bien gardées ; mais on risquerait de les compromettre gravement si on les lançait sur une femelle ayant des petits, et il faut alors opérer comme va nous dire M. Gridel, que nous ne saurions trop citer : « L'an dernier, en cher-
« chant des terriers de renards, au mois de mai, j'avais

« reconnu une roche dont les issues étaient fréquentées.
« Quelques mèches de poils restés aux parois m'indiquè-
« rent que les locataires étaient des chats sauvages.

« Sitôt la chose reconnue, il fallait agir ; car, dès que la
« chatte s'aperçoit qu'un intrus est venu rôder autour de
« sa demeure, elle déménage sans dire gare et emporte sa
« progéniture.

« Or donc, le lendemain, dès le point du jour, nous étions
« en observation, moi et le garde du triage, sur un bloc
« de roche dominant les gueules du terrier. Au bout d'une
« heure environ, alors que le soleil inondait le ravin d'une
« vive lumière, nous vîmes arriver la chatte à petits pas :
« elle portait un écureuil dans sa gueule et elle semblait
« se redresser toute fière de sa chasse ; à un mouvement
« que fit le garde pour la mettre en joue, elle nous aperçut :
« en pareil cas, un renard eut détalé vivement ; la chatte,
« elle, laissa tomber son écureuil, *fit le gros dos* et com-
« mença à gronder sourdement. Un coup de feu mit fin à
« ces manifestations hostiles.

« Un moment après, un jeune chat sortit qui eut le même
« sort, puis un second. Il fallut enfumer les deux autres
« (il y en avait quatre). C'étaient de grands jeunes qui
« pesaient environ trois à quatre livres et qui paraissaient
« apprécier fort les provisions que leur apportaient leur
« mère. Je laisse à penser le dégât que cette famille aurait
« commis dans ses environs, si on l'avait laissée croître
« et prospérer. »

Nous ne croyons pas, vu du reste l'extrême rareté de cet animal, qu'il se pratique à son endroit d'autre affût que celui que M. Gridet vient de décrire, et nous pensons, en outre, que des traques ne réussiraient point ; mais il est une chasse qu'on peut lui faire avec succès au moment des neiges, parce qu'il est facile alors de suivre sa piste et de trouver sa retraite.

« Ordinairement, dit Tschudi, le chat sauvage passe
« toute la journée tapi sur une branche, attend sa proie

« au passage, et cherche à l'atteindre d'un bond. C'est dans
« cette position que le chasseur l'aperçoit, fixant tranquil-
« lement sur lui, comme la martre ou le lynx, ses yeux
« étincelants. Lorsqu'on le tire, on doit mettre tous ses
« soins à le bien ajuster ; si l'on ne fait que le blesser, il se
« dresse, et, le poil hérissé, le dos recourbé, la queue
« relevée, il s'approche du chasseur, en faisant entendre
« cette espèce de sifflement particulier aux chats, et s'élance
« sur lui comme un furieux. Il enfonce si profondément
« dans la chair, et particulièrement dans la poitrine, ses
« ongles tranchants, qu'on peut à peine les dégager ; ces
« blessures ne guérissent que difficilement. »

Il résulte de là que les chasseurs ne doivent s'approcher d'un haret blessé qu'avec une extrême circonspection et en se tenant prêts à redoubler, et qu'ils sont exposés à payer cher leur maladresse ou leur précipitation étourdie dans le tir de ce dangereux et si vivace animal. Et ce qui doit encore plus les engager au sang-froid, à la prudence, c'est que le chat sauvage, dans certaines circonstances, n'attend pas d'être blessé pour se ruer sur l'homme qui vient le déranger dans sa retraite. Ecoutez la véridique histoire que A.-E. Brehm raconte à l'appui de cette dernière assertion : elle est édifiante.

« Tout près de mon pays natal, une division forestière
« porte le nom de Chat sauvage. Elle doit son nom à une
« chasse malheureuse.

« Un traqueur découvrit un matin la piste d'un chat
« sauvage sur la neige fraîchement tombée ; il la suivit,
« joyeux et content de sa chance, en songeant déjà à la
« prime assez forte qu'il allait toucher. La piste conduisait
« au pied d'un énorme hêtre creux, sur lequel l'animal
« devait s'être réfugié. On ne l'apercevait nulle part sur
« les branches, il était donc caché dans l'intérieur du tronc.

« Le traqueur, tout en s'apprêtant à tirer, sort son mar-
« teau pour frapper contre l'arbre et faire décamper le
« chat. Il frappe quelques coups, rien ne paraît ; il renou-

« velle sa tentative, cette fois encore rien ne se montre. Il
« frappe une troisième fois ; mais il n'a pas encore soulevé
« son fusil, que déjà le chat se trouve sur sa nuque, lui
« arrache en un clin d'œil son gros bonnet de fourrure, lui
« enfonce ses griffes dans la tête, et déchire de ses dents
« la cravate épaisse qui protége encore son cou. Le chas-
« seur, pris à l'improviste, laisse tomber son fusil ; il oublie
« presque de se défendre et ne cherche qu'à garantir le cou
« et la figure contre les dents du chat furieux. Il appelle
« à grands cris son fils qui se trouve dans la même forêt.
« Le chat lui déchire les mains et lui laboure la figure ;
« les cris du malheureux deviennent plus plaintifs, son
« angoisse grandit. Enfin il tombe par terre, à la suite
« d'une cruelle blessure que lui fait le chat.

« Le fils arrive, trouve l'animal accroupi sur son père et
« le mordant à belles dents, essaie en vain de l'arracher
« et lui donne un coup de marteau ; le chat crie, mais con-
« tinue toujours à déchirer sa malheureuse victime. Enfin,
« un deuxième coup de marteau sur la tête l'étend roide
« mort (1).

« Le bruit de la lutte avait attiré des passants ; on trans-
« porte le chasseur évanoui dans sa maison, et on lui
« prodigue des soins qui le rappellent à lui ; il peut alors
« raconter péniblement son terrible combat.

« Le médecin employa tous les moyens de l'art, mais le
« pauvre chasseur mourut le même jour, au milieu d'ef-
« froyables douleurs. »

Quel drame terrifiant ! Il peut, certes, se passer de commentaires ; mais on nous permettra bien d'en tirer une sérieuse leçon de prudence à l'adresse du veneur qui aura raccourci un haret d'un coup de feu, à savoir qu'il ne devra jamais s'en approcher étourdiment, et encore moins mettre la main dessus, tant qu'il ne sera pas certain de sa

---

(1) L'animal était-il atteint de la rage ? C'est ce que seul le médecin aurait pas constater.

mort; car une pareille imprudence pourrait lui coûter cher, peu d'animaux ayant, au dire vrai de Tschudi, la vie aussi tenace.

On peut prendre les chats sauvages aux piéges ; nous donnerions dans ce cas la préférence au traquenard simple à bascule, mais à la condition expresse que les branches de cet engin seraient garnies de dents serrées et pointues, parce que c'est ordinairement par une patte que ces animaux sont saisis et qu'on en a vu parvenir à se dégager quand ces branches étaient lisses.

Nous croyons enfin que le collet double en laiton, bien tordu et recuit avec soin, pourrait, en certaines circonstances, avoir raison de ces infatigables destructeurs de gibier ; mais nous ne savons point s'il est quelque part sérieusement employé en Europe, tandis que nous sommes certain qu'en Algérie il réussit fort bien avec les chats-tigres.

QUELQUES MOTS SUR LE LYNX VULGAIRE

Le lynx vulgaire est un animal de bien plus grande taille que l'on ne se le figure communément, puisque, arrivé à sa pleine croissance, il n'est guère moins gros que les léopards que nous voyons dans les ménageries ambulantes (1).

« La longueur du corps atteint facilement 1^m et peut
« quelquefois aller jusqu'à 1^m 30 ; celle de la queue est de
« 0^m 16 à 0^m 24 ; sa hauteur, au garrot, est de 0^m 65. Le
« poids du lynx mâle peut aller jusqu'à 30 kilogrammes,

(1) Il y en a de splendides échantillons au Musée de Christiania.

« et même arriver à 45, d'après ce que l'on m'a dit en
« Norwége ; on abat rarement, en chasse, des individus
« pesant moins de 20 kilogrammes.

« La structure entière du corps de l'animal se présente
« sous un aspect étonnant de puissance musculaire, qui
« trahit au premier coup d'œil la force et la vigueur
« extrême dont il est doué. Les membres ne sont pas moins
« vigoureux, et la queue, par son épaisseur, est en rapport
« avec les autres parties de l'animal. Les griffes puissantes,
« dont les doigts sont armés, donnent au lynx un cachet
« tout particulier de force, et rappellent d'une manière
« frappante celles du tigre ou du lion. Les oreilles sont
« assez longues, terminées en pointe, et ornées, à leur
« extrémité, d'un pinceau noir, d'environ cinq centimètres
« de longueur, et composé de poils dressés et rapprochés
« les uns des autres. La lèvre supérieure est garnie de
« plusieurs rangs de soies longues et roides ; le corps est
« enveloppé d'une fourrure épaisse et moëlleuse, qui
« s'allonge à la face, et y forme une barbe épaisse qui,
« retombant en pointe de chaque côté de la tête, contribue,
« avec les pinceaux des oreilles, à donner au lynx une
« physionomie des plus étranges.

« La couleur du pelage est d'un gris roussâtre, mêlé de
« teintes blanchâtres à la partie supérieure du corps, avec
« des mouchetures nombreuses d'un rouge ou d'un gris-
« foncé sur la tête, le dos et le cou. Le dessous du corps, le
« devant des jambes, le haut de la gorge, les lèvres et le
« tour des yeux sont blancs. La face est fauve clair ;
« l'oreille est blanche à l'intérieur, avec une bordure noire
« et brune sur les côtés. La queue, également épaisse par-
« tout et partout bien fourrée, est noire depuis l'extrémité
« jusque vers le milieu, et ensuite obscurément annelée
« par des bandes qui s'oblitèrent à la partie inférieure.

« La femelle paraît se distinguer constamment du mâle
« par une teinte d'un fauve plus ardent et par des mouche-
« tures moins tranchées (Brehm). »

Si nous nous sommes si fort étendu sur le lynx d'Europe, c'est parce que les Algériens confondent avec lui un animal, qui n'est représenté en Afrique que par une espèce de chat bien plus petite et bien moins dangereuse pour les animaux domestiques (1).

La Gaule qui, sous Pompée, envoyait, la première, des lynx pour les amphithéâtres des Romains, ne pourrait plus en fournir aujourd'hui, puisque Buffon avait déjà rayé cet animal de la liste des bêtes françaises, vers la fin du siècle dernier.

Devenu très rare en Allemagne, le lynx ne se trouve plus guère de nos jours qu'en Suisse et dans le nord de l'Europe.

Il habite exclusivement les montagnes qui peuvent lui offrir des forêts sombres et épaisses, des cavernes ou de hautes herbes pour se cacher. Là, accroupi sur une grosse branche, il guette sa proie, ou bien, s'il est à terre, il rampe vers elle jusqu'à la portée du bond. S'il la manque alors, jamais il ne la poursuit.

Cet animal ne dévore qu'une très faible partie de la bête qu'il vient de prendre, et se remet de suite en chasse. S'il tombe sur un troupeau de moutons mal gardés, il en tuera, comme cela s'est vu en Thuringe, jusqu'à trente dans une seule nuit.

Le lynx poursuit les chamois près desquels il a peu de succès; mais il a moins de peine à capturer des blaireaux, des marmottes, des lièvres, des gélinottes, des lagopèdes, de grands et de petits tétras; affamé, il chasse aussi aux écureuils et aux souris.

Les battues ne réussissent pas avec ces animaux. Voici la seule méthode employée en Suisse : dès que la présence d'un lynx est signalée, on s'occupe avec soin de relever ses traces, et, quand on est ainsi parvenu à découvrir sa retraite, on organise des affûts aux alentours, qui permettent le plus souvent de le tuer (2).

(1) C'est en histoire naturelle le **Lynx-Caracal**.
(2) Voir Tschudi pour de plus amples détails.

Les lynx s'accouplent en janvier et février; la femelle porte dix semaines, et fait deux ou trois petits qui naissent aveugles.

La peau de cet animal est une des fourrures les plus belles et les plus estimées; malheureusement les poils en sont raides et tombent par l'usure. Quant à sa chair, on dit qu'elle est mangée avec plaisir par les Suisses, et Kobell rapporte qu'au congrès des princes, à Vienne, plusieurs fois l'on vit figurer sur la table du rôti de lynx.

LES PETITES CHASSES

CHASSE DE LA FOUINE

Lorsque, quêtant à la billebaude, vous verrez vos chiens partir tout-à-coup et avec vivacité sur une piste qui vient aboutir à un vieux chêne, au pied duquel la meute, le nez en l'air, redouble de cris, tenez pour certain qu'une fouine ou bien un putois a escaladé cet arbre et a disparu dans son tronc devenu creux avec l'âge; seulement si, par hasard, vos toutous sont ainsi tombés sur une marte, ce qui n'arrive pas souvent à cause de la rareté de cet animal, vous pourrez un instant la voir perchée sur une basse branche, faisant le gros dos et narguant les chiens; mais, dès qu'elle vous entendra, elle disparaîtra dans son trou habituel (1).

Il n'y a donc point, au bois, matière à chasse avec ces trois mustéliens ; mais il n'en est pas de même dans les hébergeages des grosses fermes, où deux d'entr'eux se

---

(1) M. Gridel vient de publier, dans la *Chasse illustrée*, 13ᵉ année, n° 18, 1880, un article fort curieux sur la marte que l'on prend, dit-il, assez aisément à la main dans son creux d'arbre lorsqu'elle est un peu engourdie par le froid, etc.

plaisent beaucoup (1). Là, avec quelques petits chiens terriers, on pourra se livrer à une chasse miniature, qui ne laissera pas de charmer les acteurs, et qui, dès lors, mérite d'être racontée tout au long (2).

La fouine, sans être, dans toute l'acception du mot, un animal nocturne, n'exerçant principalement ses ravages que la nuit où elle circule avec plus d'assurance, c'est à la petite pointe du jour que l'on est le plus certain d'en revoir.

Les tireurs, placés en nombre suffisant aux angles des granges, ne se serviront, par prudence, que d'armes de petit calibre et que de bourres réellement incombustibles; ils ne doivent, de plus, jamais tirer dans la direction des hébergeages, lors même que l'animal débûcherait à découvert sur les toits, parce que la charge, traversant la couverture en chaume, pourrait blesser les chiens, et même le piqueur qui, pour les aider comme pour les sauver de chûtes graves, a le devoir de les suivre partout. Résistant donc à toutes les tentations, ils attendront, pour faire feu, que la bête de meute, se laissant tomber comme une masse inerte (faculté exceptionnelle) du haut des corniches, ou se dérobant par une issue secrète, s'engage dans les intervalles des bâtiments pour gagner un autre fort.

En prenant possession d'une grange, le piqueur a soin de maintenir ouvertes toutes les issues, portes et volets, et de les signaler aux tireurs; il procède ensuite à la quête, en commençant toujours par les étages supérieurs, afin de lancer plus vite et d'épargner à ses chiens tout travail inutile.

Bientôt l'attaque commence avec un entrain que surexcitent les voies chaudes et multiples qui se croisent dans toutes les directions. Parcourant presqu'en un même instant les diverses phases accidentées de la grande chasse,

---

(1) La marte ne quitte jamais les grands bois.
(2) Nous allons piller d'Houdetot sans vergogne aucune.

les chiens dénotent par leurs modulations variées le défaut, le change, le retour, la vue, qui se succèdent du sol au grenier, à travers les replis des gerbes amoncelées, et leur acharnement redouble.

Chassée de tous ses forts, la fouine, roulant parfois avec les chiens dont elle se défait autant par la force que par la ruse, a gagné tout-à-coup un autre bâtiment où la poursuite continue de plus belle. Rien alors ne peut distraire une seconde l'ardeur des toutous collés à la voie de la bête de meute sur ses fins, portant la hotte comme un lièvre vieux-chassé, et essuyant çà et là dans la traversée des coups de feu que le demi-jour rend fort incertains.

Soudain les cris cessent : les chiens sont tombés en défaut... Vainement et d'eux-mêmes prennent-ils des arrières et des devants circulaires ? Plus de sentiment, plus de voie... Mais le piqueur expérimenté a bientôt fait justice de cette dernière trame de l'animal aux abois, et, à la suite d'une inspection minutieuse du pourtour des bâtiments, des fossés et des haies, on le trouve relaissé sur la fourche d'un arbre.

Se voyant ainsi découverte et cernée, la fouine n'attend pas, le plus souvent, le coup de mort, et se précipite d'elle-même au devant de la meute.

Voilà comme d'habitude se termine le premier acte d'une chasse qui ordinairement a lieu en partie double ; car il reste encore à mettre sur pied la fouine femelle. Son lancer ne s'effectue, on le comprend, qu'après un rapprocher lent, laborieux, varié d'incidents nouveaux ; mais, finalement, elle subit le même sort que le mâle.

Moins entreprenant que la fouine, le putois se fait prendre d'ordinaire dans la grange même où il a été attaqué... Ses randonnées étroites ne provoquent d'ailleurs aucun des incidents qui poétisent cet agréable déduit. Quant à la belette, la finesse de son corps lui permettant de s'évader par les plus petites issues, le défaut coïncide avec l'attaque d'une façon désespérante.

N'oublions point de dire que, dans cette charmante petite chasse, qui peut d'ailleurs se faire alors que les autres sont fermées, les charretières à jour, les remises, les écuries, dans lesquelles il est facile de contrôler par la vue les refuites de la bête, sont les terrains les plus favorables, tandis que les hangars encombrés de lourdes pièces de bois en sont les plus désavantageux.

Il faut que les ravages exercés sur les basses-cours par une ou deux paires de ces mustéliens soient bien grands pour que la plupart des fermiers laissent aussi volontiers pratiquer cette chasse chez eux ; car, après, il règne dans les bâtiments, et un peu partout du reste, un désordre indescriptible, qui doit être long à réparer, sans préjudice des pertes et de la casse. Ainsi, par exemple, quel incroyable bouleversement doit avoir lieu dans une grange pleine, lorsque le piqueur est forcé du haut en bas de déplacer les gerbes pour ouvrir un passage à ses chiens poursuivant la fouine du faîte jusqu'au sol et quelquefois même verticalement à travers tout !

CHASSE DE L'ÉCUREUIL [1]

Au mois d'octobre, quand les arbres laissent tomber leurs graines et une partie de leurs feuilles, l'écureuil, à son grand regret, se voit contraint de quitter ses domaines aériens; il lui faut, en effet, descendre à terre pour manger, et aussi pour compléter ses provisions d'hiver.

On le surprend alors facilement malgré la finesse de son ouïe, et, en regardant sous bois au loin avec attention, le chasseur, qui a quelque habitude de ses allures, ne saurait manquer de l'apercevoir. Mais alors il faut se hâter d'accourir, car dès qu'il se voit découvert, l'écureuil s'élance prestement sur un chêne et se tapit contre le tronc à l'opposite du tireur. Si vous êtes seul et si vous cherchez à tourner pour l'apercevoir, tenez pour certain qu'il tournera plus rapidement que vous, de manière à se dérober à votre vue tout en gagnant les hauteurs de l'arbre, où soudain il disparaitra. Voulez-vous réussir à le tirer? Il ne faut pour cela qu'un peu de patience.

La conformation de son corps, de ses pattes, ne lui permettant pas de grimper verticalement le long du tronc d'un arbre, il est obligé de tourner sur lui en spirale (hélice) pour gagner les premières branches.

Si donc vous êtes seul, restez immobile, sans essayer de

---

[1] Voir le charmant article que M. Armand Durantin a publié dans le *Journal des chasseurs* année 1853-1854, et dans lequel nous avons puisé à pleines mains.

le découvrir ; car, bientôt fatigué d'une attente cruelle, à deux ou trois mètres de terre, et les griffes lassées, l'écureuil tentera de monter ; mais, ne pouvant le faire qu'en contournant le tronc, il sentira la nécessité de passer de votre côté ; il voudra alors s'assurer de votre présence et, pour ce, il avancera doucement la tête. Saisissez l'instant propice et envoyez-lui rapidement votre coup. Si vous vous êtes laissé surprendre ou s'il s'est caché trop vite, attendez patiemment une seconde occasion favorable, qu'il sera bien forcé par lassitude de vous offrir.

Quand on est deux et qu'on se fait face, chacun d'un côté de l'arbre, la chasse se simplifie singulièrement, car alors l'un des tireurs a toujours forcément le pauvre animal en vue.

La découverte à distance, sous bois, de l'écureuil, exige un coup d'œil exercé que tout le monde n'a pas ; aussi y supplée-t-on à l'aide d'un bon vieux chien, basset ou d'arrêt, qui, une fois dressé à cette chasse, empaume en criant la voie saignante jusqu'au pied de l'arbre, contre lequel il se dresse. Il faut alors accourir au plus vite, cerner l'arbre et, si personne ne découvre le fugitif, frapper ferme sur le baliveau avec un gros bâton.

Soudain l'écureuil s'élance, il fuit, il voltige au-dessus des têtes des chasseurs ; les coups partent, se succèdent, les plombs se croisent, mais c'est peine perdue. Comment, en effet, arrêter dans sa course à travers un feuillage qui le masque à tout instant, comment frapper au milieu de ce vol rapide, au sommet d'un arbre qui compte parfois trente mètres et plus de hauteur, un animal léger comme l'oiseau, dont les mouvements pressés, impétueux, ne permettent pas de l'ajuster ?

Ce bruit, ces détonations l'effraient, hâtent sa fuite ; les coups de feu se perdent au milieu des railleries ; on court d'arbre en arbre pour ne pas perdre sa proie, on la suit des yeux tout en essayant de recharger ; mais, inutiles efforts ! Un rideau impénétrable la dérobe à la vue, on la cherche encore à cette place que peut-être elle est déjà bien loin, et, de guerre lasse, on baisse enfin la tête avec confusion.

En cet instant, un coup de fusil part tout près des chasseurs déroutés, et ils voient l'écureuil rouler de branches en branches sur le sol. C'est un vieux garde qui, riant sous cape de la précipitation des novices, n'avait pas tiré, s'était mis patiemment à suivre son gibier, comptant sur la disparition du fuyard et sur le découragement des tireurs ; puis, lorsque la fusillade nourrie avait pris fin, quand moins effrayé l'animal s'était arrêté, le malin compère, d'un seul coup, avait mis un terme à cette longue poursuite.

Voilà ce qui se passe d'ordinaire dans ces charmantes parties de plaisir, et nous nous arrêterions si, pour l'instruction complète des chasseurs, il ne nous paraissait pas nécessaire de signaler les curieux incidents qui s'y produisent presque toujours.

Ainsi, par exemple, un écureuil qui ne se sent point en sûreté sur un arbre trop isolé pour qu'il puisse d'un saut en gagner un autre se laissera tomber à terre de dix, quinze, vingt mètres de haut, sans se faire de mal (1), et s'élancera vivement vers les baliveaux les plus proches ; seulement alors il pourra bien dans ce trajet être saisi par le chien, car il court mal à terre, et même il ne grimpe vite qu'avec une certaine difficulté. Il lui faut, en effet, pour animer sa marche, l'élasticité des branches qui ploient au sommet de l'arbre, et le long desquelles il se glisse avec une adresse et une agilité merveilleuses.

Le choix de l'arbre qui le protège ne lui est pas indifférent : une écorce unie, lisse, sans aspérités aucune, lui

---

(1) Il faut le voir tomber, arrondi avec souplesse, la queue droite, étendue sur sa tête comme un parachute ; on le croit broyé, mais, à peine à terre, il se relève vivement et bondit vers les arbres voisins, sans paraître le moins du monde étourdi de cette chûte effrayante.

déplaît parce que ses griffes ne peuvent la bien saisir et qu'il ne s'y cramponne qu'avec peine. Aussi préfère-t-il à toute autre la rude essence du chêne, dont le tronc est sillonné de profondes cicatrices, où ses ongles s'impriment sans effort, et ne grimpe-t-il sur un autre arbre que lorsque le temps lui manque.

On rencontre encore assez souvent de vieux chênes creux, dont les cavités plus ou moins grandes offrent à l'écureuil un abri sûr, d'où aucun bruit ne saurait le faire sortir. En pareil cas, il faut monter sur l'arbre et fourgonner avec un bâton dans le trou pour en expulser l'animal ; mais, si la cavité vermoulue vient jusqu'à terre et si alors la gaule employée est assez longue, il arrive parfois qu'il bondit dans les jambes des chasseurs et qu'il parvient, grâce au premier moment de surprise, à gagner un baliveau, sauter sur un autre et à atteindre le milieu d'un taillis, où définitivement on le perd de vue.

Nous ne connaissons rien de plus dangereux que la poursuite animée de ce charmant rongeur : les regards sont attachés sur l'écureuil, le doigt presse continuellement la détente, prêt à faire feu dès qu'il y aura possibilité, et l'arme, agitée sans cesse dans toutes les directions, menace mille fois la poitrine du voisin.

En terminant, nous recommanderons pour ce tiré l'emploi des forts calibres, chargés ferme en poudre, et du plomb numéro 4, eu égard à la grande hauteur de certains arbres.

LE LAPIN DES ALPES

C'est ainsi qu'en Suisse et en Savoie on appelle vulgairement la marmotte.

Pour mettre le lecteur à même de bien comprendre les difficultés que présente la chasse de cet animal, il est nécessaire de dire quelques mots sur ses mœurs et habitudes de prudence.

Il habite sur les pics les plus élevés des Alpes, à la limite des neiges éternelles, là où ne croit plus aucun arbre, aucun buisson, et y creuse ses terriers, les uns simples, petits, pour l'été; les autres profonds, étendus, pour l'hiver. Les premiers lui fournissent un abri passager pendant le mauvais temps; les autres, un refuge pour l'hiver qui, dans les hautes régions, règne six, huit et même dix mois, hiver durant tout lequel un sommeil persistant l'engourdit jusqu'à la fin des froids.

« L'été, dit Tschudi, à la pointe du jour, les vieilles marmottes sortent de leurs terriers et, après une inspection minutieuse des alentours, se mettent à manger; les jeunes suivent de près. Mais les grands parents veillent, et, dès que paraît quelque chose de suspect, un homme, un oiseau de proie ou un renard, ces sentinelles, à l'ouïe fine et à la vue incroyablement perçante, font entendre un coup de sifflet clair, fort, retentissant, aigu, qui a quelque chose de plaintif et de profond. A ce signal, toutes se précipitent dans leur demeure, dont elles ne se hasardent à sortir de nouveau que quand tout sujet de crainte a disparu.

Le chasseur, qu'un coup de sifflet a dénoncé, passerait vainement la journée à les guetter ; rien ne se montrerait plus. Il faut être à l'affût avant le lever du soleil, si on veut en tirer une ; et puis, si elle n'est pas tuée roide, on doit en faire son deuil. Aussi bien peu de marmottes tombent-elles sous le plomb du chasseur, et presque toutes sont-elles prises dans des piéges en été, ou l'hiver dans les terriers qu'on défonce, pendant leur sommeil léthargique.

En Suisse, notamment dans le canton d'Uri, ces déterrers sont réglementés ; on n'enlève que les bêtes âgées (1), grasses et du sexe masculin. C'est que les marmottes constituent l'unique revenu des communes, qui veillent avec soin à la conservation de l'espèce.

L'été, il n'est pas possible de s'emparer des marmottes en défonçant les terriers, parce qu'alors elles creusent beaucoup plus rapidement que ne saurait le faire un ou même plusieurs hommes.

La chair de cet animal se mange fraîche ou fumée ; elle est blanche et délicate comme celle du lapin.

La peau sert à confectionner des pelleteries grossières, mais durables.

La marmotte, qui vit de neuf à dix ans, arrive parfois, dit-on, à peser presque une dizaine de kilogrammes.

On trouve fréquemment des variétés noires, blanches ou tachetées de blanc.

---

(1) On reconnait facilement l'âge des marmottes à la couleur de leurs incisives, blanches la première année, jaune-citron la deuxième, orang-vif la troisième Ensuite l'animal est d'autant plus vieux que le roux-orangé de son ventre se montre plus vif.

CHASSES

DANS LES HAUTES MONTAGNES

LE MOUFLON D'EUROPE

Le mouflon d'Europe a 1ᵐ 30 de long, y compris la queue qui est de 8 à 10 centimètres, et 0ᵐ 80 de hauteur. Son poids est de 25 à 40 kilogrammes. Ses cornes atteignent une longueur de 0ᵐ 66 au moins, et pèsent quatre, cinq et même six kilogrammes; celles de la femelle, quand, chose rare, elles existent, figurent des pyramides obtuses, ayant au plus 0ᵐ 05 à 0ᵐ 08 de long.

Cet animal n'habite plus aujourd'hui que les montagnes rocheuses de la Corse et de la Sardaigne ; on a cru à tort qu'il existait en Espagne, où, sans doute, on l'a confondu avec le bouquetin. Quant à celui de l'Algérie, c'est une variété de la famille, c'est le mouflon à manchettes que l'on trouve assez communément dans l'Atlas.

A l'inverse de ce dernier, les mouflons d'Europe vivent en société. Ils se réunissent en troupes plus ou moins nombreuses qui ont pour chef un vieux et fort bélier; mais, à l'époque du rut, ils se séparent en petites familles, ordinairement composées d'un mâle et de quelques femelles qu'il a conquises dans les combats. Ces dernières portent vingt-et-une semaines et mettent bas, en avril ou en mai, deux petits assez vigoureux pour courir de suite avec leur mère.

Ces animaux descendent le soir de leurs montagnes rocheuses pour aller au gagnage toute la nuit, et, à l'aube, on les voit qui remontent assez lentement vers les hautes régions où ils ruminent et dorment pendant la journée.

Quand leurs terrains de gagnage sont presqu'en plaine, on peut les prendre avec des lévriers ; car, il est à remarquer que cet animal, dont les bonds sont parfois prodigieux et pour qui un rocher lisse et vertical de quatre mètres de haut n'est pas un obstacle, se fatigue assez promptement alors, bien qu'il ne déploie sur ce sol peu incliné qu'une vitesse des plus médiocres. Dans la montagne, en revanche, il est fort difficile à joindre, attendu que, comme un oiseau, il franchit les ravins, quelque abrupts et larges qu'ils soient. Il faut surtout l'admirer quand il surmonte un obstacle en deux ou trois bonds, prenant pied on ne sait comment, sur les parois lisses et verticales d'un rocher.

La poursuite avec des lévriers n'est généralement pas fructueuse, et la méthode de chasse la plus sûre, et par suite la plus usitée, consiste à occuper, avant l'aube et avec un nombre suffisant de bons tireurs (1), les points connus de rentrée en montagne, et à faire ensuite rabattre les mouflons sur les embuscades par quelques hommes à pied ou à cheval.

On tue encore ces animaux à l'affût, soit en forêt, soit à l'abreuvoir accoutumé, en se cachant dans des trous soigneusement couverts.

Leur chair est excellente et, à part un léger goût de venaison, ressemble à celle du mouton ; seulement, les vieux mâles sont généralement coriaces et d'une saveur forte et désagréable.

---

(1) Pour réussir, il ne suffit pas, comme dans tous les affûts, d'être bien caché et de se tenir immobile et silencieux ; il faut encore être très habile tireur à balle franche, l'animal passant avec une vitesse incroyable et avec des allures irrégulières et fort mouvementées.

LES BOUQUETINS D'EUROPE

L'Europe compte quatre, et peut-être cinq bouquetins : le premier est propre aux Alpes ; le second habite les Pyrénées ; le troisième, la Sierra-Nevada ; le quatrième, et peut-être le cinquième, le Caucase.

Cet animal n'existant plus dans les Alpes françaises, nous n'avons ici à nous occuper que de l'espèce qu'on trouve, fort rarement il est vrai, dans les Pyrénées.

En thèse générale, les bouquetins d'Europe se ressemblent beaucoup par le poil, par la couleur ; ils ne diffèrent, en quelque sorte, que par la forme des cornes et par la barbe. Ils sont tout-à-fait conformés pour vivre dans des régions élevées, où de grands mammifères ne pourraient prospérer. Enfin ils ont sensiblement les mêmes mœurs et habitudes.

Le bouquetin des Pyrénées a les cornes rondes par devant, taillées en bizeau par derrière, de sorte que leur coupe transversale présente un contour piriforme, des cannelures irrégulières en sillonnant d'ailleurs les côtés. Elles montent d'abord tout droit, puis se penchent sur le devant et se recourbent ensuite dans la direction opposée. Mais ces différences dans la forme de l'ornement de la tête entre le bouquetin des Alpes et celui des Pyrénées n'empêche pas, bien qu'encore leur pelage varie un peu de couleur, que ces animaux n'aient même taille et même apparence de conformation du corps. Tous deux en effet ont $1^m 45$ à $1^m 60$ de long ; $0^m 70$ à 1^m de haut, et leur poids va de 75 à 100 kilogrammes. Leurs cornes, pesant de sept à quinze kilogrammes, peuvent atteindre une longueur de $0^m 90$ à $1^m 15$; mais celles des femelles sont relativement plus petites

(0^m 20), et ressemblent un peu, en outre, aux cornes de la chèvre domestique.

La voix du bouquetin, semblable à celle du chamois, consiste en un sifflement, qui est un peu plus prolongé que chez ce dernier. L'odorat et la vue sont parfaits, l'ouïe excellente, et l'animal est bien partagé sous le rapport de l'intelligence. Craintif, prudent, judicieux, il voit bientôt le danger qui le menace ; aussi est-il à peu près impossible d'approcher d'un vieux mâle.

En allant aux gagnages, ces animaux rencontrent souvent des chamois et des chèvres ; ils évitent les premiers, mais se mêlent volontiers aux dernières, avec lesquelles ils s'accouplent et il en résulte des métis qui peuvent se reproduire.

La saison du rut a lieu en janvier ; les mâles se livrent alors des combats qui deviennent dangereux à cause des nombreux précipices qu'offre le terrain de la lutte. La femelle se donne au vainqueur, et, cinq mois après, elle met bas un seul petit, ayant à peu près la taille d'un cabri ; après l'avoir bien nettoyé, elle part avec lui. Au bout de quelques heures, il peut, en effet, la suivre presque partout. La mère le défend avec courage contre tous ses ennemis, l'homme excepté.

On n'est pas bien fixé sur la durée de l'existence de cet animal ; elle est probablement de vingt ans au moins, et de trente au plus.

La chasse du bouquetin se pratique comme celle du chamois ou de l'isard, que nous allons décrire dans le chapitre suivant ; mais elle est plus pénible et plus dangereuse parce que cet animal se tient dans des lieux plus déserts et encore plus difficiles, parce que sa poursuite parfois dure des semaines, et enfin parce que le retour, avec un fardeau d'environ 100 kilogrammes sur les épaules, devient si périlleux qu'il n'y a qu'une passion violente qui puisse entraîner le chasseur à braver de tels dangers. Cette passion, en effet, quelque étrange qu'elle paraisse, exerce un

pouvoir irrésistible sur ceux qui se livrent à cette poursuite; ils prétendent qu'il n'est pas de sentiment plus délicieux que celui qu'on éprouve à l'aspect du gibier se présentant à portée du fusil et qu'il n'y a pas de peine trop grande ni de dangers trop grands pour acheter un pareil moment. Il convient, du reste, pour expliquer cette sensation si vive de bonheur, de se dire avec A.-E. Brehm :
« Peut-être le chasseur guette-t-il depuis des semaines
« cette proie si désirée, dont il n'a encore aperçu que les
« traces, et l'espoir de l'atteindre lui a fait supporter les
« fatigues de la journée et le froid des nuits. Enfin l'animal
« se montre, et la vue de son noble port, de sa royale
« couronne, enflamme le chasseur d'un nouveau zèle; il
« court sur la glace, plonge dans l'abîme, gravit les crêtes
« les plus abruptes. Tout-à-coup le bouquetin a disparu ;
« mais il ne doit pas être loin, il est là, sans doute, derrière
« ce rocher; tournons-le doucement; en effet, le voilà se
« balançant sur la cime aride. Le chasseur s'approche, le
« cœur tremblant d'espérance et de crainte; il vise, le coup
« retentit dans le silence solennel des montagnes, et le
« bouquetin gît au pied du rocher, baigné dans son sang. »

Souvent, hélas ! l'animal blessé s'enfuit, se précipite en bas d'une paroi de rocher, et tombe au fond de l'abîme, où seuls les aigles et les vautours peuvent aller le chercher ; mais ni ce déboire, ni les misères endurées, ni les périls courus, rien, en un mot, ne saurait rebuter ces fanatiques !

Avons-nous besoin de spécifier l'arme qui doit être employée à cette chasse où on ne tire jamais qu'à balle franche ? Tout le monde a deviné que c'est une solide et bonne carabine.

Le bouquetin a la vie beaucoup moins dure que le chamois ou l'isard. Une blessure, qui le terrasse le plus souvent, n'empêcherait point ces derniers de courir pendant plusieurs lieues jusqu'à ce qu'ils tombent morts, tandis que le bouquetin, s'il reçoit une balle, le témoigne de suite en poursuivant lentement sa marche, en laissant pendre sa tête tantôt d'un côté, tantôt de l'autre, et se couche enfin pour mourir.

LE CHAMOIS D'EUROPE

Nous n'avons à nous occuper ici que des chamois existant à ce jour dans les Alpes et Pyrénées françaises. Celui des Alpes est appelé chamois, tandis que celui des Pyrénées n'est connu que sous le nom de isard. Il ne s'en suit pas que ces deux animaux soient d'espèces différentes ; on ne doit voir là que des variétés, ne se caractérisant guère que par des différences dans les cornes et fort peu dans le pelage, qui présentent d'ailleurs entr'elles une similitude complète de taille, de mœurs et d'habitudes. Au point de vue de l'histoire naturelle et de la chasse, c'est donc absolument comme s'ils étaient identiques que nous aurons à traiter de l'isard et du chamois.

Le chamois ressemble beaucoup aux chèvres ; toutefois il s'en distingue par son corps court et ramassé, ses jambes longues et fortes, son cou allongé, ses oreilles pointues, dirigées en avant, et par la forme de ses cornes.

Il a de 1^m 20 à 1^m 28 de longueur ; sa queue mesure 0^m 08 ; sa hauteur, au garrot, est de 0^m 76 ; le sacrum est un peu plus élevé ; les cornes ont de 0^m 28 à 0^m 30. Un vieux mâle peut peser jusqu'à 40 ou 50 kilogrammes ; mais, en général, le poids du chamois dépasse rarement le chiffre de trente. Le mâle a les cornes plus écartées et plus grandes que la femelle. Quant au pelage qui est connu de tous, nous nous contenterons de dire que sa couleur varie notablement suivant les saisons, et que la mue se fait insensiblement, si bien que les robes *pures* d'hiver comme d'été n'existent que peu de temps.

Le chamois a le pied fourchu et les pinces fort longues, surtout celles des pieds antérieurs; ses jambes sont très hautes et bien dégagées; celles de derrière paraissent un peu plus longues et toujours recourbées, ce qui le favorise alors pour prendre son élan.

« Cet animal, dit A.-E. Brehm, peut être considéré comme l'emblême de la vigilance. Peu d'animaux sont mieux doués que lui sous le rapport des sens; l'ouïe, la vue et l'odorat atteignent un haut degré de perfection. A ces facultés précieuses pour se garantir, le chamois ajoute l'habitude salutaire de veiller toujours à sa sécurité; même lorsqu'il sommeille, ses organes des sens fonctionnent encore. Rarement il se couche pour se reposer : il se tient toujours en position de pouvoir fuir instantanément. Au repos, il se cache volontiers dans les buissons, mais cependant il préfère s'installer sur une saillie de rochers, le dos couvert, les côtés libres, de manière à pouvoir découvrir un grand espace. Le guide du troupeau (1) secondé par quelques autres individus, est en sentinelle; il paît seul, à quelque distance; à chaque instant, il se retourne, se soulève, flaire et regarde constamment. Un chasseur qui approche, le vent au dos, est toujours éventé, même à une distance considérable. »

« L'œil et l'oreille, dit Tschudi, rivalisent avec le muffle, qui aspire l'air par saccades. La vue du chasseur peut seule calmer ces animaux. Lorsqu'ils ne font que le sentir sans le voir, ils se démènent en furieux, car, ne connaissant ni la distance qui les en sépare, ni la direction dans laquelle il s'approche, ils ne peuvent calculer leur fuite. Inquiets, ils courent çà et là, tendent le cou et cherchent à découvrir leur homme. Dès qu'ils y ont réussi, ils s'arrêtent et le considèrent un instant avec un air de curiosité. Si le chas-

---

(1) D'ordinaire en France, sauf au temps du rut où il est plus élevé, le chiffre du troupeau n'est guère que de six à douze.

seur reste immobile, les chamois ne bougent pas, mais dès qu'il fait un mouvement, ils prennent la fuite et se retirent en quelque asile qu'ils connaissent dans le voisinage. Lorsque le guide flaire un danger, il siffle, comme le fait la marmotte, frappe le sol d'un des pieds de devant et prend la fuite; les autres le suivent au galop. Son sifflement, ou mieux son soupir, est un son perçant, rauque, un peu prolongé, qui s'entend au loin. »

Le chamois ne manque pas d'intelligence ; il examine, il considère, il calcule avant d'agir. Sa peur de l'homme est raisonnée, puisque dans les endroits où on ne le chasse point, il ne fuit pas à sa vue. Il possède encore à un haut degré la mémoire des lieux. Enfin, d'après Schinz, on aurait remarqué que ces animaux préfèrent les forêts qui sont à l'abri des avalanches ; ce serait là une preuve de plus de leur prudence.

Partout le chamois habite les hautes régions; en été, les Alpes et les Pyrénées jusqu'aux limites des neiges éternelles, et rarement les lisières supérieures des forêts ; en hiver, les vallées, dans la zone forestière.

Au lever du jour, ces animaux descendent en paissant sur le flanc de la montagne; à midi, ils se couchent au pied des parois de rochers, à l'ombre d'un buisson ; après un temps d'arrêt, ils remontent pour chercher un endroit où ils puissent se reposer et ruminer.

Pendant la nuit, ils se mettent à l'abri entre les rochers, sous les saillies, dans les grottes ; en été, sur le versant septentrional ou occidental ; en hiver, sur le versant méridional ou oriental. Par le clair de lune, on les voit paître dans les pâturages ; ce ne sont donc pas des animaux exclusivement diurnes.

En été, le chamois se nourrit des meilleures plantes, surtout de celles qui croissent près de la limite des neiges. En hiver, il doit se contenter des herbes qui percent la neige, des mousses et des lichens. Il peut supporter longtemps la faim, mais l'eau lui est indispensable. Enfin il aime beaucoup le sel.

A l'époque des amours, les troupeaux qui ne sont guère en France que de 6 à 12 individus voient leur chiffre s'augmenter par suite du ralliement des vieux mâles, qui, en toute autre saison, adoptent la vie solitaire. Le rut a lieu à la fin de l'automne, et donne naissance à des combats souvent funestes. Dès que les mâles les plus forts ont écarté les rivaux, le vainqueur, suivi de sa femelle, s'isole pour vivre avec elle jusqu'au gros de l'hiver, époque où tous les couples vont rejoindre le troupeau.

Vingt semaines après l'accouplement, la femelle met bas un petit, rarement deux. A cette occasion, elle s'est séparée du troupeau pour choisir comme demeure un pâturage convenable, sans jamais toutefois s'écarter des endroits les plus escarpés et les plus solitaires. Au bout de quelques heures, le jeune chamois suit sa mère, et, après une journée, il est presque aussi agile qu'elle. Celle-ci le soigne avec tendresse, le protège de son mieux et l'instruit jusqu'à la fin de mai. Quant au mâle, il n'a nul souci de sa progéniture.

Ces animaux, sans compter les avalanches, les éboulements de rochers et les chûtes, sont exposés à bien des périls, car ils ont de nombreux et redoutables ennemis. Citons d'abord le lynx, le loup, l'ours ; puis l'aigle, le gypaëte ou lemmergeyer, et enfin l'homme, qui est le plus dangereux de tous.

La chasse du chamois est très pénible et en même temps très périlleuse. Elle ne peut guère être pratiquée que par les montagnards nés sur les lieux et accoutumés, dès l'enfance, à gravir les rochers et à marcher d'un pas ferme sur le bord des précipices ; et encore même sont-ils contraints d'avoir recours à quelques expédients pour se garantir des chûtes et des glissades auxquelles ils sont exposés. Ainsi par exemple bien que les chamois évitent avec le plus grand soin de s'aventurer sur les glaciers, il faut souvent que les chasseurs s'y hasardent, auquel cas leurs chaussures doivent être armées de grapins ou de crampons, ou bien recevoir des semelles de drap, sans compter l'indispensable bâton ferré, dit *bâton des Alpes*. De plus, une hachette-marteau leur est nécessaire pour se tailler au besoin des gradins, et enfin une bonne lunette d'approche leur est indispensable pour'découvrir de loin le troupeau qu'ils cherchent à joindre. Ajoutez à cet attirail une couverture, en vue de nuits froides à passer à la belle étoile, quelques mètres de cordes solides munies de crochets, un bon couteau, des vivres, etc., et vous verrez que le sac qu'ils portent sur leurs robustes épaules ne tardera point à être rempli.

Dans certains bois qui se trouvent sur des pentes peu escarpées, les chiens courants peuvent poursuivre le chamois et le faire tirer aux veneurs convenablement postés ; mais, une fois debout, il ne faut pas s'attendre à le voir revenir au lancer après une randonnée, comme font la plupart des bêtes de meute. Sa frayeur des chiens est, en effet, telle qu'il perce toujours en avant, qu'il s'en va d'une seule traite et sans se détourner à deux ou trois lieues et qu'il ne ralentit sa course que lorsqu'il a gagné des rochers inaccessibles à la meute.

Ce genre de chasse est si rarement praticable que nous ne l'avons mentionné que pour mémoire ; mais il en est un autre qui s'effectue avec quelque succès et qui est spécialement pratiqué pour l'agrément des chasseurs étrangers au pays, à la condition toutefois qu'ils possèdent l'habitude des courses en montagne, la sûreté du pied, l'adresse et la vigueur nécessaires.

En réalité, c'est une battue : connaissant bien les endroits que hante un troupeau, chasseurs et traqueurs vont à la montagne de très grand matin. Les tireurs, escaladant les rochers escarpés qui servent de retraite aux chamois pendant le jour, s'y postent, tandis que d'autres vont les attendre à certains passages connus d'avance et déterminés par des précipices ou des cordons de rochers. Les rabatteurs, qui ne se mettent en marche que quand les tireurs sont à leurs postes et qui ont pris les animaux à dos, les poussent devant eux et les signalent avec force clameurs.

Quelquefois les chasseurs montagnards se livrent entr'eux seuls à ces traques, mais, en général, ils ne pratiquent pour la plupart que la chasse individuelle et solitaire, et c'est, hâtons-nous de le dire, la plus destructive.

Elle consiste, lorsqu'à l'aide d'une bonne lunette, pendant le jour, on découvre quelque troupeau, ou même un seul chamois, à tâcher d'en approcher à bon vent, et de le surprendre en se glissant adroitement de rocher en rocher, tout en profitant avec soin des avantages de la position pour se couvrir le mieux possible, jusqu'à ce qu'arrivé à portée de tir, le chasseur, parfois couché derrière une pierre, puisse lâcher son coup, ce qui n'a ordinairement lieu qu'à une assez grande distance. D'où résulte nécessairement l'emploi de la carabine rayée.

Le quine à la loterie du chasseur solitaire, c'est de parvenir, quelquefois après plusieurs jours et nuits de suite, à acculer un troupeau dans un cul de sac sans issues et dont il garde l'unique sortie, auquel cas il tue ce qu'il veut, à moins que, sous la conduite d'un vieux mâle résolu, les chamois ne reviennent sur leurs pas et ne s'élancent à côté de lui ou même par dessus son corps.

Ces hommes, qui bravent mille fois la mort dans une journée pour un lucre assez mince en somme, ou par suite d'une véhémente et irrésistible passion, n'ignorent cependant point que les avalanches les guettent et que le moindre faux pas les fera tomber dans un abime dont on ne les retirera pas toujours morts ou mutilés. Dans leur propre famille, ils comptent qui leur père, qui un ou deux frères, parmi les victimes de la chasse, sans parler des amis. Eh bien ! tout cela ne les touche guère et ne les empêche point de continuer ; les mutilés eux-mêmes ne déplorent la perte d'un membre que parce que cette perte les met dans l'impuissance de courir les montagnes !

On peut encore tuer des chamois à l'affût, en les guettant, soir et matin, dans les endroits où ils viennent paître ; mais cette chasse est peu productive ; aussi la pratique-t-on assez rarement.

Quoiqu'en dise Gaston Phœbus, la viande du chamois n'est pas mauvaise ; seulement, comme elle est un peu fade, il est nécessaire de la mariner et de l'assaisonner. Quant à celle des jeunes, on la trouvera toujours délicate et de bon goût.

On utilise de bien des façons les cornes du chamois ; son poil se met dans les matelas, et de sa peau bien passée on fait des gants, des vestes et des culottes pour les cavaliers.

L'OURS VULGAIRE OU OURS BRUN

L'ours brun est un des plus grands mammifères de l'Europe. Un mâle adulte mesure de $1^m 60$ à 2^m de long, y compris $0^m 10$ pour la queue. Sa hauteur, au garrot, varie entre 1^m et $1^m 30$. Un pareil animal pèse de 250 à 300 kilogrammes.

Aujourd'hui, de semblables bêtes sont très rares, et l'on regarde comme fort gros un mâle ayant $1^m 60$ de long et pesant 200 à 300. La femelle est plus petite, et dès lors moins lourde. En vieillissant, les ours des deux sexes augmentent de taille et de force.

Les beaux temps de cet animal sont passés ; il ne peut plus demeurer que dans les lieux que l'homme n'a pas encore envahis. On ne le trouve guère en France que dans les Pyrénées et les Alpes, où il est peu commun, du reste.

« Il s'écarte bien rarement des hautes montagnes ; les cantons rocheux, isolés et sombres ; les gorges, les cavernes, les troncs d'arbres creusés par les années (1) ; les antres dans les ravins ou au milieu des racines ; les taillis les plus épais, les plus impraticables, où il trouve le calme et la sécurité, sont les endroits où il se retire. Il y rôde et s'y promène la nuit comme le jour, effrayant le gibier et rendant la chasse plus difficile aux autres carnassiers.

« Toutefois, quand il est jeune, il ne fait pas grande concurrence aux loups, aux lynx, aux renards, aux gloutons, qui vivent dans les mêmes cantons, car il ne se nourrit guère alors que de végétaux. Du reste, le régime végétal est aussi le régime préféré de l'adulte. »

L'ours brun mange des grains, des herbes, des bourgeons, des fruits, des raisins, des champignons, des truffes, des racines, des pommes de terre, des baies mûres, des feuilles, des branches de tremble et d'autres arbres. Il fouille les fourmilières avec passion pour dévorer les larves et même les fourmis ; enfin le miel est pour lui le plus grand des régals.

Mais, en vieillissant, il change son régime. Il a attrapé un animal par hasard, et il a pu constater que la chair n'est pas à dédaigner et qu'on se la procure plus facilement que des baies, des châtaignes, même du miel ; à partir de ce moment, l'ours est devenu un carnassier dans toute l'acception du mot. Il attaque tous les animaux, les moutons de préférence, mais il ne craint pas de s'en prendre aux bœufs, aux chevaux, à toutes les espèces de gibier (2).

Le taureau court sus à l'ours, qui se défend avec déses-

---

(1) Comme ce sont pour la plupart des hêtres et des chênes, l'ours y trouve à la fois le vivre et le couvert. (E. Taine, *Voyage aux Pyrénées*, 4ᵉ édition, Paris, 1858, page 240.).

(2) C'est ce qui a propagé chez les bergers la croyance, presque générale dans les Pyrénées et les Alpes, à l'existence de deux espèces d'ours.

poir, mais rarement avec succès, car il est presque toujours étouffé contre un arbre ou un rocher.

Cet animal n'est rien moins que doux et aimable ; il n'est, du reste, courageux vis-à-vis de l'homme que quand il ne peut faire autrement ; mais la femelle défend ses petits avec fureur.

On ne peut pas le bien dresser, et il n'est point capable de véritable attachement. Il aime mieux sa pitance que son gardien, à l'égard duquel il est toujours grossier et même dangereux.

Linné dit que le rut a lieu en octobre et que la femelle porte cent douze jours. D'autres, admettant cette date pour l'accouplement, soutiennent que la mise bas ne s'effectue qu'en mars. Enfin, il est établi que, dans les ménageries, la saison des amours, qui dure tout un mois, se produit en mai et juin seulement.

Les petits, au nombre de deux, trois au plus, restent aveugles trois semaines environ ; leur apparence informe a donné lieu à un proverbe, mais il est constant que ce n'est pas à force de les lécher que la mère corrige leur tournure. Elle ne les quitte pas, les soigne, les allaite pendant deux mois, et, plus tard, leur fournit de la nourriture appropriée.

Les oursons, paraît-il, restent avec leurs parents jusqu'à la saison du rut ; chassés alors, ils deviennent tout-à-fait indépendants.

« Nous ne savons pas encore, dit A.-E. Brehm, quel est le terme de la croissance d'un ours ; mais l'on peut bien admettre qu'il faut au moins six ans pour qu'il ait à peu près sa taille. Toujours est-il que l'espèce atteint probablement un âge assez élevé, car on en a conservé en captivité pendant cinquante ans, et l'on a vu des ourses mettre bas encore à l'âge de trente-un ans. »

La peau de l'ours, qu'il ne faut pas vendre avant de l'avoir tué, a une assez grande valeur. Sa graisse est très recherchée ; elle se conserve longtemps en vases bien clos.

Fraîche, elle a l'odeur désagréable de la bête ; mais elle la perd si on la fume avec des oignons, et on peut ensuite la conserver plusieurs années.

La viande d'un ourson de six à sept mois est très agréable au goût, et un gigot d'ours adulte et gras, rôti ou fumé, constitue un plat excellent, surtout s'il a été préparé avec tout l'art voulu. Les gourmets estiment particulièrement les pattes d'ours, très grasses et très tendres ; on les prépare comme des pieds de cochon, et on les relève par des truffes et de la moutarde ; il faut cependant commencer par s'habituer à leur aspect, car, dépouillées et préparées, elles ressemblent d'une manière frappante à un pied humain.

Une tête d'ours, assaisonnée aux champignons, est un mets exquis, mais qu'on ne voit guère que sur la table des riches.

CHASSE DE L'OURS BRUN

« Bien que l'ours (1) ne soit rien de plus qu'un poltron révolté ; bien qu'il n'attaque jamais l'homme, à moins que des blessures ne le rendent furieux ; cependant la chasse à l'ours est certainement la plus dangereuse qu'on puisse faire en Europe.

« L'animal est fort, il est agile, il a des armes puissantes, et ce ne sont pas ses dents qu'il faut le plus redouter, mais ses bras et ses griffes. Quand l'ours se dresse sur les pieds de derrière et s'élance sur vous, il vous brise infailliblement les côtes, en vous serrant contre sa poitrine, et, s'il vous passe amicalement la main derrière le chignon, il vous ouvre le crâne comme une tabatière....

(1) Louis Viardot, *Souvenir de Chasse.* Paris, 1859.

« Il faut donc de la prudence, et même quand l'ours est abattu, quand il paraît mort, on ne doit l'approcher qu'avec défiance et précaution. Sa rage quelquefois lui rend un moment de vie. Aussi les chasseurs ont-ils toujours un second fusil près d'eux, et, pour dernière ressource, ils portent à la ceinture un de ces terribles poignards circassiens, à qui ne résistent ni fourrure, ni peau, ni cuir, et dont la trempe est si fine, qu'ils percent même tout autre métal. »

Malgré tous les mérites du poignard circassien, comme il faut absolument écarter le plus possible le combat à l'arme blanche, nous estimons qu'un bon révolver de fort calibre ferait bien à la ceinture du chasseur, et qu'en outre un de ses compagnons devrait toujours se trouver assez près pour pouvoir, au moindre appel, venir vite à son secours. Avec ces armes et ces précautions, de l'adresse et surtout du sang-froid, on peut, selon nous, chasser l'ours presque sans danger, si les veneurs sont tous gens sur lesquels on fasse fond.

« En Suisse, dit Brehm, le berger, averti par l'inquiétude de son troupeau, saisit sa lourde carabine, suit sur la neige les traces de son ennemi, se tient à l'affût, et le tue à distance telle que l'ours est frappé souvent avant d'avoir vu son adversaire. »

« En France, les montagnards des Alpes et des Pyrénées se livrent souvent à la chasse de l'ours. Après avoir gagné, à travers mille fatigues, les régions habitées par la bête, on l'attend à l'affût dans une immobilité complète. »

Il est à notre parfaite connaissance que, dans les Pyrénées, on ne se borne pas à l'affût et qu'on se sert de certains chiens du pays pour cette chasse. Nous allons donc dire ici comment on opère, lorsqu'on a découvert, bien entendu, la tanière de l'animal.

L'ours passant presque toujours la journée entière dans une cavité dont il est le plus souvent impossible de le faire sortir, on profite de l'habitude qu'il a d'aller la nuit au gagnage et de ne rentrer qu'à l'aube.

Après s'être assuré, au moyen des chiens, que l'animal est dehors, on bouche solidement l'entrée de sa retraite et l'on se met en embuscade.

Sa venue est saluée par les coups de fusil des affûteurs ; mais, s'il ne reste pas sur place, il faut le suivre pour l'achever. A cet effet, on tient en réserve deux ou trois grands toutous de race vulpine qu'on trouve dans le pays et qui chassent l'ours sans hésitation. Quand, poursuivi par eux, cet animal ne trouve pas un refuge sûr dans une autre caverne, il se décide à grimper sur quelque arbre géant, où il tente de se cacher.

Guidés par la voix des chiens qui font ferme au pied de l'arbre, les chasseurs arrivent, découvrent le fugitif et le criblent de balles jusqu'à ce qu'il tombe sans vie sur le terrain.

Si, d'aventure, il y a sur l'arbre un grand nid d'aigle ou de gipaëte qui puisse le cacher et, par son épaisseur, le garantir des balles, il ne manquera pas de s'installer dedans ; il faut alors ou se résoudre à la retraite, ou qu'on aille mettre le feu à cet amas de branches et baguettes sèches, afin d'en dénicher l'habitant.

L'ours ayant le nez très fin, il va de soi qu'en tendant l'embuscade on a évité avec soin de fouler le chemin qu'il suit pour rentrer à sa tanière (1) et qu'on a eu de plus la précaution de se poster à bon vent.

Nota. — L'ours des Pyrénées, que l'on nomme aussi *ours doré*, *ours des Asturies*, à cause de son habitat, ne se distingue de l'ours brun que par sa teinte d'un blond jaunâtre clair, par ses pieds noirs, et par sa taille plus petite. Il est fort rare de le rencontrer dans les Pyrénées françaises.

---

(1) Les traces de l'ours ressemblent aux pas d'un jeune garçon marchant pieds nus.

NOTES DIVERSES

LE VENTRE AU BOIS

Dans les battues comme aux chiens courants, se mettre toujours le ventre au bois est de rigueur, et celui qui n'exécute pas cette consigne ne manque jamais de se voir rappeler à l'ordre par ses voisins, pour peu qu'ils aient la moindre prudence.

Les raisons de cette manœuvre sont les suivantes : si, au lieu de se coller contre le bois avec lequel il se confond, le veneur se campe au beau milieu d'une ligne ou d'un chemin, rien ne le dérobe à la vue du gibier, qui alors passe au large, et, de plus, ainsi posté, il empêche le plus souvent ses compagnons de droite ou de gauche de faire feu, parce que, vu la grosseur des projectiles employés en forêt, ils craignent avec raison de l'atteindre.

Le chasseur au bois, esclave de la consigne indiquée ci-dessus, doit encore, s'il veut éviter de très graves accidents, s'astreindre à ne jamais tirer dans la direction de ses voisins et attendre pour le faire que l'animal l'ait notablement dépassée; car, c'est déjà assez triste que d'avoir à compter, quoi qu'on en aie, avec les chances redoutables des ricochets, surtout quand on emploie la balle franche. Mais, devant et derrière lui, sauf le cas des traqueurs ou des chiens trop proches, il pourra faire à son aise parler la poudre.

Quant aux veneurs, jeunes ou vieux, qui sont incapables de se maîtriser à la vue du gibier et qui, dès lors, tirent partout et toujours, si vous tenez à ne pas être sottement blessé, estropié ou même tué, n'en faites jamais vos compagnons de chasse, c'est un conseil d'ami que je vous donne là : *experto crede Roberto !...*

—

LE HÉRISSON

Sous prétexte de dommages imaginaires causés par ce pauvre animal au gibier et aux volailles des fermes, on le détruit partout, même dans les bois infestés par les vipères. Et cependant, le hérisson, semblable au porc qui sait trouver les truffes à $0^m 30$ sous terre, sent les reptiles enfouis, et, avec l'aide de son museau et de ses petites pattes, il va les découvrir à la même profondeur au moins, s'en empare et en fait sa proie. Mais, non content de cela, il attaque encore, à ciel ouvert, de jour comme de nuit, la vipère dont les morsures ne le rendent même pas malade, lui broie la tête et la dévore, y compris les crochets venimeux qu'il digère avec aisance.

En 1832, M. H.-O. Lenz, professeur à Schnepfenthal, par ses expériences (1) mettait hors de doute cette mission humanitaire du hérisson que signalait plus tard M. Cherblanc, maire de Lentilly, dans une lettre fort intéressante adressée au rédacteur en chef du *Salut Public*, de Lyon.

Les veneurs, tant pour eux que pour les chiens, ont donc un grand intérêt à la conservation de cet utile animal ; ils ne feraient dès lors que leur devoir en élevant la voix en sa faveur, chaque fois qu'une circonstance propice se présentera.

(1) Lenz, *Schlangenkunde*; Gotha, 1832, in-8°.

Nota. — Un auteur cynégétique, dont le nom ne me revient pas, a osé écrire : « Mettez des vipères dans vos « bois, les braconniers *toujours mal chaussés* n'y maraude- « ront point. »

Risquer de tuer ses semblables pour sauvegarder quelques pièces de gibier sera toujours une vilaine action qu'il est nécessaire de flétrir comme elle le mérite (1).

Heureusement, du reste, on ne peut semer avec succès des vipères dans tous les bois ; le sol de certaines forêts ne convient pas à ces reptiles, qui, par exemple, n'aiment point les terrains granitiques.

LES LIÈVRES QUI SE TERRENT

« J'ai vu, dit Le Verrier de La Conterie, des lièvres, au « moment d'être pris, se couler dans des clapiers ou autres « cavités ; j'en ai vu un qui, dès qu'il était lancé, allait se « mettre dans un terrier de blaireau.

« D'autres, pour avoir été chassés, sortent du gîte de si « loin qu'ils entendent la trompe, s'élancent dans le fourché, « ou sur la tête de quelque arbre creux et peu élevé, dans « la cavité duquel ils se cachent. »

« J'en ay veu d'autres, et que quand ils oyoient les « chiens courants, se cachoient en terre. » (Jacques du « Fouilloux).

« Aucune fois quant levriers les courrent ou chiens les « chassent, elles (les lièvres) se boutent dessoubz terre « einsi comme un conil, ou en caves des arbres. « (Gaston Phœbus).

René de Maricourt, Jean de Ligneville, Elzéar Blaze,

---

(1) On meurt très bien d'une morsure de vipère.

Adolphe d'Houdetot et Joseph La Vallée sont muets sur ce chapitre, qu'effleure Toussenel en disant : « Dans certains pays de plaine rase, le lièvre se terre comme le lapin... J'ai vu tuer dans ma vie, en France, deux lièvres *au furet.* »

Edmond Le Masson et Le Coulteux de Canteleu, plus modernes, n'en souffleront mot ; mais A. de la Rue (1), en 1876, dans la *Chasse illustrée,* écrira : « Il n'y a pas de
« ruse que le bouquin ne trouve dans son escarcelle ;
« un jour vous le trouverez juché sur un saule ; une autre
« fois il se cachera sous la forge d'un maréchal ; hier nous
« avons pris notre lièvre sous un ponceau, après demain
« ce sera dans un terrier.

De nombreux cas de disparition du lièvre sous terre ont été signalés dans les journaux cynégétiques de France ; je ne les donnerai pas ici parce que le détail en serait trop long et parce que *tous* rentrent dans la catégorie de ceux dont il vient d'être question. J'ajouterai seulement que pendant plus de cinquante années de chasse *(presque exclusive)* au lièvre, soit au forcer, soit à courre et à tir, je n'ai pas eu une seule fois l'heur de voir la menée interrompue par un plongeon souterrain, bien que les théâtres de mes déduits fussent assez riches en trous de renards et de blaireaux. Je serais donc assez enclin à croire avec Toussenel que dans certains pays de plaine rase, cet animal se terre souvent comme le lapin, mais qu'en général le fait doit être fort rare en terrain accidenté et couvert.

Toutefois, cette manière de voir n'étant point corroborée par la plupart des observations publiées, il me paraît sage de ne pas y mettre trop d'insistance.

Resterait maintenant à expliquer ces sortes d'anomalies de conduite ; c'est là un problème fort compliqué que, pour mon compte, je n'essaierai pas de résoudre, laissant ce soin à de plus savants que moi.

(1) *Le Lièvre,* ouvrage éminemment érudit et savant, que je ne saurais trop recommander aux veneurs.

LE RAT D'EAU

Nombre de personnes, trouvant cet animal sur les bords de la mer, des rivières, des lacs, des canaux, des étangs et même des marais, se figurent qu'il constitue une espèce particulière de rongeur *aquatique,* tandis qu'elles n'ont en leur présence que le rat-surmulot, dont je vais vous entretenir un instant, parce que sa poursuite, à l'aide de chiens allant bien à l'eau, procure aux veneurs, quand la chasse est fermée, une petite distraction fort amusante.

Plusieurs de ces animaux, désertant les rez-de-chaussée et les sous-sols des villes et villages, font élection définitive de domicile sur les bords des ruisseaux et des rivières ; je ne parlerai que de ceux-là, dont les allures me sont bien connues.

Le rat-surmulot est omnivore ; il mange les matières animales charriées par les eaux, dont en outre il poursuit les habitants, grenouilles, écrevisses et poissons avec succès ; car il nage, plonge et court au fond de la rivière aussi bien que les animaux aquatiques ; enfin, comme le castor, il ronge l'écorce des arbres. Bref, on serait, dans bien des cas, tenté de croire que l'eau est son véritable milieu.

Pour échapper à la poursuite des loutres et de ses autres ennemis, il profite des trous des rives et, au besoin, il s'y creuse de petits terriers, étant passablement fouisseur de sa nature. Mais ces refuges, peu élevés au-dessus des eaux moyennes, sont inondés et dès lors inhabitables quand une crue de $0^m 80$ à 1^m vient à se produire ; et c'est à ces moments là, plus ou moins fréquents sur la Saône, que judicieusement je me mets en chasse.

Mon chien d'arrêt longe la rivière et évente bientôt un rat qui, pour se soustraire au coup de dent, saute à l'eau où il disparaît ; mais, comme il ne peut guère rester immergé plus d'une minute, force lui est d'attérir ou de se montrer à la surface de l'onde ; dans le premier cas, le chien l'oblige vite à rentrer dans l'élément liquide, et, dans le second cas, il le contraint à plonger, parce qu'à la nage il le gagne aisément de vitesse.

Lorsque le chien suit avec docilité et intelligence les indications de son maître, qu'il nage vivement et qu'il requête bien à terre, la durée de la défense du surmulot dépasse rarement quinze minutes. On le voit nager encore, mais la force lui manque pour plonger ; réduit à cet état, il est gueulé sans peine.

Il m'est arrivé certains jours de prendre ainsi jusqu'à cinq ou six rats dans une promenade de trois à quatre heures avec mes chiens, qui ont une grande habitude du marais (1).

Cet article, déjà très bref, serait absolument incomplet si l'attention du lecteur n'était point ici appelée sur les difficultés de réussite qui résultent de l'existence sur les bords d'arbustes, d'arbres et même de fort roseaux, parce qu'en grimpant dessus le rat échappe au flair du chien. Dans ce cas, qui se présente principalement et presque exclusivement sur les dérivations de la Saône canalisée, c'est au chasseur à venir en aide à son toutou désorienté ; il doit alors gauler les roseaux, inspecter les arbres et fourgonner dans leurs trous pour rejeter le surmulot à l'eau. Là, le succès, quoi qu'on fasse, est toujours incertain, et on a de la chance quand on prend une fois sur deux.

(1) Ayant une prédilection marquée pour la chasse au marais, je ne conserve jamais un chien qui ne va pas intrépidement à l'eau.

DE LA RAGE

Le chien paraît être le seul des animaux domestiques sur lequel la rage se développe *spontanément* ; les autres ne la contractent que par suite d'inoculation.

Cette terrible maladie, qui n'est pas plus fréquente en été que dans les autres saisons, s'annonce par les symptômes principaux suivants : au début, de la tristesse, de l'inappétence ; le chien recherche les lieux sombres pour s'y blottir ; son œil est plus brillant, plus rouge qu'à l'ordinaire ; quelques-uns passent la langue sur tous les corps qui se trouvent à leur portée, et le plus grand nombre vont flairer les autres chiens et leur lèchent également les organes de la génération ; on les voit souvent laper leur urine.

En présence de ces symptômes, l'hésitation n'est pas permise ; il faut mettre le chien à la chaîne ou l'enfermer dans un local sûr, et, en toute hâte, aller quérir un vétérinaire, *si on tient à la bête* ; autrement, le plus sage est de l'abattre de suite.

A défaut du fer rouge pour cautériser une morsure, qu'on a eu bien soin de débrider, de faire saigner et de nettoyer, on peut sur le moment se servir d'un caustique quelconque ; mais il faudra toujours, dans les vingt-quatre heures, revenir au feu, qui est le seul remède certain.

LE LÉPORIDE [1]

« Il y a quelque chose comme six mille ans, dit Alexandre
« Dumas, que l'on reproche aux savants de lutter contre
« Dieu sans être parvenus à inventer le plus petit animal.
« Fatigués, ils se sont mis à l'œuvre, et, en l'an de grâce
« 1866, ils ont répondu en inventant le léporide. »

Mettez dans une pièce *sombre* une portée de lapins de garenne et une portée de lièvres, ayant encore les yeux clos ; nourrissez-les avec du lait de la même vache et votre petite ménagerie vivra dans une amitié toute fraternelle jusqu'au moment où les premiers besoins de l'amour se feront sentir chez ses membres. Des croisements alors se produiront entre les deux races ; seulement, les lapins femelles mettront toujours bas huit à dix petits, tandis que les femelles de lièvres n'en feront que deux.

Prenez ensuite ces *mulets*, isolez-les de tous autres êtres de leur espèce, et, à l'âge des amours, vous verrez que ces enfants suivront l'exemple des pères et se croiseront.

Voilà donc ces animaux *complètement nouveaux*, se reproduisant entr'eux avec la plus grande facilité, même en liberté dans quelques parcs où ils sont *seuls* et où déjà ils donnent du fil à retordre aux bassets qui les chassent. On peut dès lors espérer que bientôt ils deviendront assez communs pour prendre une place honorable dans nos forêts et sur nos marchés.

Les léporides tiennent à la fois du lièvre et du lapin, mais ils sont plus gros que leurs générateurs et pèsent jusqu'à sept kilogrammes. La chair excellente est plus blanche

---

[1] Cet abrégé a été tout entier pris dans *Le Lièvre*, ouvrage remarquable de M. A. de la Rue.

que celle du lièvre et moins blanche que celle du lapin ; quant aux procédés culinaires, ils sont les mêmes que ceux en usage pour les auteurs de leurs jours (1).

On a maintenant un léporide longue-soie très utile par sa belle fourrure, dont le produit manufacturé va bientôt se mêler à la soie ou à la laine, voir même au cachemire.

(1) M. A. du Lièvre en donne vingt-sept, dont six de son crû. Les voici : lièvre et levraut rôti, lièvre à l'anglaise, lièvre à la bourgeoise, levraut à la Suisse, civet de lièvre, levraut à la broche, levraut au sang, levraut sauté à la minute, terrine de lièvre et de levraut, pâté de lièvre, pâté de levraut en fusée, côtelettes de lièvre à la Merville, filets de lièvre marinés et sautés, lièvre en haricot, filets de lièvre en civet, filets à la poivrade, escalopes de lièvre, boudins de lièvre à la Richelieu, lièvre braisé piqué, servi sur de l'oseille, des épinards, purée de haricots ou sur de la chicorée, lièvre en daube, côtelettes de lièvre, beefsteaks de lièvre, sauce suisse, omelette à la turque, gâteau de lièvre, lièvre à la cuillère, terrine de lièvre à la Chistré. Augmentez ces vingt-sept recettes, applicables au lapin, de celles qui lui sont spéciales, et vous ne serez pas loin du demicent, lequel pourra probablement servir pour les léporides.

LISTE

DES

OUVRAGES CYNÉGÉTIQUES CONSULTÉS

La Vieille ou les dernières Amours d'Ovide, poëme français du XIVe siècle, de Jean Lefèvre, traduit du latin de Richard de Fournival.

Trésor de Vénerie, composé l'an 1394 par Hardouin, seigneur de Fontaines-Guérin, publié en 1856 par Michelant; Metz, chez Rousseau-Pallez, libraire, rue des Clercs, 14.

Le Chien courant, poëme de Jean Passerat; Paris, 1864, Aug. Aubry, éditeur, 16, rue Dauphine.

Traitte de la Vénerie, par Budé, traduit par Loys Le Roy, dit Regius; Paris, 1861, publié par Henri Chevreul, chez Aug. Aubry, libraire, 16, rue Dauphine.

La Chasse au Fusil, par Magné de Marolles; Paris, 1836, nouvelle édition, Théophile Barrois père et Benjamin Duprat, éditeurs, rue Hautefeuille, 28.

La Chasse pratique, par E. de Bellecroix; Paris, 1875, 1 vol. in-18, avec gravures, Firmin Didot, éditeur, 56, rue Jacob.

Les Chasseurs de Chamois, par Alfred Michiels; Paris, 1860, librairie de L. Hachette et Cie, rue Pierre-Sarrazin, 14.

Le Journal des Chasseurs, depuis 1836 jusqu'en 1870; Paris.

La Chasse illustrée, 1867 à 1880; Paris, Firmin-Didot, 56, rue Jacob.

La Chasse aux environs de Bayonne, par J.-P. Marion; Bayonne, 1863, imprimerie de P.-A. Cluzeau, 15, rue Duluc.

Xenophontis Opera : Tomvs VI, opvscvla politica eqvestria et venatica continens. Editio stereotypa ; Lipsiæ, ex officina Car. Tavchnitii, 1818.

Album Dianœ Leporicidœ sive Venationis Leporinœ Leges, auctore Iac. Savary, Cadomæo. 1655, Cadomi, Typis Clavdii Le Blanc, in vico PP. Crucigerorum.

La Caccia d'ell'Ill. sig. Erasmodi Valvasone, ricorretra et dimotte stanze ampliata con le Annotationi di Mr Olimpio Marcvcei, com priuilegio, In Venetia per fanc'Bolzetta.

Christiani Francisci Lagographia curiosa seu Leporis Descriptio ; 1691, Augusta Vindelicorum ; impensis Laur Kronigeri, et Theoph. Gœbilii hæredum. Typis Joh. Jacob.

Le Livre du Roy Modus et de la Royne Racio ; 1839, Paris, Elzéar Blaze, faubourg Saint-Martin, 55, avec une préface dudit.

La Chasse de Gaston Phœbus, comte de Foix, avec des notes et sa biographie, par Joseph La Vallée ; Paris, 1854, *Journal des Chasseurs.*

La Vénerie de Jacques du Fouilloux ; Angers, 1844, Charles Lebossé, libraire-éditeur, place du Ralliement.

Traité de Vénerie, par M. d'Yauville ; Paris, 1859, imprimerie de L. Tinterlin et Cie, 3, rue Neuve-des-Bons-Enfants.

L'Ecole de la Chasse aux chiens courants ou *Vénerie normande*, par Le Verrier de la Conterie ; réimprimé par le *Journal des Chasseurs*, 37, rue Vivienne, Paris.

La Vénerie française, par J.-E.-N. baron Le Couteulx de Canteleu ; Paris, 1858, imprimerie de Mme veuve Bouchard-Huzard, 5, rue de l'Eperon.

La Chasse dv Lovp, par Jean de Clamorgan ; av roy Charles IX ; nouvelle édition, préface d'A. d'Houdetot, notes, etc. ; Paris, 1866, Mme veuve Bouchard-Huzard, imprimeur et libraire.

La Meute et Vénerie pour Lièvre, de Jean de Ligneville, publié par H. Michelant ; Paris, 1865, chez Auguste Aubry, libraire-éditeur, 16, rue Dauphine, et à Metz, chez Rousseau-Pallez, imprimeur et libraire, 14, rue des Clercs.

La Mevte et Vénerie pour le Chevrevil, de Jean de Ligneuille, cheualier comte de Bey, etc. ; Nancy, 1655, Antoine Charlot, imprimeur juré de la ville, demeurant deuant la Primatiale.

Essai de Vénerie ou l'Art du Valet de Limier, par M. Leconte Desgraviers ; troisième édition, Paris, 1810, de l'imprimerie de Levrault.

La noble et furieuse Chasse du Loup, composée par Robert

Montois, Arthisien ; suivant l'édition imprimée, en 1642, à Ath, chez Jean Maes, imprimeur juré.

La Chasse du Loup, par J.-E.-H. baron Le Couteulx de Canteleu ; Paris, 1861, chez Mme veuve Bouchard-Huzard, imprimerie et librairie, rue de l'Eperon, 5.

Dictionnaire des Forêts et des Chasses ; publié par le *Journal des Chasseurs* ; Paris, 1846.

La Chasse royale, composée par le Roy Charles IX et dédiée à Lovys XIII ; nouvelle édition, Paris, 1857, Mme veuve Bouchard-Huzard.

Discours sur l'Antagonie du Chien et du Lièvre, par Messire Jean du Bec, abbé de Mortemer ; nouvelle édition, par Léonce de Curel ; Paris, 1861, au bureau du *Journal des Chasseurs*.

Traicté et Abrégé de la Chasse du Lièvre et du Chevrevil, par Messire Réné de Maricourt ; Paris, 1858, Mme veuve Bouchard-Huzard, 5, rue de l'Eperon.

Traité de la Chasse, par Réné et Liersel ; Paris, Théodore Lefèvre, éditeur, 2, rue des Poitevins.

Le Livre de la Chasse du Grand Seneschal de Normandie et les Dits du bon chien Souillard, etc.; publié par le baron Jérome Pichon ; Paris, 1858, Aug. Aubry, libraire, 16, rue Dauphine.

Traité du Fusil de Chasse et des Armes de précision, par H. Mangeot ; nouvelle édition, Paris, Ch. Tanera, éditeur, 6, rue de Savoie.

Cinquante Années de Chasse, par J.-A. Clamart ; 1854, Vouziers, chez Flamant-Ansiaux, imprimeur-libraire.

Braconnage et Contre-Braconnage, par Adolphe d'Houdetot ; Paris, 1858, au dépôt de la librairie, 8, rue des Moulins.

La petite Vénerie ou la Chasse au Chien courant, par Adolphe d'Houdetot ; troisième édition, Paris, 1860, Charpentier, libraire-éditeur, 28, quai de l'Ecole.

L'Esprit des Bêtes, mammifères de France, par A. Toussenel ; troisième édition, Paris, 1858, E. Dentu, libraire-éditeur, Palais-Royal, 13, galerie d'Orléans.

Nouvelle Vénerie normande, par Edmond Le Masson ; deuxième édition, Avranches, 1847, E. Tostain, imprimeur-libraire, éditeur.

La Chasse au Furet, par Edmond Le Masson ; Paris, 1866, imprimerie de Mme veuve Bouchard-Huzard.

Traité de la Chasse souterraine du Blaireau et du Renard, par Edmond Le Masson ; préface de d'Houdetot ; Paris, 1865, imprimerie et librairie de Mme veuve Bouchard-Huzard, 5, rue de l'Eperon.

Traité général des Chasses à courre et à tir, par une société de chasseurs sous la direction de M. Jourdain, inspecteur des forêts et des chasses du roi ; Paris, 1822, Audot, libraire-éditeur, rue des Maçons-Sorbonne, 11.

Traité des Chasses aux Pièges, supplément au Traité général de toutes les Chasses, par les auteurs du Pêcheur Français ; Paris, 1822, Audot, libraire-éditeur, rue des Maçons-Sorbonne, 11.

Le vieux Chasseur ou Traité de la Chasse au Fusil, par M. Deyeux ; Paris, 1844, librairie de Mme veuve Bouchard-Huzard, 7, rue de l'Eperon.

Le Chasseur au chien courant, par Elzéar Blaze ; Paris, 1838, Barba, libraire, Palais-Royal, galerie de Chartres, 2 et 3.

Le Plaisir des Champs avec la Vénerie, Volerie et Pescherie, par Claude Gauchet ; Paris, 1869, librairie A. Franck ; F. Vieweg, propriétaire, rue Richelieu, 67.

Les Chasses princières en France, par Eugène Chapus ; Paris, 1853, L. Hachette et Cie.

La Chasse à courre en France, par Joseph La Vallée ; deuxième édition, Paris, 1859, librairie de L. Hachette et Cie, 14, rue Pierre-Sarrazin.

Les Chasses de la Somme, par E. Prarond ; Paris, 1858, veuve Bouchard-Huzard ; Amiens, Lenoel-Hérouart, rue des Rabuissons.

Le Lièvre de Simon de Bollandre, prieur de Milly-en-Beavvoisis ; Paris, 1585, de l'imprimerie de Pierre Cheuillot.

Technologie cynégétique, origine et signification des termes, cris et locutions employés à la chasse en France, par Joseph La Vallée.

La Chasse à Tir en France, par Joseph La Vallée ; quatrième édition, Paris, 1860, librairie de L. Hachette et Cie, 14, rue Pierre-Sarrazin.

Chasses de l'Algérie et Notes sur les Arabes du Sud, par le général A. Margueritte ; deuxième édition, Paris, 1869, Furne, Jouvet et Cie, éditeurs, 45, rue Saint-André-des-Arts.

Récits et Chasses d'Algérie, par E.-V. Fenech ; Philippeville, 1867, typographie de L. Denis ainé, 5, rue du Cirque.

La Chasse en Algérie, par Henri Béchade ; Paris, 1860, Michel Lévy frères, libraires-éditeurs, rue Vivienne, 2 bis.

L'Afrique du Nord, par Jules Gérard ; Paris, 1860, E. Dentu, éditeur, Palais-Royal, 13, galerie d'Orléans.

Les Haltes de Chasse, par Eugène Chapus ; Paris, 1860, librairie nouvelle, 15, boulevard des Italiens, A. Bourdillat et Cie, éditeurs.

Les Ruses du Braconnage, par L. Labruyère ; introduction par A. d'Houdelot ; Paris, 1857, imprimerie de Mme veuve Bouchard-Huzard.

La Chassomanie, par Deyeux ; Paris, 1856, Adolphe Delahays, libraire, 4-6, rue Voltaire.

Le Chasseur rustique, par A. d'Houdetot ; Paris, 1858, Charpentier, libraire-éditeur, 28, quai de l'Ecole.

Tristia, histoire des misères et des fléaux de la chasse de France, par A. Toussenel ; Paris, 1863, E. Dentu, éditeur, Palais-Royal, 13 et 17, galerie d'Orléans.

Du Droit du Chasseur sur le Gibier, par F.-F. Villequez ; Paris, 1864, librairie de L. Hachette et Cie, 77, boulevard Saint-Germain.

Dommages aux champs causés par le Gibier, par Alexandre Sorel ; Paris, 1861, Aug. Aubry, libraire, 16, rue Dauphine, et Aug. Durand, libraire, 7, rue des Grès.

Le Tir et la Chasse des Athéniens du jour, par A. de Lourmel ; Paris, 1870, librairie Lacroix, Verboeckoven et Cie, boulevard Montmartre.

Conseils aux Chasseurs, par H. Robinson ; Paris, 1860, A. Goin, éditeur, quai des Grands-Augustins, 41.

Souvenirs de Chasse, par Louis Viardot, septième édition, Paris, 1859, librairie de L. Hachette et Cie, 14, rue Pierre-Sarrazin.

L'Homme et les Animaux, les mammifères, par A.-E. Brehm ; 2 vol., édition française revue par Z. Gerbe ; Paris, librairie J.-B. Baillière et fils, 19, rue Hautefeuille. (Titre général : Les Merveilles de la Nature).

Les Alpes, par Tschudi ; Berne, 1859.

La Vie des Animaux, par John Franklin.

Voyage aux Pyrénées, par E. Taine ; deuxième édition, Paris, 1858.

Notice sur la Marmotte des Alpes, par Sacc (Revue et Magasin de Zoologie, tome 10, 2e série, Paris, 1858).

L'Art et les Plaisirs de la Chasse au Lièvre, six lettres

adressées à une personne de qualité, par John Smallman Gardiner, Gentl. Traduit de l'anglais, par L. de Curel ; Paris, E. Dentu, éditeur, Palais-Royal, 13 et 17 ; Metz, M. Alcan, libraire, rue de la Cathédrale, 1.

La Vénerie contemporaine, par le marquis de Foudras ; 1861, Paris, E. Dentu, édit^r, Palais-Royal, 13 et 17, galerie d'Orléans.

Du même, *Les Gentilshommes Chasseurs, Les Veillées de Saint Hubert,* etc.

Le Lièvre, par M. de la Rue, 1 volume, à la librairie Firmin-Didot, 56, rue Jacob, 1876.

Traité sur les Maladies des Chiens, par Prudhomme, chef du service clinique de l'Ecole d'Alfort.

TABLE DES MATIÈRES

Avertissement. v
Chasse du Lièvre. 1
— du Chevreuil. 105
— du Cerf. 141
— du Daim 162
— du Loup. 167
— du Sanglier. 225
— du Renard 273
— du Blaireau. 315
— du Lapin. 329
Du Furet et de son emploi 349
Chasse de la Loutre. 353
— du Chat sauvage (haret). 381
— du Lynx vulgaire. 392
Les petites Chasses ; Fouine, Écureuil, Lapin des Alpes. 397
Chasses dans les hautes montagnes de France . . . 407
Chasse du Mouflon d'Europe. 407
— des Bouquetins. 409
— du Chamois et de l'Isard 412
— de l'Ours vulgaire ou Ours brun. 418
Notes diverses (Hérisson, Léporide, etc.) 424
Listes des Ouvrages cynégétiques consultés 432

AUXONNE, IMPRIMERIE VICTOR CHARREAU.

www.ingramcontent.com/pod-product-compliance
Lightning Source LLC
Chambersburg PA
CBHW070216240426
43671CB00007B/668